梁野文库

武平风物

陈厦生 主编

社会科学文献出版社
SOCIAL SCIENCES ACADEMIC PRESS (CHINA)

《梁野文库》编辑委员会

主　　任：陈厦生
副 主 任：廖卓文　张丽华　饶　辉
编　　委：陈永荣　刘开锦　肖增东　王佳煌
　　　　　肖　平　舒　健　陈柏平　林晓波
　　　　　谢天荣　钟茂富　林永芳
主　　编：陈厦生
执行主编：饶　辉
执行编辑：谢天荣　林永芳
审　　稿（以姓氏笔画数为序）：
　　　　　王光明　刘大可　严修鸿　吴新斌
　　　　　练建安　林善珂　钟兆云　谢重光
　　　　　谢寿光　谢大生

《武平风物》编撰者

顾　　问：王秀金
执行主编：肖　平
编　　辑：谢观光　温沈文　蓝伟文

总 序 一

摭故实以激忠义，兴文化而振精神

习近平总书记强调，文化是一个国家、一个民族的灵魂。文化兴国运兴，文化强民族强。武平的发展进步亦如此，离不开以文载道、化育人心，凝聚合力、共写辉煌。在党的十九大胜利召开之际，"梁野文库"首批5本书籍即将与读者见面了。此时此刻，不禁感慨系之。

"千支百派从东汇"，"无限风光碧水湄。此地昔年传胜事，迄今留得晓风吹。"这是清康熙年间汀州知府王廷抡、明天启年间武平知县巢之梁笔下的武平一角。而武平这片热土，可歌可咏可记载的，何止这一两个片段？古往今来，多少文人雅士在登临武平山川、濡染武平风物之后，遥襟甫畅，逸兴遄飞，留下诗文典章，供后人赏读、研习与感怀。千载文脉、一邑民风，因而有迹可寻，因而薪火相传。

武平地处三省边陲，文脉久远。考古学者在武平发掘出的文物证明，早在3万多年前就有晚期智人在武平生活，这里是福建人类文明的重要发源地之一；新石器时代，这里的古越族已创造了灿烂的史前文明；而2000多年前的武平则是汉初古南海国的都城所在地，尽管这个王国存续时间非常短暂，却在这里留下了汉文明的点点火花。北宋淳化五年武平置县，此前此后，无数衣冠南渡的中原士族在闽粤赣边披荆斩棘、开疆辟土，演绎出客家史的磅礴篇章。

千年古邑，积淀深厚，见证着武平源远流长的文化传承，也印证着武平人善良坚韧的优秀品格。今天的武平,不但连续两年蝉联"福建县域经济发展十佳",拥有"中国林改第一县"等一个个省级、国家级的桂冠,致力于实现"生态环境的高颜值和经济发展的高素质";而且注重文化保护与传承,致力于精神世界的丰富与提升,今年还成功获评第五届"全国县级文明城市",谱写出一曲曲文化之韵、文明之音。

康熙三十七年,当时主政武平的赵良生如此感叹:"蕞尔山陬,节孝迭兴,人瑞蔚起,士风丕振,民俗淳庞,运綦隆矣。若不及时纪列,窃恐流光易迈,耳目渐湮,微言既远,大义云乖。"而"文教之捍御,胜于干橹",编撰文献,则能以文化人,从而"奠武民于衽席之安"。他认为,武平不缺人文之精粹,却因未能及时梳理留存而湮灭散佚;在滋润世道人心、抚平粗粝野蛮方面,文明的力量可抵十万雄兵。在印刷技术落后、信息传播艰难的三百多年前,古人尚且能够痛切意识到振兴文化、传承文脉的巨大作用;今天有幸躬逢新时代,我们更应深入挖掘、系统梳理,去粗取精、去伪存真,藉以夯实文化自信,留住共同记忆,凝聚社会正气。

从这一意义上说,"梁野文库"的编撰出版,必将有力地促进武平文化建设,助推武平人民进一步崇文尚义、崇德尚善,为建设闽粤赣边宜居宜业宜旅的生态文明福地汇聚强大的内生动力。我相信,有我们的共同努力,武平的人文星空一定会熠熠生辉,武平的明天一定会更加美好!

是为序。

陈厦生[*]

2017 年 12 月 12 日

---

[*] 陈厦生,中共武平县委书记。

总 序 二

武平，位于福建省龙岩市西南部，南与广东梅州相连，西与江西赣州接壤。界连三省，乡土文明悠久而深厚。追溯历史，武平有新石器的青铜文明，汉代的南海国遗存，自北宋淳化五年建县至今，历史悠久、文明繁盛。尽观风物，武平有山峰耸峙、众溪潺潺的梁野仙山，有闻名遐迩的中山古镇，定光古佛；有古朴优美的客家山歌、别具风格的民俗，风物闲美、独具特色。传统的政治文化、宗教文化、伦理文化、学术文化、语言文化，等等，对于武平地区及周边的经济活动和社会活动都产生了深刻的影响。

在闽粤赣边的崇山峻岭中，武平北连武夷山脉，南接南岭山脉，境内山多田少，在很长一段时间里，空间的局限、交通的闭塞使武平的经济文化发展相对滞后。2002年，习近平总书记任福建省省长时，充分肯定武平林改，十八大以来，武平以生态立县，发展绿色经济，开始了独具特色的快速发展时期。今天的武平，不仅经济社会发展进入良性循环，而且逐步发展为宜居宜业宜旅的生态文明城市。2017年7月，全国深化集体林权制度改革经验交流座谈会在武平召开，这是武平有史以来承办的最高规格的国家级会议，11月，武平被评为"全国文明城市"，声名再次鹊起。作为武平人，对家乡的变化我由衷喜悦。

崇文重教，人文化洽，自是中华民族地方乡贤代代相传的优秀传统。进入改革开放的今天，更应该将前人留下的物质和精神文明传承下去。中共武平县委审时度势，做出了编辑一套丛书来展示"千年古邑 文化武平"独特风情和深厚底蕴的决定，丛书定名为"梁野文库"。在丛书筹备之初，我受邀参与文库的策划、审稿等工作。家乡领导对文化传承的那份热情和真诚，让我深受感动，欣然接受。2017岁末，"梁野文库"第一辑即将面世之际，我又应邀为丛书作序。作为武平人，深受故土恩泽，能够为家乡的文化传承和推广做一点自己的努力深感荣幸。可作为一个社会学学者，一个出版人，我却无从下笔，因为可写之处实在太多。

从社会学者的眼光来看，优秀的地方文丛是记录地方社会发展的一个载体，是在国家发展、社会进步的大背景下展示地方历史和现状的一幅画卷，从这个角度来说"梁野文库"的社会意义可述之处颇多。作为一个出版人，似乎在一般人看来地方文化论丛很难登上学术出版的大雅之堂，但我认为学术本身既不是阳春白雪也不是下里巴人，带有乡土气息的地方文化学术研究，才是文化真正得以传承之所在，才是出版者责任之所在。也正是基于这点考虑，社会科学文献出版社这个有强大的学术出版能力和资源整合能力，有强大的学术图书的内容传播力和社会影响力的出版平台，在第二次创业以来出版地方乡土文化研究、地方经济社会发展研究为主要内容的丛书为数甚多，从此角度讲，序言可述内容也很丰富。

总之，想写的话很多，但不能喧宾夺主，还是谈点期待为妥吧。经过一年多的努力，"梁野文库"第一辑即将出版面世，此辑涵盖了武平的名胜古迹、风物特产、民风习俗等内容，可以说为整套文库打开了很好的局面。我希望"梁野文库"成为一个开放式、开拓性的文献库，希望这套文库既可以大量挖掘历史文献、历史留存的资源并展现对其研究成果，也可以是对当下武平正在发生的人民经济社会文化生活各个方面的一个展示；希望这套文库无论是涉及的广度，还是深度，都成为武平历史文化的集大成者，希望它可读性、观赏性、史料性并存；希望武平籍的人文社科学子对家乡做多视角的研究，多题材地反映家乡发展，多方位表达时代进步；更希望外来的中外学者对武平开展研究，把其作为林改样本、生态文明发展样本、客家文化样本，使更多的人关注乡土文化、关注传统文化，更多地吸纳其中精华，观照当下生活，为社会的进步做出贡献。

最后恳请武平籍的政界、学界、商界贤达对这套文库的写作及出版给予更大的关注和支持。

感谢我的同事，也是本文库的责任编辑张倩郢女士所付出的辛勤劳动和智慧。

是为序。

谢曙光[*]

2017 年 12 月 25 日

于马甸

---

[*] 谢曙光（本名谢寿光），社会科学文献出版社社长、中国社会学会秘书长。

目录

序 …………………………………… 肖　平 / 001

第一章
武平概述 / 001

第二章
自然地理 / 007

　　第一节　地形地貌 …………………… / 009
　　第二节　水文环境 …………………… / 020
　　第三节　气候物候 …………………… / 035
　　第四节　土壤组成 …………………… / 039
　　第五节　植物群落 …………………… / 041
　　第六节　动物生态 …………………… / 046

第三章
经济地理 / 051

　　第一节　生产资源 …………………… / 053
　　第二节　人力资源 …………………… / 078
　　第三节　农业区划 …………………… / 079
　　第四节　工业布局 …………………… / 083
　　第五节　商贸旅游 …………………… / 086
　　第六节　宜居福地 …………………… / 100

第四章 人文地理 / 105

第一节 文物古迹 …………… / 107
第二节 风景名胜 …………… / 126
第三节 传统文化 …………… / 140
第四节 民俗风情 …………… / 193
第五节 家训家规 …………… / 221
第六节 人物春秋 …………… / 235

第五章 历史地理 / 255

第一节 区域沿革 …………… / 257
第二节 域治变动 …………… / 262
第三节 族群演变 …………… / 268
第四节 生产演进 …………… / 270
第五节 生活变化 …………… / 307
第六节 革命历史 …………… / 353

后　记 …………………………………………… / 363

序

肖 平

武平，闽粤赣边的一颗璀璨明珠。她历史悠久，文化底蕴深厚，经考古专家证实，早在3万年以前的旧石器时代，就有人类在武平繁衍生息。西汉时期，这里又曾经是"南海国"王城所在地。武平是客家聚居地，处于闽西、赣南、粤东客家大本营的中心位置。武平是革命火种从未熄灭、二十年红旗不倒的革命老区、原中央苏区县。武平山清水秀、风光旖旎，具有特别优美的生态环境，是全国全域旅游示范县。

为帮助人们特别是全县青少年全方位、多角度地从地理、环境、资源、风俗、人文等方面了解武平、认识武平，中共武平县委、县人民政府决定编撰出版"梁野文库"系列文化丛书。本书《武平风物》主要侧重介绍武平的地理环境、生态资源和武平区域的风土人情、历史沿革等知识，激发读者认识武平、热爱武平、热爱家乡、热爱祖国的热情。同时也使《武平风物》成为全县中小学生乡土教材、科普教材，国土资源保护宣传材料和精神文明建设的公民读本。

愿本书伴读者朋友，尤其是青少年朋友一同踏上解武平、熟悉武平、透视武平，进而热爱武平、热爱家乡、热爱祖国的征程……共同编织新武平的"中国梦"。

第一章 武平概述

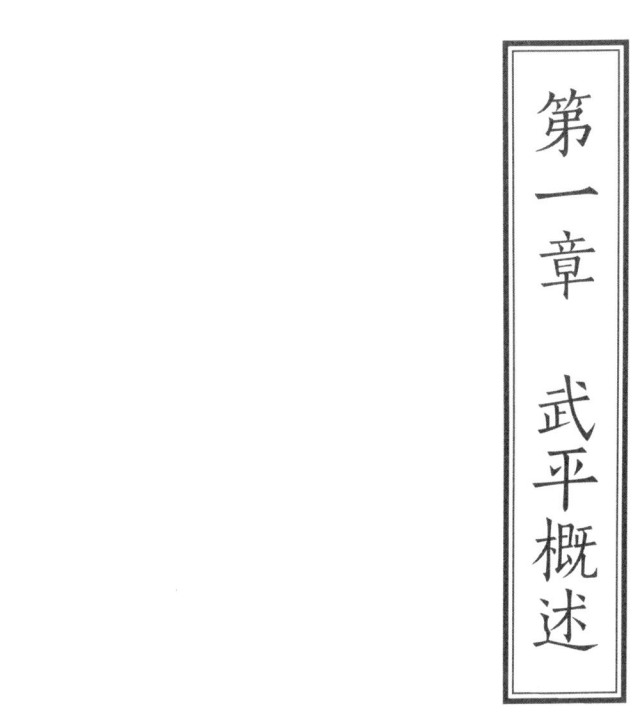

武平是县级行政区划单位，隶属福建省，辖于龙岩市，地处福建省西南部。

武平区域位于东经115°51′至116°23′、北纬24°47′至25°29′之间。从中堡镇悦洋村至东留镇背寨村，东西宽53.9公里；从湘店乡湘湖村至岩前镇大布村，南北长77.3公里。总面积为2630平方公里。

武平东邻福建省上杭县，西接江西省会昌县、寻乌县，南连广东省蕉岭县、平远县，北靠福建省长汀县。武平位于闽、粤、赣三省交界处。

武平地处武夷山山脉西麓之南端，属低山丘陵地貌，北高南低，地势由西北向东南倾斜。武夷山脉从长汀南部蜿蜒进入县域，形成西列和东列两条山脉。东列山脉又称梁野山脉，梁野山主峰在境内中部，海拔1538.4米，为武平最高峰。境内有大小盆地479个，下坝乡大成村小盆地海拔163米，为武平盆地最低处。境内大小河流234条，还有众多溪流，总长度为499.4公里，流域面积2283平方公里，分属梅江、汀江、赣江三个水系。

武平属亚热带海洋性季风气候，气候温和，雨量充沛，四季分明。年平均气温17℃～19.6℃，无霜期250～280天，年平均降水量1500～1900毫米。

武平山岭面积占县域土地总面积的53.34%，丘陵占33.9%，盆地及湿地占12.69%。武平山岭植被主要为针阔混交林和竹藤植物，低山丘陵植被主要为灌木草本植物。武平境内森林覆盖率为77.89%。

武平境内植物有263科1880种，大型真菌类93种；常见野生植物有松、杉、樟、楠、竹、菊、山茶花、杜鹃花、马鞭草、芒草等。

珍稀野生植物有南方红豆杉、银杏、半枫荷、灵芝等。森林动物有4纲28目73科634种。常见野生动物有獐、鹿、猓、野猪、羚、雀、鸢、隼、鹧鸪、山鸡、龟、蛇、蛙等。珍稀野生动物有穿山甲、豹猫、大眼华鳊、黄腹角雉等。

武平境内矿种有37种，其中非金属矿分布98处，金属矿分布80处。矿种主要有铁、锰、铜、锌、锡、钴、金、银、稀土、镓、铀、煤、膨润土、石灰石、白云石、萤石、石英石、钾长石、高岭土、水晶、饰石石材等。

武平历史悠久，自三万年前的原始社会旧石器时期开始就一直有人类在此繁衍生息，进行不懈的生产活动。已发现新石器时期文化遗址48处。武平新石器时代遗迹属以几何印纹陶为特征的东南—华南—台湾系文化类型。在夏商时武平属扬州之域，民系为东夷部族。周至晋时为越地、闽地，居民交融发展为越族。隋唐以后为闽地，当地居民（主要为畲族）与中原汉族同化交融发展为汉族，宋朝时期立县，至今一直为县域治。宋元之际居民演变为汉族客家民系。在革命战争年代，武平为中央革命根据地组成县份、游击根据地。历史上，武平虽然"群山挟裹"，且一直被视为"边陲要区"。昔时，虽是蛮荒之地，但跟随中华文明一同成长，已成为全国县级文明城市。武平人民吃苦耐劳，崇文尚武，默默耕耘着这方土地，尽管生活维艰，但总以自强不息。

武平全县现有总人口为39万人，男女比例为107∶100。人口密度为148.4人/平方公里。城镇人口为145000人。

武平农业耕地面积为46万亩以上，占土地总面积的11.1%。农业种植以水稻为主，还有蔬菜、水果、茶叶、食用菌、家禽家畜饲养、淡水鱼养殖。

武平工业有机械制造、电子产品、食品加工、生活用品、水电、采矿及冶炼等规模产业门类。重点工业产品有汽车、船舶、工程机械用的内燃机气缸套、活塞、制动毂等配件，高清液晶电视机，不锈钢，黑色金属的冶炼和延压加工产品，医药用生物制剂等。

武平商业贸易发达，为闽、粤、赣三省商品集散地。

武平地处三省通衢，境内现有公路省道205线自湘店乡经县城至下坝乡进入广东省，省道309线自十方镇经县城至东留镇进入江西省，国道205线从十方镇经岩前镇进入广东省，国道、省道普通公路形成两纵一横的公路网络主干；永武高速公路经武平贯通闽、粤两省，古武高速公路经武平贯通闽、赣两省。

武平风景秀美，梁野山原始森林、梁野山云礤瀑布群、狮岩蛟湖、狮子山、天马寨古城堡等自然、人文景观是著名的旅游胜地。

武平生态环境良好，是宜居福地。

第二章 自然地理

第一节 地形地貌

一 地形

武平县地形以当风岭—梁野山为界分南、北两部分，北部中低山纵横，间有指状山间盆谷；南部低山丘陵起伏，多低丘河谷，属典型的中山—低山—丘陵—河谷盆地的层状地形。全县地势由西北向东南倾斜，北高南低。

二 地貌

武平县处于武夷山南西端，属闽西南上古生代复盖层，总体属低山丘陵地貌，境内500米以下的丘陵约89092公顷，占全县总面积的33.97%（其中300米以下低丘7505公顷）。

其中，岩前镇狮岩村一带属喀斯特地貌，下坝狮子山一带属丹霞地貌。

三 地形分布

武平县地形受地质构造运动和长期剥蚀作用，层次十分明显，大致可分为：北部低山丘陵区，中部中山低山区，西部低山丘陵区，南部河谷盆地和东南部丘陵盆地区。

北部的大禾、湘店、永平、桃溪等乡镇大部分地区为低山、高丘地貌区。海拔500~800米低山占该区面积的57.4%，海拔250~500米高丘占36.84%，海拔800米以上的中山只占总面积的5.76%。

中部的桃溪镇新兰、新华，中堡镇大绩、梧地、新湖、罗助、林坊、朝岭、章丰一带为中山、低山地貌区。海拔800米以上中山占该区面积的51.91%，500~800米低山占31.29%，250~500米高丘只占总面积的16.8%。

西部、西南部的大禾乡西部、东留镇和民主乡大部分地区，属武夷山脉南段主体，为高丘、低山地貌区。海拔250~500米的高丘占该区面积的47.6%，500~800米的低山占38.2%，海拔800米以上的中山占8.18%，150~250米的低丘谷地仅占总面积的6.02%。

南部的万安、平川、城厢、中山、中赤、下坝等乡镇，与平川河、中赤河、下坝河流域峡谷山地相排列，为低山谷地地貌。海拔500米以下的高丘占该区面积的68.93%，500~800米的低山占27.54%，800米以上的中山只占总面积的3.53%。

东南部的十方、岩前镇以及武东、中堡镇的一部分，为丘陵、盆地地貌。海拔250~500米的高丘占该区面积的51.28%，500~800米的低山占44.93%，800米以上的中山和250米以下的低丘仅占总面积的3.79%。

四　地形的特征

武平县总的地形是西北多山，东南多谷地。境内海拔在1000米以上的山峰有40多座，500~1000米山峰70多座，500米以下丘陵遍布全县。矗立于县境中央的梁野山主峰，是武夷山脉南端最高峰，海拔1538.4米，也是县域最高地点。南部下坝河子口，海拔150米，为县域最低地点。梁野山脉与天马寨、西山嶂、观狮山等连成一线，把全县分成南、北两部分。这些山岭成为南北气流的屏障，直接影响武平县南北气候的差异和河流的流向。

武平县境内海拔在1000米以上的山峰高程和位置

序号	名称	高程（米）	所在乡镇	序号	名称	高程（米）	所在乡镇
1	乌山	1092.1	大禾帽布	23	福朝岭	1020	东留泥洋
2	大顶崬	1092	大禾贤坑	24	黄天顶	1137	东留中坊
3	山峰崬	1084	大禾帽布	25	石榴花寨	1001	东留泥洋
4	月光崬	1002	大禾帽布	26	葫芦石	1007	东留南洞
5	大崬脑	1008.8	大禾邓坑	27	腊石崬	1066	东留大联
6	龙狮崬	1045	大禾贤坑	28	天马寨	1110.4	城厢尧禄
7	癞痢顶	1005.8	大禾邓坑	29	梁山顶	1538.4	城厢云礤
8	将军顶崬	1172	桃溪新兰	30	西山嶂	1129.2	平川西厢
9	观狮山	1158.5	桃溪新兰与中堡章丰交界处	31	长安崬	1246.3	中山上岭
10	粗石嶂	1242.6	中堡梧地	32	平山崬	1224	中山上岭
11	园通顶	1041	中堡新湖	33	西木山	1084	中山上岭
12	谷夫崬	1002	中堡大绩	34	羊石脑	1020	中山武溪
13	观音石崬	1082.8	中堡新化	35	出米岩	1028	中山上岭
14	长岭崬	1052	中堡大绩	36	五子高峰（龙嶂崟）	1154.2	岩前和安
15	高礤上	1246	中堡梧地	37	豆腐头崬（龙嶂山）	1051.4	岩前东峰
16	竹石寨	1080	中堡朝岭	38	云霄寨	1100	象洞中段
17	腊石岭	1015	中堡远富	39	七峰山	1116.1	象洞光彩
18	崬门脑	1102	东留南坊	40	白石顶	1095.3	象洞光彩
19	高义崬	1051	东留南坊	41	岩婆石	1096.4	象洞中段
20	双马头山	1089.9	东留中坊	42	笔架山	1112.0	民主岭下
21	莲花顶	1008	东留南坊	43	奶头墩	1199	民主坪畲
22	洋石崬	1107.8	东留南坊	44	大凹顶	1074	民主岭下

五 盆地

武平县有河谷盆地33277公顷，占总面积的12.69%。盆地除民居布点外，均为大墩水田，是水稻种植区。盆地分布情况：平川镇179公顷，占该镇面积的5.3%；城厢镇3589公顷，占22.23%；万安镇1300公顷，占11.43%；东留镇3751公顷，占11.95%；中山镇 1882 公顷，占 10.18%；民主乡 667 公顷，占 6.77%；下坝乡 952 公顷，占 9.35%；中赤乡 773 公顷，占 7.43%；岩前镇 2906 公顷，占 16.21%；象洞镇 2405 公顷，占 18.4%；十方镇 4209 公顷，占 27.16%；武东镇 1950 公顷，占 14.03%；中堡镇 3087 公顷，占 17.9%；永平镇 1053 公顷，占 8.55%；桃溪镇 1880 公顷，占 10.3%；大禾乡 1151 公顷，占 5.4%；湘店乡 1543 公顷，占 15%。

六　山脉

武夷山脉从长汀南部蜿蜒进入县境，形成西列和东列两条山脉。

西列山脉　从大禾乡往南经永平、东留、中山至民主乡。主要山峰有乌山、山峰崠、大顶崠、莲花顶、崠门脑、洋石崠、高义崠、福朝岭、双马头山、黄天顶、长安崠、平山崠、笔架山、奶头墩等。

东列山脉　又称梁野山系，主峰叫梁山顶，海拔 1538.4 米，主要有三条山脉。

1. 梁野山脉：系武夷山脉由西北向东南腹地延伸，经大禾、永平、中堡、城厢、武东等乡镇，跨过高磜上、竹石寨、观狮山、园通顶、腊石岭等山峰，直入上杭。主要山峰有大崠脑、大坪崠、棺材崠、梁山顶、长岭崠、谷夫崠、粗石嶂、竹石寨、观狮山、观音石崠、园通顶、腊石岭等。

2. 石迳岭山脉：从梁野山脉的棺材崠分出，跨过西山嶂等山峰，向西南方向延伸，经万安、平川、中山等乡镇，进入广东省平远县。主要山峰有西山嶂。

3. 龙嶂山脉：由梁野山顶分出，经过武东、十方等乡镇，跨过天马寨、龙嶂顶、大坑尾、岩婆石、白石顶、七峰山等山峰，由岩前、象洞镇进入广东蕉岭县。主要山峰有天马寨、五子高峰（龙嶂崟）、云霄寨、白石顶、七峰山等。

七 地质构造

1. 地层岩性特点：武平县境内地层发育齐全，从上元古界震旦系到新生界第四系地层均有出露，各地层岩性及分布情况如下。

震旦系下统楼子坝群，广泛出露于县境北部的湘店乡、大禾乡、桃溪镇、永平镇、东留镇，中部和东南部的中山镇、中赤乡和象洞镇也有少量分布，岩性为变质砂岩、粉砂岩、板岩、千枚岩、石英片岩。

古生界地层缺失寒武系、奥陶系、志留系和泥盆系上统仅见于中堡镇北部、十方镇南部、岩前镇西部，呈近南北向分布。地层发育有石炭系、二叠系和泥盆系，为碎屑沉积岩，岩性为石英砂岩、粉砂岩、泥岩夹煤层、泥岩、灰岩、石英砾岩、砂岩、紫红色千枚状粉砂岩。

中生界地层发育齐全，有侏罗系、白垩系和三叠系，分布在武平南部、武东一带。岩性为砾岩、砂砾岩、泥质粉砂岩、凝灰岩、流纹岩、安山岩、英安岩、熔结凝灰岩、石英砂岩和泥岩。

新生界地层不发育，仅在一些山间盆地、谷地和河流两侧阶地出现，岩性为第四系冲积、洪积泥质砂砾、卵石、泥质砂砾卵石和砂砾岩夹泥岩。

2. 侵入岩特点：主要分布在县境内中部，面积394.49平方公里，占总面积38.32%，主要为晚侏罗世（J_3）和志留纪（SX）侵入岩，岩性有细粒花岗岩、花岗斑岩、黑云母花岗岩和二长花岗岩。

侵入岩简表

侵入时代	岩 性	主要分布
晚白垩世（K_2）	细粒花岗岩、花岗斑岩	岩前葫芦桥至象洞洋贝
晚侏罗世（J_3）	花岗斑岩、二长花岗岩、黑云母花岗岩	中堡、永平、下坝、中赤、象洞、大禾
中三叠世（T_2）	细粒花岗岩、二长花岗岩	大禾邓坑、坪坑、帽布
志留纪（SX）	黑云母二长花岗岩	东留、民主以西地区

（3）**地质构造特点**：武平县处于南平—宁化构造—岩浆带南端、政和—大埔断裂西侧的闽西南拗陷带。经过测区的断裂有

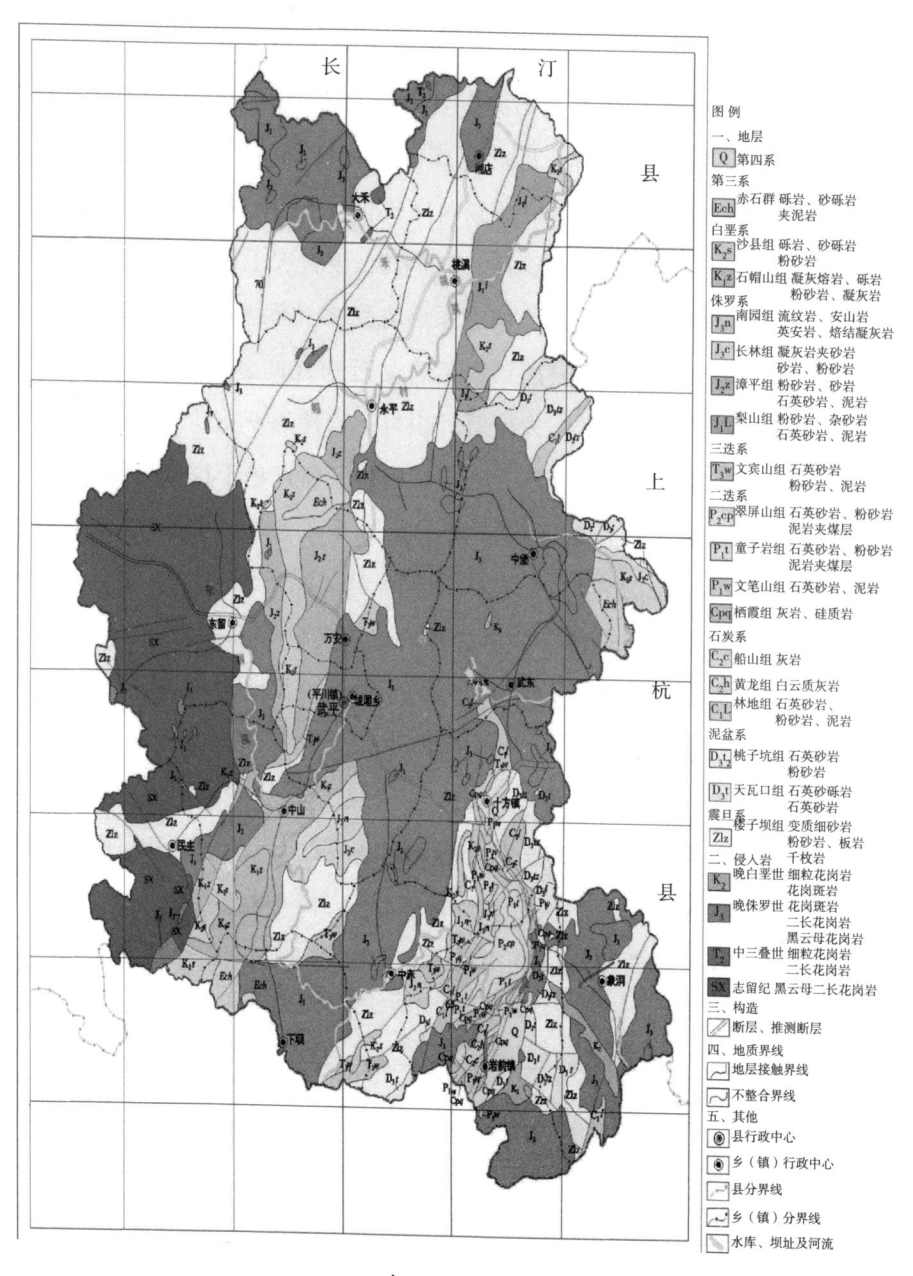

武平地质略图

光泽—武平断裂、云霄—上杭断裂；通过测区的次一级断裂有十方断裂、中山—武东断裂、中堡—梯子岭断裂。由于经历若干次地壳构造变动，几个区域性不整合明显存在，反映本区在这一历程中，经历了多期构造运动，形成较为复杂的构造环境。

清流—武平复向斜：该复向斜在大地构造单元上，属闽西南坳陷带（简称西部坳陷）之清流—武平复向斜，该复向斜长210公里，宽6~20公里，北段轴向北东，南段轴向北北东。核部出露震旦系和下古生界，并有加里东期花岗岩侵入，两翼陆续出露晚古生代地层。由于受桃溪穹隆的影响，下—中侏罗统盆地的覆盖及燕山期花岗岩的侵入，使复背斜的形态受到很大破坏，使其褶皱形态不全，形体破碎。

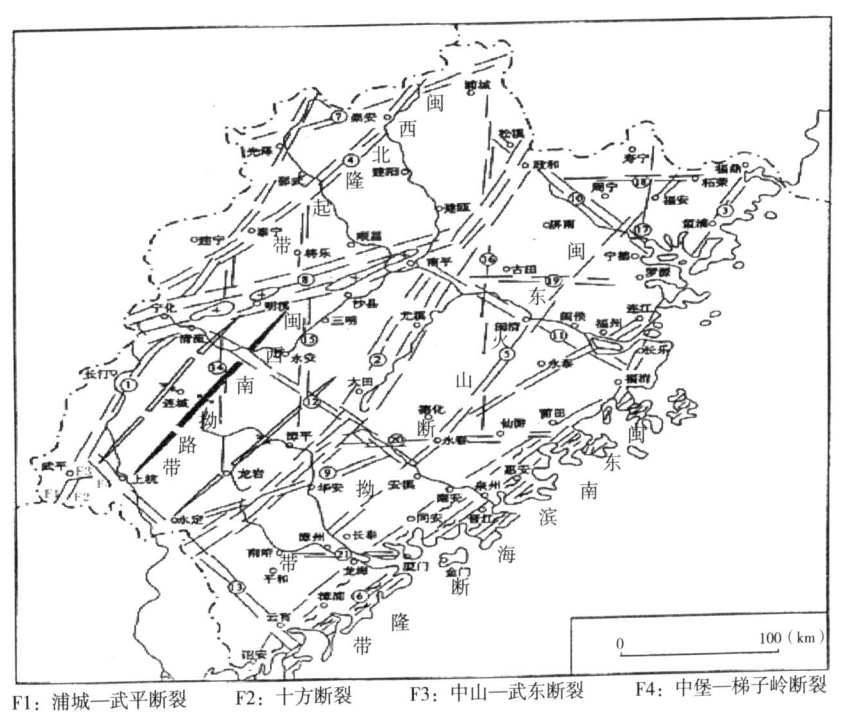

F1：浦城—武平断裂　F2：十方断裂　F3：中山—武东断裂　F4：中堡—梯子岭断裂
断裂带　复背斜轴　复向斜轴　片理化　岩浆岩

武平断裂图

光泽—武平断裂：该断裂为区域性北北东向断裂，断裂带宽数十米，为压扭性断层，断层造成岩石破碎、产状零乱，并使花岗岩与震旦系变质岩呈断层接触，造成侏罗系成断陷盆地。该断裂西约1公里处，展布一条先由北北东向展布，而后转向北西的断裂，限于第四系覆盖，地表形迹不清，上述两条断层皆被近东西向断裂切割，呈顺向扭动特征，错距约1公里。

十方断裂：该断裂位于十方南西1公里处，断裂呈北东向波状展布，断面呈舒缓波状，局部断面产状：255°∠60，或倾向南东，区内长约15公里。沿断裂带断续出露震旦系和石炭系、二叠系砂岩、粉砂岩和中厚层灰岩、硅质岩、炭质页岩等。其中，粉砂岩、灰岩发生硅化、褐铁矿化。

中山—武东断裂：该断裂为北东向区域性断裂，区内长约15公里。断裂东北端出露浅肉红色钾长花岗岩、斑状花岗岩，西南端为白垩系第三系红层，造成白垩系断陷盆地，断层错距约5公里。但地表为第四系覆盖，构造形迹不清。

中堡—梯子岭断裂：该断裂具逆断层性质，总体呈北西向展布，区内长约22公里，南东段延出区外。断裂造成花岗岩与白垩系呈断层接触，错距约500米，形成白垩系断陷盆地，局部地段受北东向断裂切割，错距约1公里。

【延伸阅读】

武平的地质灾害

1. 地质灾害的主要类型与特点

武平县是福建省地质灾害易发县之一，类型主要表现为滑坡、崩塌、地面塌陷，具有"点多、面广、规模小、危害性大"的特点。

滑坡是指山坡岩体或土体顺斜坡向下滑动的现象，我县以浅层土质小型滑坡为主。崩塌是指倾斜坡上的岩土体在重力作用下突然脱离母体崩落、滚动、堆积在坡脚（或沟谷）的地质现象，武平县主要为小型土质崩塌。地面塌陷指地表瞬间向下陷落，形成塌陷坑（洞）的一种地质现象，我县主要是浅覆盖型岩溶地面塌陷，主要与地下水水位波动有关。

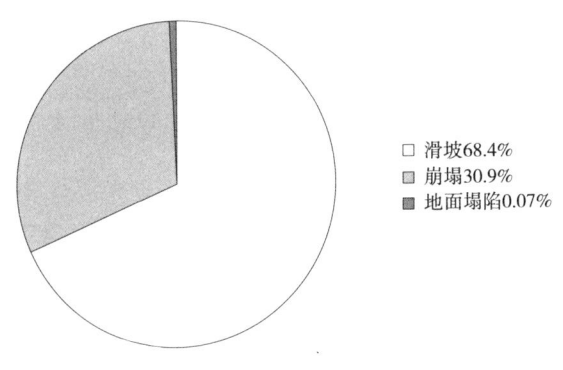

武平地质灾害灾种类型统计饼图

滑坡68.4%
崩塌30.9%
地面塌陷0.07%

2. 地质灾害多发的原因

由于武平县为低山丘陵地区，平地少，农村建房普遍开挖山体，房前房后形成高陡边坡，一般坡高5~15米，坡度大于60度，坡脚与房后基础距离大部分仅为1~1.5米，且没有采取有效的防护措施，加上武平县属亚热带海洋性季风气候，雨量充沛，而且降雨相对集中，降雨作为地质灾害最主要外在因素，形成的地表水渗入地下，抬高了地下水位，增强对岩土体的浮托力，降低了岩土体抗剪强度，影响了斜坡稳定性，从而诱发了地质灾害，直接威胁房屋与人员安全。武平县地质灾害的易发期主要集中在3~6月的雨季和7~8月台风雷阵雨季。

切坡高度与地质灾害关系图

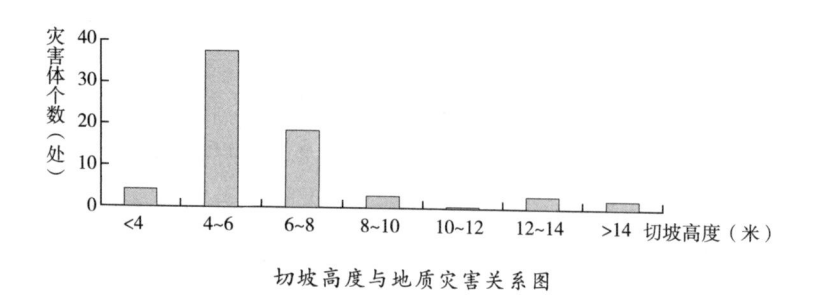

3. 地质灾害隐患主要分布

由于地形地貌条件是地质灾害产生的基本条件之一，滑坡、崩塌等地质灾害的发生跟房前屋后高陡边坡点的分布和高度密切相关，因此武平县地质灾害主要分布在永平、桃溪、大禾、武东、城厢等中低山区，中低山之间的河谷盆地、山间盆地边缘地带则是地质灾害分布密集区。从高程上看，海拔小于400米地段高陡边坡点的分布率相对较高，这与该海拔高程区间内居民点较为密集、人类工程活动（如削坡建房）较为活跃有关。

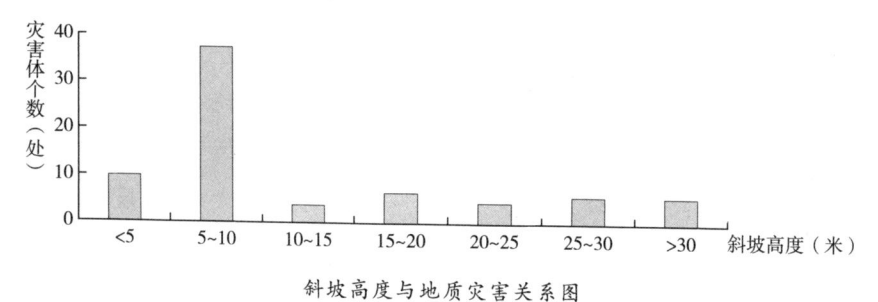

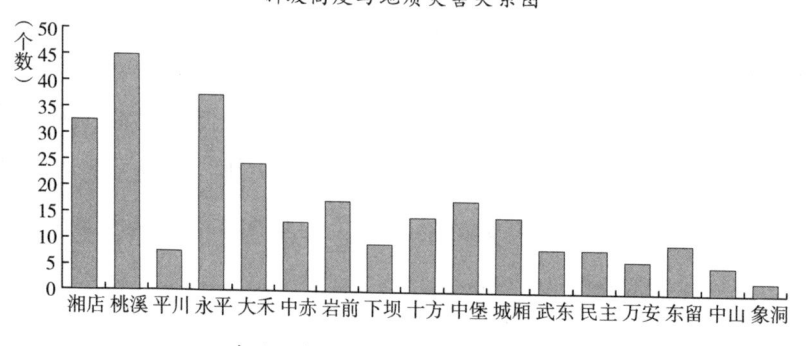

斜坡高度与地质灾害关系图

武平县各乡镇地质灾害分布直方图

4. 地面塌陷多发生的乡镇

地面塌陷地质灾害主要发生在地处覆盖型岩溶区域的十方、岩前。岩溶是石灰岩、白云岩等可溶性岩石在长期受水的化学溶蚀和机械作用下岩层内形成溶洞、溶沟、暗河、石芽等现象的总称。岩溶区域地面塌陷主要与地下水位波动有关,与抽水、排水等人为因素密切相关,易造成岩溶下部可溶岩层中的溶洞或上覆土层中的土洞顶板失稳产生塌落或沉陷,多形成圆锥形塌陷坑,其突发性强、危害大,严重危及该区域居民的生命、财产安全。

地面塌陷图

5. 武平县的地震构造

武平县地处闽、粤、赣三省交界处,两条较大的地震断裂带贯穿全境,还有众多小断裂带纵横交错,地震地质构造较为复杂,具有发生中强(4.5~6级)地震的地质构造背景。据资料记载1520~1976年记录到的震源在武平境内4.7级以上地震共12次。1983年5月12日,在中山镇武溪村发生的4.2级地震,武平县记录得比较完整,本次地震造成一定的损失。此外,还时常遭受台湾强烈地震的波及和影响。2006年，龙岩市被国务院列为全国25个地震重点监视防御区之一，武平县位于防御区之内。

第二节　水文环境

一　水系

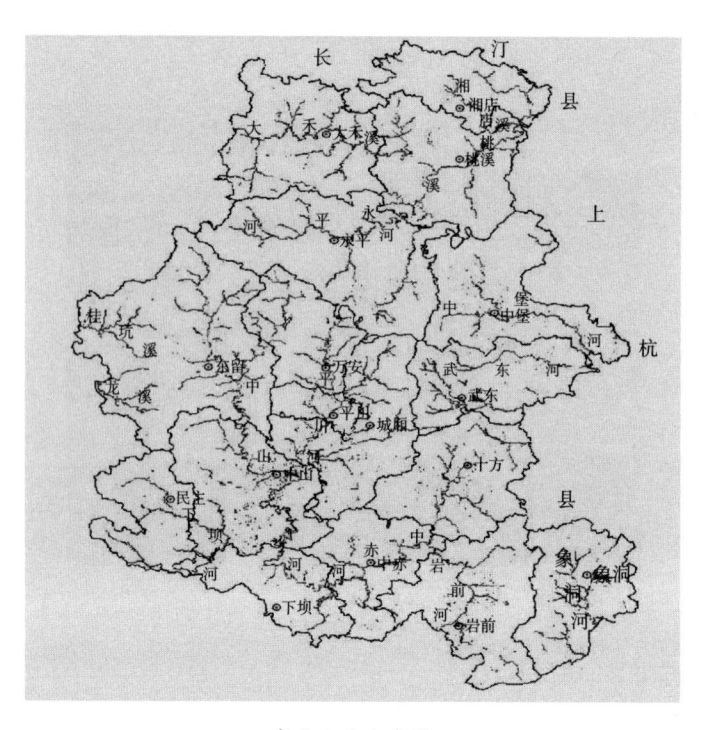

武平水系分布图

武平境内群山重叠，沟谷纵横，溪河密布，水系发达，由于地势北高南低，中部相对隆起，致使河谷四布，各溪流未能川流合一，只能是短小的山涧溪流呈放射状分布，全县有大小河流234条，总长度2641公里，县内流域面积2573平方公里，多年平均径流量25.6亿立方米。其中流域面积大于200平方公里的河流4条，长 236 公里；50 平方公里以上的河流 18 条，长 395 公里；10 平方公里以上的河流 56 条，长 840 公里；10 平方公里以下河流 156 条，长 1170 公里。主要溪流分属汀江、梅江和赣江三个水系，是全省最典型最特殊的三省交界、三江水源地。其中梅江水系流域面积 1358 平方公里，占全县流域总面积的 52.8%，流域面积大于 50 平方公里的溪河有 9 条，有松源河、中山河、下坝河 3 条干流；汀江水系流域面积 1073 平方公里，占全县流域总面积的 41.7%，流域面积大于 50 平方公里的溪河有 8 条，有桃溪河、汀江两条干流；赣江水系流域面积仅 141.9 平方公里，占全县流域面积的 5.5%，有桂坑溪、龙溪。主要河流有中山河、桃溪河、中堡河。中山河是武平县最长的河流，全长 91 公里，有平川河、中赤河两条支流；桃溪河有永平河 1 条支流。

二　河流

梅江水系

梅江水系流域面积 1358 平方公里，占全县流域总面积的 52.8%。有中山河、下坝河、象洞河 3 条河流。

中山河：俗名石窟河，是武平梅江水系的主要河流，中山河全长 91.0 公里，是武平最长的河流，流域面积 1125.5 平方公里，多年平均径流量 11.25 亿立方米，是武平县水力资源最丰富的河流。发源于东留镇南坊村南洞自然村东门脑崇南麓，流经东留镇的大阳、封侯、大明、新中、永福，中山镇的上峰、老城、城中、新城、太平、阳民、龙济、卦坑，下坝乡的福兴、大田、大成、石营、园丰等村，于河子口汇合下坝流入广东梅江。是武平县最主要河流，大小支流十多条。主要支流有两条。一条是平川河，全长 29.9 公里，流域面积 194.4 平方公里，多年平均径流量 2.0 亿立方米，发源于

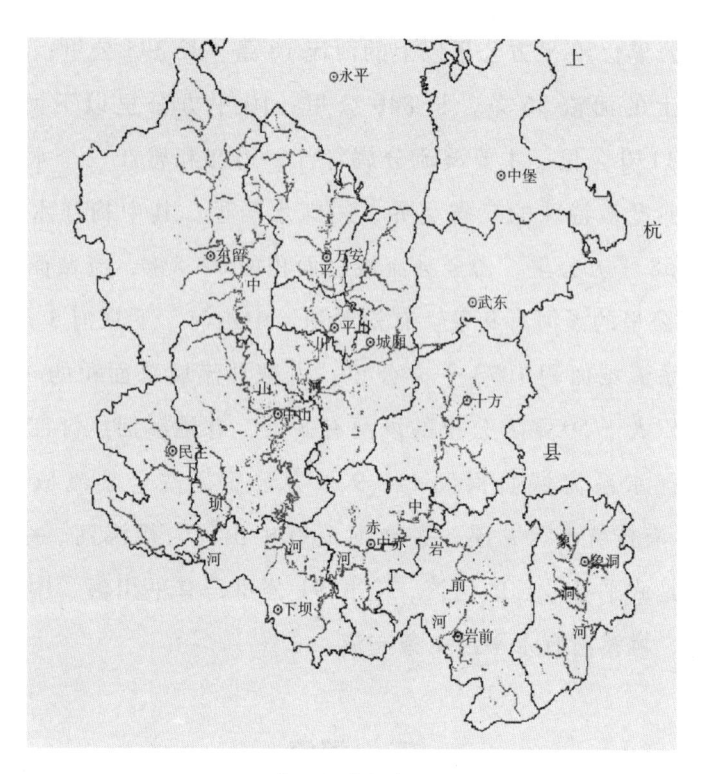

梅江水系分布图

万安镇小密村，流经万安镇的贤溪、上镇、下镇、五里，平川镇的七坊、城南，城厢镇的南通、始通、上东、下东、凹坑等村，在中山镇的太平村注入中山河。另一条是中赤河，全长51.5公里，流域面积436.8平方公里，多年平均径流量3.905亿立方米。其支流分别发源于广东省蕉岭县广福镇，十方镇白土村横岭，岩前镇的七峰山、干磜石和象洞镇的大顶山等地。由多条小支流在岩前镇龙井村汇合后，进入中赤乡的上赤、中赤、下营，注入中山河，则谓上段岩前河，下段中赤河。

下坝河：发源于中山镇武溪平山崇和民主乡岭下羊子杰，流经中山镇的三联，下坝乡的贵扬村，入广东省平远县注入梅江。

象洞河：象洞河河道长145公里，流域面积60.67平方公里，多年平均径流量0.6132亿立方米；发源于象洞镇芹磜村，流经新岗、富岭、联坊、沽阳、东寨、洋贝村，流入广东松源河入梅江。

汀江水系

汀江水系流域面积1073平方公里，占全县流域总面积的41.7%，有桃溪河、中堡河、武东河3条河流。

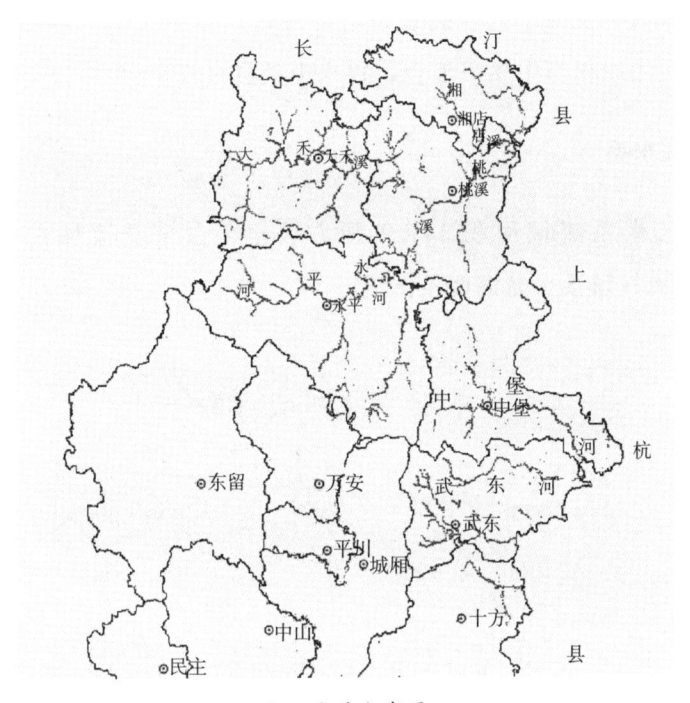

汀江水系分布图

桃溪河：又名小澜河，是武平县汀江水系的主要河流，桃溪河河道长53.8公里，流域面积689.8平方公里，多年平均径流量6.2881亿立方米，由大小溪流十多条汇合而成。主要源头有两个：一是发源于大禾乡乌山和癞痢顶，流经大禾乡坪坑、大沛、大禾、湘村等村，进入桃溪镇；二是发源于永平镇梁山和风吹帽岭及龙归磜村。两条支流于桃溪镇新磜村汇合，流经桃溪小澜村，流过湘店，注入汀江。河道较平缓，小澜以下河段可通木船，主要支流有永平河、大禾溪、湘店溪。

永平河河道长 40.1 公里，流域面积 299.4 平方公里，多年平均径流量 3.113 亿立方米。

中堡河：中堡河河道长 31.3 公里，流域面积 124.3 平方公里，多年平均径流量 1.7621 亿立方米；发源于中堡镇观狮山，流经中堡镇章丰、林坊、大坪、远富、悦洋等村入武东后，与武东河汇合，再入上杭县汀江。

武东河：发源于武东镇袁畲村，流过武东镇上畲、四维、丰田等村，在潭溪村与中堡河汇合，再入上杭县汀江。

赣江水系

赣江水系流域面积 141.9 平方公里，占全县流域总面积的 5.5%，有桂坑溪、龙溪两条溪流。

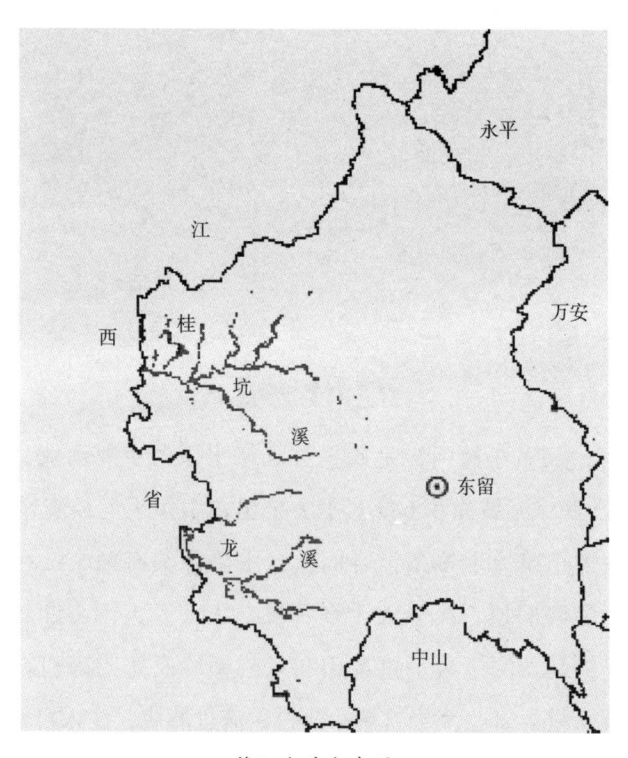

赣江水系分布图

桂坑溪：桂坑溪河道长13.2公里，流域面积77.5平方公里，多年平均径流量0.806亿立方米。发源于东留镇石榴花寨、福朝山、黄金礤一带，分别经上村、下村自然村，在桂坑汇合后，经背寨村流入江西省赣江。

龙溪：发源于东留镇大人栋和狮目山一带，分别在中坊村和龙溪等地汇合，流入江西省赣江。

三　河流特征

武平河流在境内分布分散，没有形成一条大的干流，受地形、气候和植被等因素影响，具有以下几点特征。

1. 源于中部，向四周分流。武平山地多集中于中部，大部分河流发源于中部山地，呈放射状向四周分流，流向分散。

2. 水量丰枯变化大。因溪流源近流短，集水面积较小，河流水量变化大，雨期水量多，洪水季节水位猛涨，水势汹涌，容易形成灾害，旱季水量小，形成明显的枯水期，最高水位和最低水位相差几倍乃至几十倍。

3. 河流含沙量较小。武平气候湿润，森林覆盖率达60.7%，岩石又多为坚硬的岩浆岩，泥沙不易流失。但1958年以来由于森林遭损原因和近几年建设用地的大量增加，水土流失加剧，河流含沙量增加。

4. 落差大，水能丰富。武平河流多发源于山地，经山谷盆地，河流落差大，形成不少大小瀑布，水力资源丰富，大中小型水电站遍布各乡镇。

四　径流情况

武平县境内年平均径流深970.75毫米，年平均径流量25.65亿立方米，平均每平方公里径流量96.91立方米。年径流系数在0.56～

0.58。径流随降水季节而变化，很不均匀。汛期（4~9月）径流量占全年的71%~76%。

县内主要河流为中山河和桃溪河，其径流情况如表所示。

武平县主要河流径流情况表

河流	集水面积（平方公里）	实测年数	年径流量 最大 年份	年径流量 最大 径流（亿立方米）	年径流量 最小 年份	年径流量 最小 径流（亿立方米）	年径流量 平均 径流深（毫米）	年径流量 平均 径流量（亿立方米）	不同保证直径流量 10%	不同保证直径流量 50%	不同保证直径流量 75%	不同保证直径流量 90%	平均流量 汛期	平均流量 非汛期
中山河	280	12	1959	4.459	1963	1.109	873.2	2.45	4.459	2.168	1.503	1.109	1.855	0.581
桃溪河	527	12	1961	6.865	1963	1.523	746.3	3.93	6.685	3.295	2.513	1.532	2.828	1.107

五　水　库

水库分类：按用途分为两类：水利类和电站类。按库容分为五类：大（一）型水库：库容大于10亿立方米；大（二）型水库：库容大于1亿立方米小于10亿立方米；中型水库：库容大于0.1亿立方米小于1亿立方米；小（一）型水库：库容大于100万立方米小于1000万立方米；小（二）型水库：库容大于10万立方米小于100万立方米。10万立方米以下为小山塘。

水库情况：武平现有水库81座。其中，中型水库5座，小（一）型水库12座，小（二）型水库63座；水利类水库35座，电站类水库45座。中型水库分别为：下坝石黄峰电站水库（库容3220万立方米），下坝电站水库（库容2295万立方米），东留电站水库（库容2380万立方米），武东六甲水库（库容1625万立方米），捷文水库（库容1252万立方米）。另外，较大型小山塘27座。

武平县小（二）型以上灌溉供水水库建成情况表

单位：万立方米

已建成水库		其　中					
		中型水库		小（一）型水库		小（二）型水库	
座数	总库容	座数	总库容	座数	总库容	座数	总库容
35	4348	3	2850	4	878	28	620

武平县水库分布情况

乡　镇	座数	名　称
平川镇	2	礤角、白松坑
城厢镇	4	灵通、老虎坑、长坑、茶公陂
万安镇	3	捷文、白莲塘、石径岭
东留镇	6	李坊、黄龙坑、东留、溪口一级、溪口二级、龙潭坝二级
中山镇	10	老村里、中岭背、高寨、南蛇坑、蛤蟆石、陈塘里、龙峰、富峰、渔峰、神仙峰
民主乡	2	陂下一级、二级
下坝乡	9	美溪、蕉头坝、石黄峰、下坝、大成、贵阳、神龙、福兴、园丰
中赤乡	8	龙上、上赤、长丰箭、黄沙坑、联发、咸丰、七星礤、鸡栖潭
岩前镇	9	小坑、杨梅畲、大迳、湖洋塘、东峰、李坑、千断石、美子坑、龙井
象洞镇	5	画竹、横坑塘、新福、光彩一级、光彩二级
十方镇	3	熊新、礤头、横岭
武东镇	3	六甲、刘田塘、贡里
中堡镇	4	天堂关、大坪、金狮礤、新化下村
永平镇	6	龙尾窖、山塔里、禾仓峰、牛皮湍、新塔、珠玛峰
桃溪镇	6	红兰、木兰、曲潭、陂礤口、李潭、泉坑一级
大禾乡	1	峰沛四级
合　计	81	

武平县水利灌溉类水库分布情况

乡　镇	座数	名　称
平川镇	2	礤角、白松坑
城厢镇	3	灵通、老虎坑、长坑
万安镇	2	捷文、白莲塘
东留镇	1	李坊

续表

乡　镇	座数	名　称
中山镇	6	老村里、中岭背、高寨、南蛇坑、蛤蟆石、陈塘里
下坝乡	2	美溪、蕉头坝
岩前镇	8	小坑、杨梅畲、大迳、湖洋塘、东峰、李坑、千断石、美子坑
象洞镇	2	画竹、横坑塘
十方镇	3	熊新、磜头、横岭
武东镇	2	六甲、刘田塘
中堡镇	2	天堂关、大坪
永平镇	1	龙尾窑
桃溪镇	1	红兰
合　计	35	

武平县较大型小山塘分布情况

乡　镇	座数	名　称
平川镇	2	牛角窝、高布坑
城厢镇	2	龙里、黄竹坑
东留镇	1	牛栏下
民主乡	2	下隔、羊子杰
中赤乡	1	画眉坑
岩前镇	9	大坪子、荷树塘、浆塘、李塘、三妹塘、大塘、老虎坑、大岗湖、九公塘
象洞镇	4	龙塘、曾坑子、凉坑山、湖坑子
中堡镇	5	乌泥坑、小兰坑、井头子坑、迳头、岭头
湘店乡	1	陈塘
合　计	27	

武平县主要水库有捷文水库、东留水库、石黄峰（卦坑）水库、下坝（长潭）水库、六甲水库、白莲塘水库、石迳岭水库、陈田水库、小坑水库等。其中石黄峰水库面积和库容是我县最大的水库，面积187公顷，库容3220万立方米。

捷文水库：位于万安乡捷文村霞彩自然村，离县城约18公里，水库四面环山，环境优美，水质也好，正常蓄水位520米高程，总库容1234万立方米，属多年调节的中型水库。2007年，该水库建成，次年正式向城区供水，成为武平城区唯一的饮用水供水水源，城区几万人口供水有了保障。此外，水库还通过调节、跨溪调水，新增保溉农田面积11840亩，利用水资源发电的功能，每年带来额外产值500多万元。建有水质在线监测系统及其机房建设，全天候监测水库的水质；设置保护区告示牌、宣传牌，让群众自觉保护水源地；在库区安装防护栏；建设"三防"垃圾收集池，处理上游群众的生活生产垃圾；有捷文水库水资源保护管理规定，有库尾生物防护带，种植含笑用于保持库区的水土，同时具有旅游观光效果。

捷文水库

东留水库：武平县东留水库电站是龙岩市重点项目，总投资1.9亿元，装机容量2.5万千瓦。第一台机组已于2000年下半年投产发电。电站水库蓄水后，库区水面长8.04公里，水面面积1.86平方公里，库区内山地总面积1.27万亩，具有四面环山、依山傍水、湾岛相应的独特自然风景，旅游农业观光园风光无限。

东留水库坝区

石黄峰（卦坑）水库：电站位于武平县下坝乡福兴村的石黄峰狭口处，是中山河多级开发的第七级电站，也是县内目前最大的县办电站。利用中山干河径流，拦坝建库提高水头建站发电。水域面积2800亩，石黄峰水库库容3220万立方米。集雨面积为637.4平方公里，多年平均流量18.2立方米。水头35米，流量每秒27立方米，安装4000千瓦发电机组2台，总容量8000千瓦，年均发电3627万千瓦小时。预算全工程完成土石方60万立方米，总造价1246万元。1985年5月动工。至1987年，已建成大坝右岸洞径4.5米的导流洞146.75米，浆砌石溢流重力坝围堰50.5米，溢流面38.5米高程，发电用压力隧洞158米，以及隧洞口至厂房的80米压力钢管敷设，共完成土石方16万立方米。

水库中游在中山镇卦坑村又称卦坑水库，是一个水天一色、白鹭齐飞的避暑胜地，原始森林众多，阔叶林面积达到2000多亩，这里野生动植物极为丰富，山清水秀，气候宜人，形成了山中有水、山在水中的壮观景色，不禁让人感叹大自然的秀丽。建有卦坑生态渔村，接待游人。

石黄峰（卦坑）水库一角

下坝（长潭）水库：位于武平县下坝乡石营村，建于1996年，是中山河在武平县境内最后一级电站水库，利用中山河拦坝建库提

下坝（长潭）水库一角

高水头建站发电，装机容量10000千瓦。最大坝高37.5米，集雨面积1129平方公里，多年平均输沙量0.63万吨，校核洪水位178.23米，设计洪水位175.22米，主汛期限制水位174.5米，正常蓄水位175米，死水位173米，总库容2295万立方米。下坝水库平均水深为12.2米，最大水深28.8米，其水位调度为：汛期，蓄水位控制在170米以下；非汛期，蓄水位控制在174米以上。

六甲水库：坐落于武平县武东乡六甲村，1977年10月动工兴建，1986年6月主坝、两座副坝及左、右干渠基本建成，并发挥作用。

主、副坝皆为均质土坝，主坝高28米，长101米，副坝高分别为11米和14米，总库容1625万立方米。通过左、右干渠26.5公里，两条支渠25.9公里，按设计能力可灌溉武东、十方等乡20200亩耕地，因尚有部分支渠不配套，1987年实际灌溉12870亩，水库共淹没耕地1392亩，迁移273户1760人。工程总投资596.3万元。

六甲水库一角

白莲塘水库：位于县城北部10公里处的万安镇贤溪村当风岭下，白莲塘水库有效库容达385万立方米，水面面积20万平方米，库区周边树木高大，森林浓密，生态环境优美。

石径岭水库：坝址以上流域面积9.54万平方米，水库正常蓄水位347米，水库库容466万立方米。拦河坝为砌石重力坝，坝顶高程304.5米，最大坝高44.5米，坝顶总长242.25米。该大坝合同总造价4565.47万元，2016年3月1日，武平县石径岭水库工程建设指挥部组织召开石径岭水库大坝完工验收会议，验收工作组同意石径岭水库大坝单位工程评定为优良，同意完工验收。

石径岭水库一角

陈田水库：位于武平县十方镇，该工程是以农业灌溉为主，兼顾农村生活用水的水利工程，于2013年12月中旬开工建设，完工时间为2015年12月。枢纽建筑物由拦河坝、进水口、输水管网和泵站等组成。

小坑水库：水库坐落在武平县岩前镇宁洋村。1966年秋，先动工兴建渠道，至1968年11月竣工。总干渠长11公里，通过流量为每秒0.9立方米。右干渠长5.6公里，通过流量为每秒0.25立方米。

陈田水库大坝土建工程

左干渠长7.5公里，通过流量为每秒0.4立方米，其间有长252米、管径60公分的钢制倒虹吸管1座。1969年10月动工兴建大坝，1974年竣工。水库集雨面积9.28平方公里，粘土斜墙堆石坝，坝高42.5米，坝顶长87米，顶宽6米。库容338.4万立方米，有效灌溉面积6507亩，其中保灌面积6250亩。坝后建水电站2座。全工程完成石方39.7万立方米，土方35.2万立方米，总造价284.27万元，其中国家补助122.13万元。

小坑水库

第三节 气候物候

一 气候

武平县处于北纬24°47′～25°29′，纬度较低，南距南海180公里，距离较近，属典型亚热带海洋性季风气候，冬半年盛行西北风，夏半年盛行西南风。气候温和，雨量充沛，四季分明，夏长冬短，冬无严寒，夏无酷暑，干湿季节分明。年平均降雨量1500～1900毫米，主要集中在3～6月份，年平均蒸发量为1598.4毫米。年平均日照时数1671.6小时，年平均雷暴日数65天。主要气象灾害有暴雨、台风、冰雹、大风、雷暴、干旱、寒潮。

二 气温

武平年平均气温为17℃～20℃，但由于境内地形复杂，海拔高度相差较大，有"一山有四季，十里不同天"的特点，气温分布不均，区域气候差别较大，各地四季的开始与持续时间长短也有差异。东南部的气温较高，西北部由于纬度、海拔较高，气温较低，一般海拔每升高100米，春季要推迟3～5天，秋季要缩短2～3天。2月中旬，全县平均气温开始达到10℃以上，进入春季，历时80天左右；5月上旬，平均气温开始达到22℃以上，进入夏季，历时160天左右；10月上旬，开始进入秋季，历时80天左右；12月下旬，平均气温开始低于10℃，进入冬季，历时40天左右。武平县极端最高气温可达37℃～39℃，其中城区38.2℃，最低气温-6℃～-8℃，城区-6.3℃。境内平均初霜日期在11月下旬，平均终霜日期在3月上旬。平均无霜期250～280天。其中，武东南地区273～285天，武西北地区248～272天，县城区284天。

三 降水

武平干湿季节明显，年平均降雨量为1500～1900毫米，武平强降雨主要集中在3～6月雨季和7～8月台风影响。降水月际变化：4～9月为多雨期（其中5～6月为全年最多），10月至翌年3月为少雨期（其中11月为全年最少），大致可分为四个降雨季节。春雨季（2～4月），降水日数较多，而强度较弱，降水量400～460毫米，占全年降水量的24%左右，月平均降水日数14～16天，北部地区降水多于南部地区。梅雨季（5～6月），为大雨暴雨及洪涝季节，降水量多强度大。降水量540～650毫米。占全年降水量37%左右，月平均降水日19～20天。台风雷阵雨季（7～9月），降水的年际月际间相对变率大，南北地区降水量差异亦大，一般总降水量390～520毫米，占全年降水量的26%左右。少雨季（10月至翌年1月），降水量190～230毫米，占全年降水量的12%左右，月平均降水日数只有7～8天。

四 湿度

武平境内累年平均绝对湿度为18～20毫巴，年度变化大致和气温相同。年平均最大值28.4毫巴，出现在7月；年平均最小值8.6毫巴，出现在1月。境内平均相对湿度为75%～85%，累年平均值为78%。一年中相对湿度最小值为4%～5%，多出现在11月和2月；相对湿度最大值为81%～84%，多出现在4～6月。

五　日照

武平境内年平均日照时数1758.6小时，以下半年7~12月日照时数最多，平均每天5~7小时；3~5月为最少，平均每天3~4小时。各月日照时数如下：

月份	1	2	3	4	5	6	7	8	9	10	11	12	全年
日照时数（小时）	113.1	107.0	76.2	91.7	97.9	130.1	223.7	200.6	189.2	193.1	169.9	166.1	1758.6

六　蒸发

武平县累年平均蒸发量为1474.7毫米，与同期降水量相比，水分收入大于支出250毫米。各月蒸发量如下：

月份	1	2	3	4	5	6	7	8	9	10	11	12	全年
蒸发量（毫米）	84.7	62.2	79.1	100.0	127.1	136.0	186.8	172.1	159.9	149.7	117.8	99.3	1474.7

七　风

境内全年以静频率风最多，占35%。其次是冬半年（10月至翌年3月）的北风，占18%，夏半年的偏南风占11%。风速一般在1.2~3.0米/秒之间。瞬间风速达八级风力以上的日数累年平均只有4.4天，多为3~9月出现的小区域雷雨大风。

八　气压

境内年平均气压983.1帕,12月为最高,7月为最低;1~7月气压趋于下降,8~12月气压趋于上升。4~5月和9~10月的气压变化最剧烈。

九　武平物候谚语

立春:1.立春不逢九,五谷般般有。2.最好立春晴一日,风调雨顺好种田。

雨水:1.雨水不落,下秧无着。2.雨水南风紧,回春早;南风不打紧,会反春。

惊蛰:1.惊蛰不过不下种。2.惊蛰刮北风,从头另过冬。

春分:春分早报西南风,台风虫害有一宗。

清明:清明难得晴,谷雨难得阴。

谷雨:1.清明谷雨两相连,浸种耕田莫迟延。2.谷雨在月头,秧多不要愁。谷雨在月尾,寻秧不知归。

立夏:1.立夏蛇出洞,准备快防洪。2.立夏无雨三伏热,重阳无雨一冬晴。

小满:小满不栽秧,来年闹饥荒。

芒种:芒种火烧鸡,夏至烂草鞋。

夏至:夏至一场雨,一滴值千金。

小暑:小暑东风早,大雨落到饱。

大暑:1.大暑大雨,百日见霜。2.大暑不割禾,一日少一箩。

立秋:立秋前后一场雨,白露前后一场风。

处暑:1.处暑里的雨,禾仓里的米。2.处暑雷唱歌,阴雨天气多。

白露：1. 白露白茫茫，无被不上床。2. 白露有雨霜冻早，秋分有雨收成好。

秋分：1. 秋分无雨春分补。2. 秋分过后必有风。

寒露：梅怕八月连阴雨，稻怕寒露一朝霜。

霜降：霜降见霜，谷米满仓。

立冬：立冬有雨防烂冬，立冬无雨防春旱。

小雪：小雪西北风，当夜要打霜。

大雪：大雪铲除四边草，来年肥多虫害少。

冬至：冬至前犁金，冬至后犁铁。

小寒：冷在三九，热在中伏。

大寒：大寒日怕南风起，正月赶狗不出门。

第四节　土壤组成

一　种类分布

武平县土壤采用土类、亚类、土属、土种四级分类，共分为7个土类，14个亚类，38个土属，32个土种。其中自然土壤4个土类，8个亚类，24个土属；农业土壤3个土类，6个亚类，14个土属，32个土种。主要以红壤土类为主，地域分布遍布县域各地；其次为水稻土类，为境内主要耕作土壤；紫色土土类，主要分布于中山、平川、万安、桃溪、湘店、中堡等乡镇，多与红壤土复合分布；黄壤土土类，主要分布于海拔1200~900米地带；草甸土土类，主要分布于梁山顶东西走向地势平坦的山脉脊部；潮土土类，主要分布于溪河两岸及河床阶地。

二 土壤分类分布

武平县土壤分类表（1984年土壤普查数据）

土类	亚类	土属	土种
自然土壤 红壤（面积3156537亩，占土地总面积的79.5%，占林地面积的97.71%。土层厚1～1.5米，酸性，呈红色，垂直分布于630米海拔以下，分布于全县各乡镇。）	红壤亚类（面积2462758亩，分布全县各乡镇）	酸性岩红壤	
		中性岩红壤	
		基性岩红壤	
		泥质岩红壤	
		砂质岩红壤	
		石灰岩红壤	
		侵蚀红壤	
	粗骨性红壤亚类（面积91265亩，分布在永平、东留、万安、民主、中山、中赤、武东、岩前的低山丘陵顶部、脊部、陡坡和岩石裸露的下部地带）	酸性岩粗骨性红壤	
		基性岩粗骨性红壤	
	黄红壤亚类（面积580908亩，除分布于中赤、下坝外，还有各乡镇的中、低山地带）	酸性岩黄红壤	
		中性岩黄红壤	
		基性岩黄红壤	
		泥质岩黄红壤	
		砂质岩黄红壤	
		石灰岩黄红壤	
	暗红壤亚类（面积8814亩，分布于下坝、万安、东留等山地）	酸性岩暗红壤	
		砂质岩暗红壤	
黄壤	黄壤亚类（面积26341亩，分布于大禾、桃溪、永平、中堡、东留、武东、岩前等乡镇海拔900米以上的中山顶部和脊部地带）	酸性岩黄壤	
		砂质岩黄壤	
		泥质岩黄壤	
	粗骨性黄壤亚类（面积3781亩，分布于大禾、永平、东留、万安等乡镇海拔900米以上的中山顶部、陡坡和岩石裸露地带）	粗骨性黄壤	
紫色土（面积43364亩，占土地总面积的1.092%，占林地面积的1.35%，分布于中山、平川、万安、桃溪、湘店、中堡等乡镇，多与红壤土复合分布）	酸性紫色土亚类	砂质岩酸性紫色土	
		泥质岩酸性紫色土	
山地草甸土（面积263亩，占土地总面积的0.01%，分布于梁野山山顶东西走向地势平坦的山脉脊部）	山地草甸土	酸性岩山地草甸土	

三　土壤养分

林业土壤养分表

单位：万亩

土壤\要素面积	总面积	碳素 富	碳素 中	碳素 贫	磷素 富	磷素 中	磷素 贫	钾素 富	钾素 中	钾素 贫	有机质 富	有机质 中	有机质 贫
红壤	246.28	126.03	106.09	14.15		68.1	178.17	60.88	160.24	25.15	183.38	53.36	8.53
黄红壤	58.09	31.5	23.35	3.24		15.29	42.8	15.3	36.82	5.97	49	9.08	0.01
暗红壤	0.88	0.88				0.84	0.04	0.46	0.42	0.09	0.88		
粗骨性红壤	9.13	3.15	5.2	0.78		1.54	7.59	1.99	7.05		6.1	3.03	
黄壤	2.63	1.45	0.91	0.27	0.02	0.8	1.81	0.08	2.55		2.63		
粗骨性黄壤	0.38		0.38		0.06	0.12	0.2		0.38		0.27	0.11	
酸性紫色土	4.34	1.04	3.3			0.64	3.7	0.64	3.33	0.73	1.34	3	
山地草甸土	0.03	0.03					0.03	0.63			0.03		
合计	321.09												

第五节　植物群落

一　植被

武平县在福建省植被区划中，隶属南岭东部闽西博平岭山地常绿槠类照叶林小区。境内森林覆盖率为79.7%。

二　群落

野生群落植物多为亚热带常绿树种，分属6个植被型95个群系，533个群丛，共有植被种类203科1180种。其中裸子植物10科29种；被子植物158科1024种；蕨类植物35科127种。

三 类种分布

1. 水平分布

中部及东南部地区为次生马尾松林的主要分布区。因植被破坏严重，林地裸露，生态环境恶化，乔木树种单一，结构简单，长势较差。除人工杉林外，大部分已退化为马尾松稀疏灌木丛。平川、城厢、十方、武东、岩前、象洞等乡镇部分地区已出现水土流失。只有在边缘地带才有零星的针阔混交林、树木和毛竹混交林。

东北部林区主要分布毛竹林、常绿阔叶林、针阔混交林、针阔竹混交林以及天然檫树和杉檫混交林，人工杉林面积较大，生长良好。

北部和西北部地区，以常绿阔叶林和针阔混交林为主，并有部分天然和萌芽杉木林。毛竹林、人工杉木林分布最广。交通不便的地方，原生植被保存较完好，森林覆盖率较高。

南部和西南部地区，原生植被破坏严重，现在森林植被以马尾松中成熟林及次生常绿阔叶林为主，杉木散生于其他群落中。

2. 垂直分布

海拔1400米以上为中山草甸，主要草类是禾本科植物；海拔1260~1400米为中山灌木丛，以灌木和草本植物为主；海拔1000~1250米为针叶混交林带；海拔1100米以下为常绿阔叶林带，有乔木、灌木、草本植物和藤本植物。

四 典型野生植物

裸子植物：南方红豆杉、银杏、马尾松、杉木、柏木等。蕨类植物：石松、卷柏、凤尾蕨、伏石莲、瓦苇等。被子植物：金线莲、杨梅、榕树、油桐、小叶石楠、毛竹、山茶花、金樱子等。

五　微生物

微生物主要有大型真菌31科63属122种，如香菇、蘑菇、黑木耳、白木耳、金针菇、袖珍菇、凤尾菇、草菇、杏鲍菇、茶薪菇、鸡腿菇、灵芝等。

金针菇　　　　　黑木耳　　　　　香菇

六　珍稀植物

1. 国家级保护珍稀植物

南方红豆杉（梁野山）、银杏（永平田背、武东袁畲、十方等地）、水杉（县苗圃、十方）、钟萼木（中赤、民主、岩前）、格木、猪血木、珙桐、香果树、福建柏、油杉、青皮、闽楠、浙江楠、长苞缺杉（永平、桃溪的新兰、新华、朝阳、孔下、塔里、梁山）、杜仲（东留、城厢、中山）、花榈木、红豆树、半枫荷、青钩栲、台湾苏铁（全县各地）、鹅掌楸（孔下、中山、下坝）、凹叶厚林（民主、城厢东岗）、观光木（中赤、中山、桃溪新兰）、红椿、野茶树（永平、中堡、孔下、大吉）、樟木（中山三联、上丰）、金钱松（苗圃）、伞花木（塔里）、银仲花、沉水樟、短萼黄连（永平孔下、梁山）、青檀（永平塔里、朝阳、孔下）、巴戟（十方、武东）。

2. 福建省重点保护的野生植物

苏铁、野葛（全县各地）、三尖杉（永平孔下、东留南坊）、福建青岗、亮叶水青岗、福建石栎、卷毛石栎、巴东栎、黑锥、吊皮锥、黄杨、短柱树参（中山三联、永平孔下）、黄杞（永平孔下、帽村）、柳杉（武东、东留）、香樟（中堡）、山金柑（岩前、十方）。

七 古树名木

1. 福建树王："钩锥王""细柄蕈树王""格氏栲王"分别在武平县民主乡民主村、十方镇梅坑村、大禾乡上湖村

（1）福建钩锥王（民主乡民主村）
（2）福建细柄蕈树王（十方镇梅坑村）

福建钩锥王　　　　　　福建细柄蕈树王

（3）福建格氏栲王（大禾乡上湖村）

福建格氏栲王

2. **闽西树王**

（1）闽西榕树王（十方镇高梧村）

（2）闽西罗汉松树王（象洞镇泰山村）

闽西榕树王 　　闽西罗汉松树王

3. **半枫荷**

在武平境内分布有世界濒危灭绝物种半枫荷，在同一片叶子中，有一半像枫树叶，而另一半形状则像木荷树叶。主要分布在梁野山自然保护区和各乡镇。

半枫荷

4. 南方红豆杉

生长在梁野山自然保护区,天然分布面积近万亩,最大者胸径达到173厘米,林内天然更新良好,年龄结构呈金字塔型,为国内外所罕见。它的根、茎、枝、叶及树皮里,均含有丰富的紫杉醇。

南方红豆杉

第六节　动物生态

一　森林动物

1. 两栖纲

主要有蟾蜍、雨蛙、瑞蛙、虎纹蛙、棘胸蛙、青蛙、树蛙。

2. 爬行纲

主要有乌龟、鳖、翠音蛇、两头蛇、水蛇、金环蛇、银环蛇、眼镜蛇、复蛇、南蛇、珍蛇、竹叶青蛇、石龙子（蜥蜴）。

3. 鸟纲

主要有：鹈鹕、野鸭、鸢、老鹰、小隼、竹鸡、环颈雉、斑鸠、伯劳、八哥、白头翁、鹄、乌鸦、喜鹊、山雀、画眉、杜鹃、小杜鹃、猫头鹰、鹧鸪、麻雀、鹌鹑、石燕、燕、鸽、鹞、水鸭、百灵鸟、啄木鸟。

4. 兽纲

主要有穿山甲、山鼠、田鼠、松鼠、水獭、黄鼠狼、灵猫、果子狸、虎（国家一级保护动物）、野猪、黄麂、刺猬、豺、狼、豹、土蛇、喷田狗、狗熊、山兔、狐狸、山羊、山羚、野牛、山獐等。

黑 麂

二　珍稀动物

1. **珍稀鱼类**：大眼华鳊、拟腹吸鳅、吻鮈、长薄鳅、中华沙鳅、粗唇鮠、团头鲂、蝾螈、圆尾斗鱼、刺鳅、乌鳢等。

大眼华鳊

2. 珍稀两栖动物：虎纹蛙、小棘蛙、棘胸蛙、黑斑侧褶蛙等。

虎纹蛙

3. 珍稀爬行动物：乌龟、眼斑水龟、黄喉拟水龟、平胸龟、鳖、三索锦蛇、灰鼠蛇、滑鼠蛇、王锦蛇、黑眉锦蛇、银环蛇、眼镜蛇、乌梢蛇、中国水蛇、铅色水蛇等。

乌龟

4. 珍稀鸟类：鸳鸯、鸢、普通鵟、乌雕、林雕、鹰雕、蛇雕、松雀鹰、雀鹰、赤腹鹰、游隼、红隼、白鹇、褐翅鸦鹃、小鸦鹃、领角鸮、斑头鸺鹠、鹰鸮、褐林鸮、草鸮等。

鸳鸯 　　　　　　　　水獭

5. 珍稀哺乳类动物：水獭、大灵猫、穿山甲、小麂、赤麂、豹猫、小灵猫、豪猪、棕鼯鼠、黄鼬、黄腹鼬、鼬獾、狗獾、花面狸、食蟹獴等。

三 淡水动物

主要有：鳗鲡、青鱼、草鱼、鲢鱼、鳙鱼、鲤鱼、鲫鱼、鳊鱼、泥鳅、鲶鱼、黄颡鱼、黄鳝、鳜鱼、乌鳢、罗非鱼、倒刺鲃等鱼类和青虾、河蟹、河蚌、螺、龟、鳖、蛙等。

四 昆虫

武平境内常见的昆虫纲动物有鞘翅目（如甲虫）、鳞翅目（如蛾、蝶类）、双翅目（如蚊、蝇等）、膜翅目（如蚁、蜂类）、半翅目（如黄蜡类）、直翅目（如蚂蚱、蝗虫）、蜻蜓目、广翅目、脉翅目、同翅目、缨翅目等17个目以上，种类300种以上。

蝴蝶　　　　　　　　　　蜻蜓

第三章 经济地理

第一节 生产资源

一 土地资源分类

武平县土地总面积395.27万亩,按照土地利用类型可分为八大类,即耕地、园地、林地、草地、城镇村及工矿用地、交通运输用地、水域及水利设施用地,其他土地。

土地利用分类面积表(2016年土地调查数)

单位:万亩

行政区域总面积	耕地	园地	林地	草地	城镇村及工矿用地	交通运输用地	水域及水利设施用地	其他土地
395.27	44.04	1.24	318.22	2.06	10.19	4.47	7.00	8.05

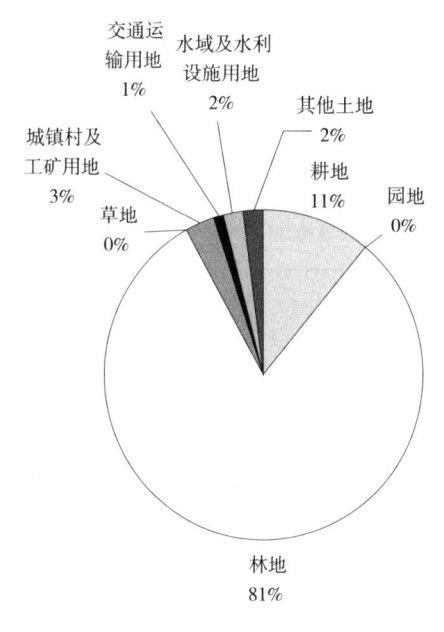

武平农村土地利用现状

(注:本页数据来自武平县国土资源局)

二 耕地

武平县耕地比重小，现有耕地面积 43.78 万亩，占土地总面积的 11.1%，人均占有量为 1.18 亩，低于全国人均耕地 1.5 亩的占有量。

三 林地

1. 武平县林业用地面积与森林蓄积量

武平县拥有林业用地 326 万亩，有林地占全县土地总面积的 77.89%，其中用材林占 50.13%。森林覆盖率 77.89%，森林蓄积量 2151 万立方米。林地主要分布在东留、大禾、桃溪、永平、中堡等乡镇。（注：县林业局 2015 年数据）

各类地面积表

项目	林业用地						非林业用地
	有林地	疏林地	灌木林地	未成林造林地	苗圃地	无立木林地	
面积（万亩）	310.4	0.5	1.9	8.5	0.1	4.7	72.4
比例（%）	77.89	0.13	0.48	2.13	0.02	1.18	18.17

2. 武平县森林资源主要林种构成

有林地各林种面积表

项目	合计	防护林	特用林	用材林	薪炭林	经济林	竹林
面积（亩）	3104106	589077	266579	1997611	1080	47713	202046
比例（%）	77.89	14.78	6.69	50.13	0.02	1.20	5.07

（注：本页数据来自武平县林业局）

3. 武平用材林树种

有杉木、马尾松、阔叶树，以杉木和马尾松为主，全县各乡镇均有分布，用材林面积2138506亩。

4. 武平竹林

竹类资源丰富，种类多，主要竹种为毛竹、刚竹、绿竹、苦竹、茶杆竹、笋竹等。竹林面积20.8万亩，其中毛竹面积17.3万亩，占竹林面积的83.2%，毛竹总立竹株数2577万株，亩平均立竹量约149株。

竹林

四 农业土壤

土类	亚类	土属	土种
农业土壤	红壤	红土	红泥土	红泥土 灰红泥土
			红泥沙土	红泥沙土 灰红泥沙土
	潮土	潮土亚类（面积626亩，土质偏沙，耕作层较厚）	泥沙土	泥沙土
		沙土亚类（面积678亩，耕作层深厚，但沙性强，漏水、漏肥，只能种旱作）	黄沙土	黄沙土

续表

土类	亚类	土属	土种
农业土壤	水稻土（面积316524亩，占土地面积的8.00%）	潴育水稻土（面积133408亩，分布于河谷地及其周围平洋地段，是县内水稻中高产土壤）	乌泥田	乌泥田 青底乌泥田 黄底乌泥田
		灰泥田	灰泥田 青底灰泥田 黄底灰泥田 灰沙泥田
		潮砂田	乌沙田 灰沙田
	渗育水稻土（面积134247亩，占全县耕地面积的30.66%，分布全县各乡镇）	黄泥田	黄泥田 乌黄泥田 灰黄泥田 灰黄泥沙田 黄泥沙田
		红土田	红土田
		紫泥田	紫泥田 灰紫泥田 黄底紫泥田
		白土田	白鳝泥田 白底田
		沙土田	沙层田
	潜育水稻土（面积48869亩，主要分布于山垅坑底、河谷盆地和村庄周围低洼地）	青泥田	青泥田
		冷烂田	冷水田 锈水田 浅脚烂泥田 深脚烂泥田

五　农业气候分区

根据福建省农业气候区划，武平县被划定为："Ⅱ中亚热带农业气候区。Ⅱ3cb 武平—陶城—尤溪—德化小区。"范围包括古田、松溪、邵武、浦城、崇安、光泽、明溪、宁化、清流、连城、长汀、武平、尤溪、德化、大田 15 个县。在这个原则下，结合武平的热量、水分区划等因素，武平县的农业气候划分为：（1）中南部低丘河谷盆地温暖适水区；（2）西南、东南部低丘低山次暖丰水区；（3）北部高丘低山温和多水区。

1. 中南部低丘河谷盆地温暖适水区

该区地处中、南部，包括平川镇、十方镇、中赤乡、下坝乡的全部，岩前镇、城厢镇、中山镇、万安镇的大部，武东镇、中堡镇的一部分，共103个村。土地面积99333.33公顷，多数地区海拔在300米以下，地势较为平坦，地形开阔，热量资源较为丰富，耕地土壤有机质含量较高，农业产业化程度和农作物单产较高，是粮食高产区。该区交通便利，国道205线途经十方、岩前两镇，省道309线贯通十方、平川镇及万安乡，面向广东省，有利于发展周边贸易；利用该区矿产资源丰富的优势，大力发展开采业、加工业、使本区成为矿产品加工基地；利用现有岩前狮岩、六甲山庄、碧水公园、梁山书院、灵洞山庙、中山竹林等景点开发武平的旅游资源，发展旅游业。该区旱涝灾害较多，人口密度较大，人流、物流量也较大，挖矿、采石频繁，必须做好水土保持和环境保护。

2. 西南、东南部低丘低山次暖丰水区

该区位于县境西南、东南部，包括象洞镇、民主乡的全部，东留乡的大部，中山镇和岩前镇的部分，共41个村，土地面积6841.33公顷。该区气候资源丰富多样，属于"人少田多"的地区，粮食商品率较高，是武平的商品粮基地。同时也是瓜果、茶、食用菌、养蜂等产业区。该区西南部以中山河沿线水资源丰富，已建有东留水库电站、石黄峰电站、下坝电站等梯级水电站，是武平县主要电能供应基地。该区东南部的象洞镇地形气候特殊，除旱象较突出外，其光照条件好，有利发展药材生产，同时也是优良鸡种——"象洞鸡"生产区。

3. 北部高丘低山温和多水区

该区地处北部，基本上是沿梁野山脉以北的地区，包括大禾乡、湘店乡、桃溪镇、永平镇的全部，中堡镇、武东镇，东留镇的部分及城厢镇的云礤、尧禄村，万安镇的小密、捷文村，共计70个村，土地面积969533.33公顷。该区气温为全县最低，冬季易受强冷空气袭击，包括象洞镇降雪几率较高，但该区雨量丰富，溪河多，落差大，水力资源较丰富。其河谷、盆地湿度大、云雾日数多，有利于茶叶种植和蔬菜、竹业、木业生产。

六 水资源

武平县全县水资源总量为55.16亿立方米，境内水资源量为26.14亿立方米，按全县人口37.3万人计算，人均境内水资源量为7008立方米，是省人均占有量的1.56倍，水资源量是比较丰富的。城区多年平均地表水资源总量为2.85亿立方米，人均占有量为3569立方米，占全县人均水资源量的49.8%。

地表水： 武平县雨量充沛，水系发育，地表水资源丰富，无论是近期还是长期，地表水仍是工农业用水和生活饮用水的主要来源，武平县年平均降水量为1690.3毫米，平均水资源总量近26亿立方米。

地下水： 武平县多年平均地下水天然资源为10.86亿立方米/年，年枯季地下水天然资源为6.63亿立方米/年。地下水资源有限，地下水只能作为辅助水源被加以综合利用。地下水具有不易污染、水质和水量稳定的优点，是生活饮用水的理想水源。境内各地地下水分布和富集程度有较大的差异，除了岩前和十方盆地的岩溶地下水相对较丰富并具有开发利用前景外，广大的山地丘陵区地下水较贫乏，只宜分散小水量开发。

地热资源：武平县已发现的地热资源有两处，都在城厢镇下东村，水质能满足医疗、休闲、保健等用途。兴东温泉为泉群式出露，属中温地热田，水温40℃～45℃，流量约2.5升/秒，有硫磺气味，目前主要供当地居民洗澡，对皮肤病患者有一定疗效；另一处温泉位于兴东温泉北面80米处，属低温泉，水温仅27℃，流量约0.5升/秒，尚未开发利用。

七 水能

武平地处山区，雨量充沛，溪河纵横，河流自然落差较大，拥有较为丰富的水能资源，境内流域面积50平方公里以上的河流有18条，全县水力资源理论蕴藏量11.6万千瓦，可开发量约11万千瓦。其中梅江水系6.9千瓦（主要在中山河，达4.6万千瓦）；汀江水系4.5万千瓦（主要在桃溪河，达1.3万千瓦）；赣江水系0.2万千瓦。截至目前，已开发165处10.96万千瓦，水电站呈现规模小、分布散的特点，主要分布在中赤河（梅江水系）、桃溪河（汀江水系）、中山河（梅江水系）、民主河（梅江水系）和中堡河（汀江水系），多数为径流式电站，调解性能差。

八 矿产资源

武平县已发现的矿种有37种。矿床、矿化点178处，其中非金属矿点98处、金属矿点80处，主要分布在岩前、十方、中堡、东留和大禾等乡镇。金属矿种主要有金、银、铜、铁、锰、铅、钼、钨和稀土等；非金属矿种主要有石灰石、白云岩、膨润土、高岭土、大理岩、水泥粘土、硅石、石英石、辉绿岩、萤石、地热和矿泉水等；燃料矿有无烟煤。

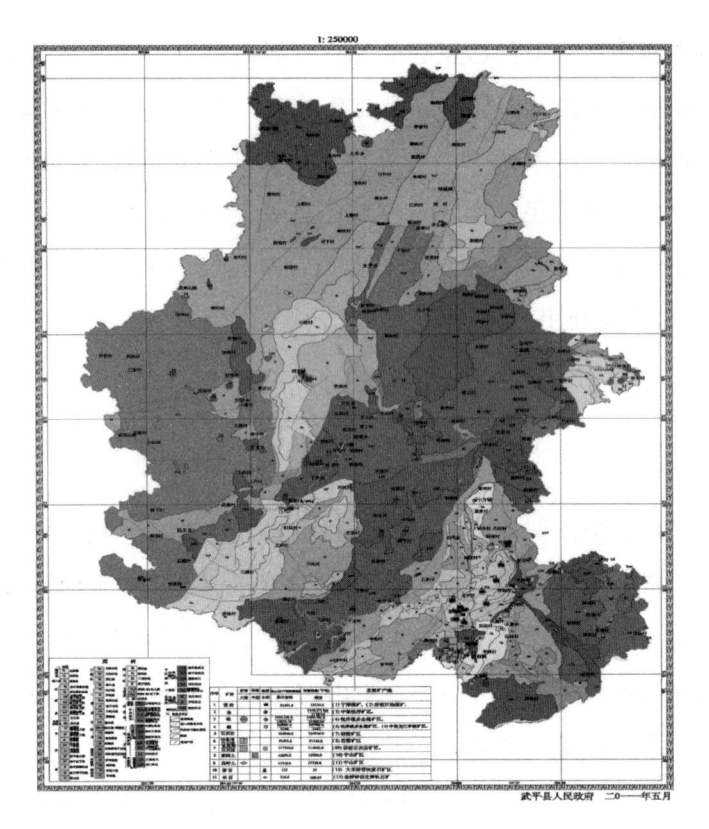

武平矿产资源分布图

煤主要分布在岩前镇、十方镇，石灰石主要分布在岩前镇、中堡镇，白云石仅分布于岩前镇，金、银、铜矿主要分布于中堡镇。煤炭资源储量为4670万吨，石灰石资源储量为1.64亿吨，白云石资源储量为1.2亿吨，金资源储量为22.607吨，银资源储量为4184.65吨，铜资源储量为97106吨。

九 公路交通

(1) 永武（连接长春至深圳的永安至武平）高速公路，经武平贯通闽、粤两省，武平境内29.65公里，途经十方、岩前两镇18个行政村。(2) 古武（漳州古雷港至武平）高速公路，经武平贯通闽、赣两省，武平境内38.82公里，途经十方、城厢、平川、中山、东留5个镇17个行政村。(3) 国道205线途经十方、岩前两镇连接上杭县至广东梅州市。(4) 省道205线途经湘店、桃溪、永平、万安、城厢、平川、中山、中赤、下坝9个乡镇，连接长汀县至广东蕉岭县。(5) 省道309线途经十方、城厢、平川、万安、东留5个镇连接上杭县至江西赣州市。(6) 境内县道15条366公里，连接13个乡镇。(7) 乡道119条805公里。(8) 村道129条1285公里。行政村已全部通公路。

十　各乡镇资源概况

平川镇：位于武平县中部平川河中游河谷盆地，居全县中心稍偏南，是闽、粤、赣边界山城，东、南与城厢镇毗邻，西与东留镇相接，北与万安镇交界。镇中心位于东经116°05′48″、北纬25°05′50″。是武平县城所在地，是全县的政治中心、经济中心、文化中心，地理位置优越。全镇土地总面积33.0平方公里，其中城区9.3平方公里，下辖七坊村、红东村、西厢村、兴南村和城南村等5个行政村、5个居民社区。境内地势较平坦，海拔269米，属亚热带季风气候，四季温和，年均气温20.3℃，雨量充沛，适于作物生长。

平川镇行政村分布图

土壤主要有红壤、黄壤、水稻土三大类,以红壤土分布最广。植被主要有常绿针叶林、常绿阔叶林、针阔混交林、次生灌丛等。

城厢镇：位于国家级自然保护区梁野山脚下,地处武平县城城郊,北与永平、中堡相邻,东与十方、武东接壤,南与中山、中赤相连,西与东留、万安接界,是武平县经济、交通、文化的中心地带。全镇土地总面积164.6平方公里,下辖16个行政村。属亚热带海洋性季风气候,气候温暖湿润,雨量充沛,夏长冬短,年均气温17℃~20℃,年平均降雨量1600~1800毫米,无霜期284天左右。城厢镇属山地丘陵地貌,土壤类型较多,红壤、黄壤、紫色土、潮土、水稻土等均有分布。境内主要有石英石、钾长石、高岭土、水晶石、膨润土等非金属矿产资源,其中膨润土储量1000多万吨。境内水力资源充足,平川河贯穿全镇7个村,建有3座水电站；林地面积辽阔,植被种类繁多,有常绿阔叶林、落叶阔叶林、常绿针叶林、经济林、竹林,森林覆盖率达66.6%；地热资源丰富。境内工

城厢镇行政村分布图

业企业林立，贸易繁荣，有省级武平工业园区；旅游资源丰富，有梁野山旅游景区、下东温泉度假村等景点；特色产业不断壮大，园丁花卉、优质烤烟、无公害蔬菜、有机茶等成为全镇支柱产业。

万安镇：位于武平县中南部，镇政府所在地距县城3.5公里，平均海拔310米，是个典型的城郊型乡镇。东与城厢镇接壤，西与东留镇相邻，南靠平川镇，北与永平镇为界。全镇土地面积108.9平方公里，管辖6个行政村，自然条件优越，属亚热带海洋性季风气候，气候温和，雨量充沛，日照充足，年平均气温21℃，年平均降雨量约1686毫米。境内水利资源丰富，溪流纵横交错，主要有小蜜、捷文、板子僚、贤溪等溪流，白莲塘水库有效库容达385万立方米，水面面积20万平方米。石径岭水库和捷文水库是武平城区供水的两大水源地。储量较大的矿藏资源主要有石料、机砖黏土、瓷土以及其他耐火材料等。特色农业初具规模，传统农业逐渐向现代农业转化，市级现代农业示范园区建设已初步完工。农业产业化有新进展，大棚蔬菜、食用菌、水果、烤烟等四大产业已初具规模，

万安镇行政村分布图

效益明显。主要种植洋香瓜、红尖椒、西红柿、甜椒等高优品种，产品广销深圳、汕头等地。此外还有以养鳗为主的养殖大户。

东留镇：位于武平县西北部，武夷山脉最南端，东经115°59′，北纬25°08′。东连万安镇，西邻江西，南接中山镇，北连永平镇，距武平县城18公里，省道309线东西贯穿而过进入江西，素有武平"西大门"之称。土地总面积318.8平方公里，辖18个行政村。是福建省重点商品粮基地镇和重点林业镇，龙岩市种植业结构调整示范乡镇，是一个物产丰饶的农林之镇。全镇平均海拔500米，年均气温17.5℃，年均降雨量1704毫米，气候温暖湿润，尤其是夏季凉爽，日夜温差大，属亚热带海洋性季风气候，是优质农产品生产的天然宝地，典型的"农林之乡"，是珍稀食用菌、反季节蔬菜、南方落叶果树生产最适宜区。东留集镇地处丘陵盆地，境内储藏着金矿、钨矿、铀矿、铅锌矿、石英石矿和钾长石矿等。境内水力电力资源丰富，有四条河流汇聚并建有全县最大的电站水库——东留水库，水域面积达186万平方米。境内主要水系为中山河，属于梅江水系。中

东留镇行政村分布图

山河主干道上游自北向南从集镇中间穿过。

中山镇：位于武平县西南部，武夷山脉南端，东与城厢镇、中赤乡接壤，西与民主乡相连，南靠下坝乡和中赤乡，北抵东留镇，距武平县城11公里，省道205线穿境而过。全镇土地总面积186.9平方公里，辖11个行政村。丘陵地貌，属亚热带海洋性季风气候，四季分明，雨量集中充沛，气候温和，年均气温19.40℃，年均降雨量1650.8毫米。是武平唯一的千年古镇，旧称武所（即"武平千户所"），有着厚重的历史文化积淀，以"百姓镇""军家方言岛"著称，文化资源极为丰富，有众多名胜古迹和独特的传统文化，是中国历史文化名镇和中国民间文化艺术（汉剧）之乡，有古城遗迹，始建于明洪武二十四年（即1391年）的相公塔、东门楼、铜井等古迹保存完好，历史上曾是经济繁荣之地。集市贸易活跃，交通地位重要，由县城通往民主、下坝的车辆需经此地。境内矿产资源主要有铀矿、黄铁矿、稀土、膨润土、瓷石等。水系为中山河，属梅江水系，上游平川河、东留溪在集镇汇合后至下坝乡，而后与中赤河合流进入广东梅江。

中山镇行政村分布图

民主乡：地处武夷山脉的最南端，位于武平县西南部，距县城32公里。东邻中山镇，南接广东平远县，西北与江西省寻乌县交界，土地总面积102.1平方公里，辖6个行政村，是闽、粤、赣三省接合部唯一的乡，素有"一脚踏三省"之称。境内地貌主要为低山丘陵盆地，山多地少。

属亚热带海洋性季风气候，年均气温18.50℃，年均降雨量2160毫米，四季气候温和，雨量充沛。主要矿产资源为稀土、花岗岩等。境内水系属梅江水系的民主溪，与武平中山河及中赤河汇合流入韩江，流域面积173平方公里，河道长91公里，落差650米，比降24.2%。全乡已形成小水电站体系，全乡拥有小型水电站8座，装机容量达2700千瓦。在闽赣交界处拥有两个面积达500亩的远近文明的景点黄草山，气候温和，地势平坦，土地肥沃，非常适宜放羊放牛，是理想的天然牧场。

民主乡行政村分布图

下坝乡：地处闽、粤、赣三省边界的通衢之地，明清时期即为武平的西南大门和水陆码头，距县城26公里，东与本县中赤乡接壤，西南与广东省平远县的差干镇、上举镇、泗水镇和蕉岭县的广福镇为邻，西北与本县的中山镇和民主乡相接，全乡土地总面积98.6平方公里，下辖9个行政村。是典型的边界乡，是商贸重镇、历史文化古镇。省道205线改造建成通车后，下坝乡已成为全县、全市乃至全省新的西南大门和重要窗口乡镇之一。有中山、低山、丘陵以及河谷盆地等多种地貌类型，平均海拔180米，是全县海拔最低乡镇，以450~700米低山为主，总的地势大体是由东北部向西南部倾斜。气候属亚热带海洋性季风气候区，四季温和，雨量充沛。年均气温19.50℃，年均降雨量约1643.8毫米。是武平县南部各溪流汇合点，与广东省平远县差干镇隔河相望，历史上为三省边界物质交流转运站，境内有中山河、民主河穿乡而过，汇集流入梅江，

下坝乡行政村分布图

河岸线总长28公里,流域面积达2167.8亩,是全县水资源较丰富的乡镇,有石黄峰水库电站、大成水库电站、下坝水库电站。矿产资源主要有花岗岩、辉绿岩、芝麻红石装饰面石材及多晶硅等。有着丰富的旅游资源,其中的狮子山风景区是典型的丹霞地貌,被誉为是"放大的山石盆景,缩小的人间仙境",区内碧水丹山,四时风光如画,是旅游度假、观光休闲、攀登探险的好去处。

中赤乡:地处武平西南部,距县城25公里,地理坐标东经116°08′,北纬24°56′。东与岩前镇交界,南与广东省蕉岭县、广福镇接壤,西与下坝乡相连,北与城厢镇毗邻。土地总面积为111.4平方公里,辖7个行政村。境内山峦起伏,河流纵横,山地多,平地少。全乡平均海拔190米。气候属亚热带季风气候,四季分明,温暖湿润,雨量充沛,年均降水量1700毫米,年均气温19.4℃。中赤河自东西而入,河道长21公里,水域总面积120万平方米,接纳

中赤乡行政村分布图

十方溪、岩前溪、万营溪，往西注入下坝乡，属于梅江水系。中赤河流多处可供水电资源开发，建有中小型水电站10座，总装机容量4540千瓦。土壤以红壤类和水稻土类为主，山地植被主要有常绿针叶林、常绿阔叶林、针阔混交林、竹林和次生灌丛。矿产资源比较贫乏，仅探明壮畲、万营有石英石。

岩前镇：位于武平县东南部低山丘陵盆地，东经116°13′，北纬24°55′，距离县城42公里，东连象洞镇，西接中赤乡，南与广东省蕉岭县毗邻，北与十方镇交界。国道205线和永武高速贯穿南北，是福建省出入广东的重要门户，是闽西连接粤东的重要交通枢纽。岩前镇土地总面积178.3平方公里，辖16个行政村。座落在岩前河的河谷盆地上，多为丘陵和低山地带。气候属亚热带海洋气候区，年平均气温在20℃左右，年平均降水量为1700毫米。境内主要有岩前河和南门溪，集雨面积为105平方公里，境内河长32公里，落差120米。流入岩前河有六条支流，流域面积48.2平方公里。岩前镇储藏着大量的石灰石、石英石、白云石、大理石、锰矿、煤炭等矿产资源。有"一仙一佛"独特民俗文化、"一湖一洞"优美天然景观，是闽、粤、赣台客家人共同信仰的"定光古佛"发祥地和传说八仙之一何仙姑出生地，有典型的石灰岩溶洞——狮岩和蛟湖等名胜古迹。其中狮岩是岩前镇的重点风景名胜，以优美的天然景观、生动的仙佛神奇传说、工艺精湛的古代建筑而闻名遐迩，被列入《中国名胜辞典》；狮岩与天然蛟湖相映成趣，游人香客络绎不绝，且有不少港澳台同胞和海外侨胞慕名前来观光。1984年狮岩和均庆寺经县人民政府批准定为重点文物保护单位。岩前镇是经省政府批准享受沿海开放政策的工业卫星镇，也是闽西的边贸重镇，享有闽西"南大门"之称。乡镇企业发达，主要工业产品为水泥及煤炭，同时由于地处两省交界，距县城较远，岩前镇的商贸、第三产业较繁荣。是武平县建材工业

重镇，主要生产水泥、石灰石粉等建材。

岩前镇行政村分布图

象洞镇：位于武平县东南山涧盆地，距205国道仅12公里，东与上杭县接壤，南与广东蕉岭县相邻，西与本县岩前镇相连，北与上杭县湖洋镇交界。全镇土地总面积137.9平方公里，辖11个行政村，处于闽粤交界处，地理位置优越。境内含中山、低山、高丘、低丘、盆谷等多种地貌类型，平均海拔496米，为全县海拔最高的乡镇。总的地势是中间低、四边高，山地与盆谷交错环抱。气候属亚热带海洋性季风气候，四季温和，雨量充沛，干湿季节分明，年均气温18.7℃，年均降雨量1703.1毫米。土壤主要有红壤、黄壤、水稻土三大类，以红壤分布最广。山地植被主要有常绿针叶林、常绿阔叶林、针阔混交林、竹林、次生灌丛等。主要水系有象洞溪，属梅江水系，流域面积100平方公里。象洞镇矿产资源极为丰富，主要有锰矿石、石英石、大理石、钾长石、铁、磷等矿石。

象洞镇行政村分布图

十方镇：位于县城东南18公里处，为武平县东大门。东与上杭县湖洋镇接壤，南与岩前镇相邻，西与城厢镇毗连，北与武东镇交界。全镇土地总面积156.2平方公里，辖19个行政村。国道205线纵贯镇域，省道309线位于镇西，是县城通往上杭、龙岩、蕉岭、梅州的必经之地，像十字路口，交通地位十分重要，是闽、粤、赣三省结合部的交通枢纽。十方镇总体地势西北、东南高，西南、东北低，多山地，中部较开阔平坦，为丘陵、盆地地貌。属亚热带海洋性季风气候，气候温和，雨量集中充沛，平均海拔290米，年平均气温19.3℃，年均降雨量1600~2400毫米。十方镇所在水系大多属梅江水系，处明溪南下至上赤石鼓溪，汇岩前溪之水入中赤河，处明溪流域面积114.6平方公里，河道长19.1公里，落差68米。北部局部地区高梧、彭寨、白土等村的水系属汀江水系。境内矿产资源丰富，有煤炭、石灰石、铁、锰等多种矿藏。

十方镇行政村分布图

武东镇：地处武平县境内天马山麓，位于县城东部，距县城30公里，距离国道205线6公里，东与上杭县寨背村交界，南与十方镇高梧村相接，西与城厢镇相邻，北与中堡镇接壤。全镇土地总面积137.7平方公里，下辖20个行政村，境内四面环山，山地多，平地少，属低山丘陵盆地地貌，海拔在250~800米。气候属亚热带季风气候区，年均气温约19.4℃，年均降雨量1904毫米，年日照时间达1758.6小时，年均无霜期275天。境内主要河流有丰田河、陈埔溪、三峤溪，均属汀江水系。境内有太平山，风景宜人，其天后庙里设有三位神座，中间供奉妈祖坐像，左边神座供奉观音立像，右边神座奉祀吉祥阿哥立像。太平山是远近闻名的佛教和旅游观光胜地。六甲水库环境优美，是度假、旅游的好去处。

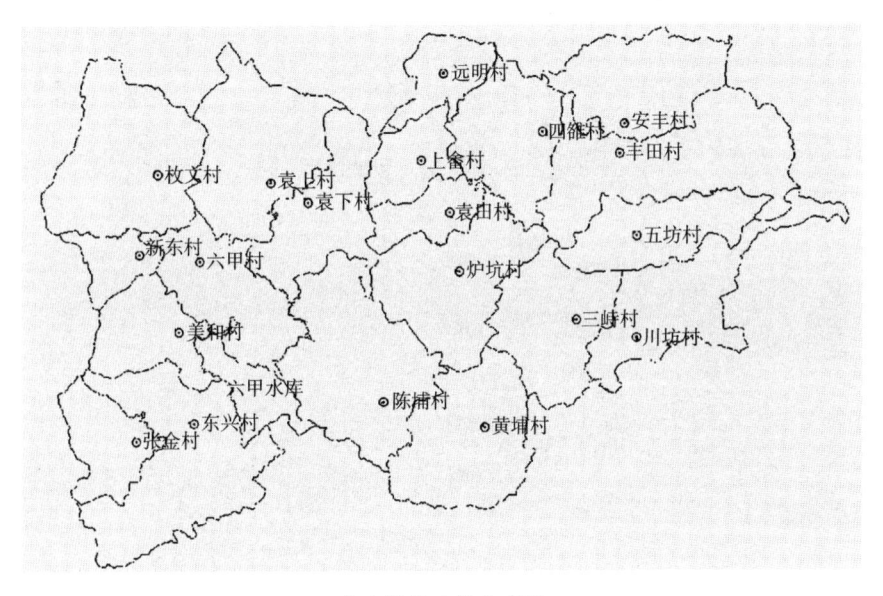

武东镇行政村分布图

中堡镇：位于武平县境内东北部，东与上杭县官庄、珊瑚、湖洋三镇接壤，南与武东镇毗邻，西与永平镇相连，北与桃溪镇交界。全镇土地总面积180.9平方公里，辖21个行政村。地貌属山谷盆地，多山间盆地和丘陵低坡，土地较肥沃，平均海拔349.3米。夏长冬短，气候温和，雨量充沛，年均气温19.2℃，年均降雨量1822.6毫米。山地以红壤土为主，耕地以水稻土为主，境内林木生长良好，植被种类繁多，主要分布毛竹林、常绿阔叶林、针阔混交林、针阔竹混交林以及天然檫树和杉檫混交林，人工杉林面积较大，梁野山自然保护区原始生态林保持完好。矿产资源丰富，有石灰石、花岗岩、金银铜等多种矿藏。中堡镇境内大小溪流密布，主要有中堡溪、大绩溪汇集流入汀江，流域面积124.3平方公里，溪道长31.3公里，天然落差300米，水能资源丰富。中堡镇地处梁野山下，是客家祖居地之一，人文荟萃，山清水秀，境内既有国家级自然保护区梁野山的主要景点，又有风景名胜观狮山，可开发旅游资源潜力较大。

中堡镇行政村分布图

永平镇：位于武平县中部偏北，距县城27公里，省道206线穿境而过。地理坐标东经115°59′~116°12′，北纬25°11′~25°20′。东、南、北分别与中堡镇、万安镇、桃溪镇毗邻，西与江西省会昌县和大禾乡相接。全镇约有1/5的边界与江西省相连，素有"武北南大门"之称。全镇总面积251.3平方公里，辖15个行政村。境内含高山、中低山、高低丘、盆谷等多种地貌类型，以低山和高丘为主，地势从西北向东南倾斜。山地以红壤类为主，耕地以水稻土为主，山地植被主要有常绿针叶林、常绿阔叶林、针阔混交林、竹林和次生灌丛。气候属亚热带季风气候区，年均降雨量为1700毫米，年均气温18.0℃，无霜期257天。该镇森林、水力、矿产资源丰富，林木蓄积量居全县首位，是一个典型的以农林为主的山区镇，每年可生产商品木材两万立方米以上。国家级自然保护区梁野山的核心区坐落于永平。境内主要河流有永平溪、孔下溪、昭信溪、帽村溪，属于汀江水系，流域面积50.7平方公里，河道长10.2公里，落差200米，比降19.6%。目前已查明的矿产有稀土、云母、水晶、钨矿等，储量丰富，具有开发价值。

永平镇行政村分布图

桃溪镇：位于武平县的北部，距县城44公里，东与本省长汀县、上杭县相邻，南邻中堡镇、永平镇，西与大禾乡相邻，北邻湘店乡。全镇总面积180.4平方公里，辖19个行政村。平坦宽敞的省道205线贯穿而过，有桃溪河（即小澜河）流贯其中，是武北农副产品集散地，且通往大禾、湘店的车辆须经此地，自武（武平）汀（长汀）公路通车后，桃溪的经济、交通地位更显重要。桃溪镇总体地势西北高，东南低，属中低山地貌，桃溪镇地形在海拔270～300米。境内溪流密布，纵横交织，水量较大的有桃溪河、亭头河，汇集注入汀江。属亚热带海洋性季风气候，具有气候温和、雨量充沛、四季分明、夏长冬短的特征，多年平均气温19.5℃，多年平均降雨量1659.7毫米。最高海拔1123米，最低海拔245米。境内矿产资源主要有萤石矿、石英矿、高岭土、稀土矿等。主要特产是绿茶，是福建省绿茶主要生产地之一，所产绿茶多次被省、市评为"名、优、特"产品，素有"绿茶之乡"之美称。生产的名优茶叶主要有毛峰、炒绿、扁形茶"梁野翠芽"和螺形茶"梁野雪螺"。有小澜、亭头、新华、新兰等4个革命基点村，武平县党史上著名的"小澜暴动"和亭头革命斗争即发生在该镇。

桃溪镇行政村分布图

湘店乡：素称武平北大门，地处北纬25°26′，东经116°12′，是武平、长汀、上杭三县结合部，东与长汀县、上杭县交界，西南部与桃溪镇、大禾乡毗邻，北与长汀县接壤。土地总面积103.6平方公里，全乡辖6个行政村。境内地貌复杂，山地多，平地少。地处亚热带季风气候，气候温和，日照充足，雨量充沛，年均降雨量大约1750毫米，年均气温18.2℃。土壤类型繁多，以红壤土分布最广。山地植被主要有常绿针叶林、常绿阔叶林、针阔混交林和次生灌丛。溪流均属山区性河流。美丽的汀江流经店下村流入上杭，流长约3公里，具有丰富的水力资源。拥有品质好，储量大的高岭土、石板材和稀土等矿产资源尚未开发。

湘店乡行政村分布图

大禾乡：位于武平县西北部，距离县城58公里。大禾乡是两省三县五乡的结合部——西与江西省会昌县的洞头、永隆两乡相连，北与长汀县红山乡相连，东邻桃溪镇，南接永平镇。全乡土地总面积182.5平方公里，下辖18个行政村。境内地貌主要为低山高丘陵地。全乡平均海拔在310米左右，境内矿产资源主要有萤石矿、钨等，主要水系为桃溪河，属于汀江水系。气候属亚热带海洋性季风气候，四季温和，雨量充沛，年均降水量1579.3毫米，年均气温

18.4℃，无霜期253天，日夜温差大，土质肥沃，非常适宜茶叶、水果和反季节蔬菜等的种植，所产物品品质优良。

大禾乡行政村分布图

第二节　人力资源

一　人口

全县总人口391069人（2015年年末统计数）。其中男202412人，女188657人，男女比例约为107∶100。城镇人口146934人，占总人口的37.6%。人口密度为148.4人/平方公里。

二　教育

全县中学19所（其中高中两所，完中三所，初中14所），职业中专 1 所，完小 39 所，初小 19 所，教学点 47 个，中小学生社会实践基地学校 1 所，特教学校 1 所，近年有 70% 以上的高中毕业生进入全国各类大学本、专科就读。

三 专业技术人才

武平获得专业技术职称的人才涵盖工业、农业、科技、教育、卫生、文化、管理、经济等方面。

四 生产技能人才

制度化技能培训使企业从业人员提高生产技能，从而获得职业技能资格方面的认证。武平职业中专承担的技能培训教育，使武平的企业有较稳定的技术工人队伍。

五 农村劳动力流动

年均劳动力流动占农村劳动力人口的 68% 左右，离开农村到城镇从事建筑、企业生产和城市服务业劳动，由此也推动了城镇化的发展。

第三节 农业区划

一 水稻种植分布

武平县粮食生产主要的种类为水稻，年种植亩数在 46 万亩以上，占耕地总面积的86%以上，种植分布全县各地水田。

二 旱粮作物种植分布

武平县旱粮作物主要种类为甘薯、马铃薯、大豆、玉米、杂豆等，年种植亩数9万～10万亩，约占耕地总面积的12%左右，种植分布分散在全县各地旱作农地。

三 主要蔬菜品种种植分布

1. **大白菜、甘蓝**　主要种植地为东留、城厢。
2. **辣椒**　主要种植地为永平、万安、城厢、岩前、东留。
3. **青皮冬瓜、油头（芫菁）**　主要种植地为城厢、中山、东留。
4. **槟榔芋**　主要种植地为十方、湘店、城厢、大禾、万安。

凤尾菇

5. **荷兰豆**　主要种植地为永平、城厢、中山、武东。
6. **生姜**　主要种植地为十方、民主、永平、万安。
7. **莴苣**　主要种植地为十方镇的高梧、彭寨、叶坑。

四　武平特色品种种植分布

1. **武平富贵籽**　为武平特色观赏果类花卉，主要种植地为东留、平川、中山、城厢、十方、万安、桃溪、中堡。

2. **武平仙草**　属武平传统中药材，主要种植地为中山、民主、下坝。

3. **武平金线莲**　属武平传统中药材，主要种植地为象洞。

4. **武平灵芝**　属武平传统中药材，主要种植地为中山、永平、十方、民主、岩前、下坝。

五　食用菌种植分布

1. **香菇**　种植区主要在东留、中山、城厢、象洞、岩前、桃溪、万安、永平。

2. **蘑菇**　种植区主要在十方、岩前、下坝、城厢、大禾。

3. **黑木耳**　种植区主要在十方、桃溪、中山、中赤、下坝、岩前、象洞、城厢、湘店。

4. **白木耳**　种植区主要在民主、中山、下坝、桃溪。

5. **金针菇**　种植区主要在十方、湘店。

6. **平菇类**　含袖珍菇、凤尾菇等，种植区主要在万安、湘店、十方、下坝、平川、中山。

7. **草菇**　种植区主要在十方、下坝、湘店。

8. **杏鲍菇**　种植区主要在万安。

9. **茶子菇**　种植区主要在下坝。

10. **鸡腿菇**　种植区主要在岩前。

11. **灵芝**　种植区主要在十方、下坝、永平、桃溪、民主、东留。

六　果树种植分布

1. **果树基地种植区划**　东留、民主、万安、平川、城厢一带为油奈基地；下坝为香蕉、柿子基地；以岩前、十方为中心的武南片是早熟枇杷基地；中堡为早熟水蜜桃基地；武东为特早熟温州蜜柑基地；以东留为中心的武西北片高海拔地区是早熟梨基地。

2. **果树分散种植布局**　柑橘、枇杷、桃、李、奈等各乡镇均开辟果园种植；武北种植橙、杨梅等；城厢、万安、十方、岩前开辟果园种植葡萄；下坝多种植香蕉、沙田柚、红柿、番石榴等；象洞多种植油奈、柚、梅等；东留、武北种植脐橙、甜橙等。

七　茶叶种植分布

武平各乡镇都有种植茶叶。主要生产基地在武北，武北4个乡镇的茶园面积占全县茶叶种植面积的65.12%。其中，桃溪茶园面积占全县茶园总面积的39.35%。中山、城厢也有成规模的茶园。

八　渔牧业分布

1. **猪**　主要养殖地为中堡、民主、十方、桃溪、东留、大禾。

2. **牛**　主要养殖地为大禾、桃溪、中堡。

3. **羊**　主要养殖地为民主、象洞、岩前、中堡、十方、中山。

4. **福建白兔（武平品牌）**　主要养殖地为武东。

5. **鸡、鸭、鹅、鸽**　养殖分布全县各地。其中，象洞鸡养殖地为象洞。

6. **蜜蜂**　主要养殖地为万安、城厢、永平、湘店、十方、中赤、民主、桃溪、下坝、大禾。

7. 淡水鱼 主要种类有草鱼、鲤鱼、鲢鱼、鳙鱼、黄鳝、泥鳅、虾、鳖等。主要养殖地为万安、中山、东留、桃溪、下坝等地。

第四节 工业布局

一 武平（青云山）工业园区

武平（青云山）工业园区，位于县城南端，距县城中心1公里。为省级工业园区，规划面积14.37平方公里，建有110千伏变电站、污水处理厂、水泥搅拌站等设施，江西会昌至漳州古雷港高速公路（古武高速）贯穿园区，互通口就在园区旁。以不锈钢产业为主导产业。现有企业91家，其中机械企业11家，其中颇具规模的工业企业43家。

武平工业园区

二 十方工业集中区

省级山海协作试点示范园区。园区位于国道205线、省道309线的交会地，已建成的永武高速公路、古武高速公路都在工业区旁边经过。园区规划总面积 4.75 平方公里，产业定位是机械制造业、农林产品加工业以及商贸物流产业。现有企业 31 家，其中颇具规模的工业企业 15 家。

十方工业集中区

三　岩前工业集中区

永武高速岩前出口直达园区，国道 205 线贯穿园区，已融入闽南"金三角"、广东"珠三角" 4 小时交通经济圈。园区规划面积 7.52 平方公里，由东区和西区组成，东区主要发展新型显示产业，西区主要发展产品加工产业。重点发展机械制造、光伏和电子、农产品加工、矿产品加工等产业。园区共入驻 43 家企业，其中颇具规模的工业企业 31 家。

岩前工业集中区

（注：2017 年春，十方、岩前两个工业集中区管委会撤销，改为武平高新技术产业园区管委会）

四　煤炭开采企业

全县共有6家煤炭采掘企业，分布在岩前、十方。岩前宁洋矿产量较大，年产量在21万吨左右，其余的生产规模均在年产9万吨以下。

五　矿产业分布

1. 石灰石矿开采，在岩前。
2. 白云石矿提炼金属镁产业，在岩前。
3. 金、银、铜冶选业，在中堡。
4. 萤石矿加工，在大禾。

六　水电分布

1. 水库电站库容情况

武平县小（二）型以上电站水库建成情况表

单位：万立方米

已建成水库		其中					
^	^	中型水库		小（一）型水库		小（二）型水库	
座数	总库容	座数	总库容	座数	总库容	座数	总库容
44	11425	3	7895	8	2573	33	957

2. 水库电站分布情况

武平县电站类水库分布情况表

乡镇	座数	名称
城厢镇	1	茶公陂
东留镇	5	黄龙坑、东留、溪口一级、溪口二级、龙潭坝二级
中山镇	4	龙峰、富峰、渔峰、神仙峰
民主乡	2	陂下、陂卜二级
下坝乡	7	石黄峰、下坝、大成、贵扬、神龙、福兴、园丰
中赤乡	8	龙上、上赤、长丰箭、黄沙坑、联发、咸丰、七星礤、鸡栖潭
岩前镇	1	龙井
象洞镇	3	新福、光彩一级、保安
武东镇	1	贡里
中堡镇	2	金狮礤、新化下村
永平镇	5	山塔里、禾仓峰、牛皮湍、新塔、珠玛峰
桃溪镇	5	木兰、曲潭、陂礤口、李潭、泉坑一级
大禾乡	1	峰沛四级
合计	45	

第五节　商贸旅游

一　市场的类型和布局

1. 武平县城区有 3 个综合市场。（1）东门市场。主要交易商品为农副产品、粮食类商品和服装鞋帽类生活用品。（2）西门市场。主要交易商品为农副产品和五金配件类商品。（3）东南市场。主要交易商品为农副产品和日用品。

2. 城区梁野山客都汇商业区，为文化创意产业园，主要经营文创产品、电子产品及特色农林加工产品。

3. 城区东大街商业街，为综合性工业品经营区。北段，主要经营服装、纺织品；中段，主要经营家用电器、电子产品及各类家具、厨具等；南段，主要经营机械配件、农机产品、摩托车等。

4. 农业生产资料经营区在城区西环路，汇集了种子、化肥、农药等各类商品。

5. 城区沿河东路南段为陶瓷制品、塑料制品、手工农具、竹木制品等商品经营区。

6. 城区沿河东路北段为中草药经营区，汇集了全县各类野生和人工种植的中草药药材。

7. 城区青云山商业区为汽车、建筑材料、整形门窗、不锈钢产品、铝合金产品经营区。

二　农村集市

武平17个乡镇共有28个农村集市。农村集市均为综合性农副产品、日用品消费市场。其中较大型的省际边贸市场有5个。

1. 岩前市场。与广东省梅州、蕉岭、潮汕地区的商品交易颇为活跃，县域内进入广东的商品绝大多数经由该市场。

2. 东留市场。经营与江西省赣州地区的商品交易，大宗闽赣农产品交易皆经由该市场。

3. 象洞市场。县内农产品、上杭县农副产品与广东省梅州地区的商品交易都经由该市场。

4. 下坝市场。主要经营县内农产品、竹木业制品与广东省平远县的商品交易。

5. 民主市场。经营与江西省寻乌县的商品交易。

县际市场主要有湘店市场、河口市场和中堡市场。

三　物流配送

县工业园区物流中心，占地127亩，集城际配送、省际配送、仓储、加工、信息交流为一体，多功能，综合性，全方位服务支持，辐射闽、粤、赣三省。

四　电子商务

武平工业园区内建立电子商务中心服务产业，设立村级服务站，支撑城乡贸易信息对称交流，服务工农业产品贸易流通。

五　旅游景观

武平自然风光独特，红色资源丰富，土特产品众多，风味小吃盛名，文化底蕴深厚。已融入闽南"金三角""珠三角"四小时交通经济圈。独特的旅游资源和发达的交通网络，使武平旅游景区引人入胜，已成为全国全域旅游示范县。

武平旅游交通图

1. 梁野山

梁野山是武夷山脉的最南端与广东南岭山脉东头的交会点。梁野山顶古母石，海拔 1538.7 米，为武平最高峰。梁野山国家级自然保护区是福建省乃至全国保护最完好的天然原始森林群落之一。同时，保护区又是闽、粤、赣交界地区重要的水源涵养地和汀江、梅江的水源之一。梁野山的药用植物、原生花卉和菌类植物资源丰富，又有多种野生珍稀动物，是天然绿色基因库。梁野山景区内有山涧流水、峡谷瀑布、原始森林、田园风光和古朴民居等景观，以"山雄、石奇、树怪、水美"著称，以古母石和云礤瀑布最为壮观。

古母石

2. 西山，又称灵洞仙山

位于县城城西，属武夷山脉的南端，丹霞地貌，海拔 1400 多米，由三条大山梁组成，左右夹着仙人井坑与观音井坑，从正面看，形似一只张开翅膀的大鹏鸟，昔人称之为"凤凰梳羽"。群山环抱，高耸挺拔，石奇景秀，碧水长流，鸟语花香，宛若仙境。山上有小洞 28 处，大洞 36 处，主要景点有：燕岩石、水门井、元龟石、相会岭、西觉灵山、棋盘石、丹井三石、祖师殿、巨鳄含球、天竺院、李纲读书堂、观音井、升车石。相传宋代丞相李纲，被贬兼摄武平县事时，酷爱灵洞仙山，建立读书堂，招揽乡间士子读书授艺。东晋著名道教学者、炼丹家葛玄，曾在西山建祖师殿，修炼于天竺院。

灵洞仙山

3. 狮子山

狮子山位于闽粤边界的下坝乡，距县城 33 公里，属丹霞地貌，由许多两三百米高的奇峰大山组成，其中有一大山形如卧狮，因而得名。峰顶生长着浓密的奇花异草，古木参天，狮口是一个天然洞

狮子山

穴，洞内可容上百人。古时战乱，当地山民纷纷带上粮食和生活用具藏在洞中，至今还有古栈道遗迹。群峰之间有一条小河绕山而行，河床被洪水冲刷后形成了许多缸形溶洞。狮子山有狮子崟、天下粮仓、马鞍石、龙潭、仙人下棋洞、童子拜观音等众多景观和关于雄狮守粮仓等许多神奇传说。

4. 黄草岭

黄草岭又称为高山草甸，位于民主乡坪畲村，海拔1300米，没有乔木（有灌木，在西峰交汇的夹缝里），尽是黄草，一望无际，恍如西部高原风光。

黄草岭

5. **白水寨**

白水寨位于武平县象洞镇新岗村，开发面积超过1万亩山林，核心开发区为2000亩，内有瀑布、溪流、水库、竹林等，生长着国家一级保护植物红豆杉。瀑布区每立方厘米负氧离子浓度在10万个以上，空气质量良好。白水寨主要规划瀑布度假中心、休闲养生小镇和自然生态保护区三个功能区，有游客服务中心、高尔夫练习场、商务会所、湖滨广场、红豆杉基地、户外露营基地等。

白水寨

6. 奇石谷

位于中山镇上峰村与东留镇永福村交界处的河床里，河流两岸有着保存完好的天然原始森林；河床上面，则到处是千姿百态疑似"冰臼"的石臼。"冰臼"是二三百万年前冰川运动的直接产物，在巨厚冰层覆盖中处于封闭和半封闭状态，冰川融水沿着冰川裂隙向下流动，由于冰层内有巨大压力，呈"圆柱体水钻"方式，向下覆基岩及冰川漂砾进行强烈冲击、漩动和研磨，最终形成深坑。由于这些坑极像南方舂米的石臼，因此称为"冰臼"，三大特征是"口小、肚大、底平"，平面上多数呈圆形、近圆形、椭圆形和不规则的

奇石谷

形状。大大小小的石臼就像马踩出来的脚印，有的镶嵌在白色花岗岩上，内壁光滑细腻，臼壁和臼底自成一体。这些石臼直径最大的有1米多，最小的只有几厘米，石臼口小肚大，底平，既无进水口也无出水口；还有些石头如同蛤蟆跳跃、毒蛇吐信以及状如乌龟、太师椅、仙人床、斗笠等，鬼斧神工，各具特色。

7. 中山河国家湿地公园

中山河国家湿地公园面积1529.3公顷，其中湿地面积为707.7公顷，湿地率约为46.3%。公园内湿地生态系统以河流和库塘为主，与两岸典型的地带性常绿阔叶林、水岸竹林等形成了协同共生的湿地—森林复合生态系统，生态特征典型，水生态过程自然，在我国中亚热带山地丘陵地区具有典型性。

湿地公园

8. 武平城区主要景点

（1）碧水公园

碧水公园位于城区南门段，是县城居民休闲锻炼的原生态大型公园，占地3500亩，公园原址为生态林，植被以松木、杉木和部分阔叶林为主，栖息着不少珍贵鸟类。公园内有11公里路网、两座湖泊、21处亭台景点、3座宗教寺庙和75亩绿地改造等设施，是武平县城区居民休闲健身、娱乐聚会的好场所。

碧水公园夜景　　　　　　碧水公园鸟瞰

（2）滨河公园

滨河公园位于武平县城南部、平川河东岸，属"一河两岸"生态绿廊慢道景观系统工程。园区北起于梁野山景区入口，南至南二环，东西为沿平川河所围成的区域，长度约11公里，分为南、中、北三段，整个地形呈L形带状，由南环路分割为大小不等的南北两部，北地块自福景碧水绿洲小区、西侧起至南环路，南块地自南环路起至平通桥。地块宽窄不一，最宽处约48米，最窄处约11米，

滨河公园

分设文化休闲区、康体健身区，建设内容有自行车慢道、园林小品、道路铺装、景观照明、给排水管、配电系统、绿化种植等，主要景点为水光花廊、坝上水音、乡茶沁楼、竹风乡韵、疏林草地、桥头小广场、樟荫健舞、居乐轩、多功能球场、滨水散步道和绿荫慢道等。公园突出大众文艺品读、休闲娱乐，积极营造客家文化氛围，并强调体育健身、休闲养生，呈现活力健康的空间氛围，提倡市民"乐活"的生活方式。

(3) 文博园

文博园位于武平县城西，面积104亩，建筑占地15亩，建筑面积6000平方米，气势宏伟，仿唐代建筑，观赏性较高。设有武平历史博物馆、刘亚楼将军纪念馆、中央苏区（武平）纪念馆、海峡两岸客家艺术馆和情缘馆（知青馆）等5个馆。每个展馆既独立成篇，又有机统一，集历史性、鉴赏性和时代性于一身，内收藏有大量珍贵的文物、图片、模拟场景、影像，采用多种展示方式，运用科技的手段将场景再现。文博园是闽粤赣边的文化宝库、武平对外以及闽粤赣边文博交流中心、传统文化和爱国主义教育基地、闽粤赣边文化艺术收藏品的交流集散地，闽粤赣边客家文化生态城的核心组成部分。

文博园

(4) 客都汇旅游综合体

客都汇旅游综合体位于城厢镇东云、园丁村，为客家风情中心广场。武平客都汇旅游综合体总体规划布局为"一心四轴六区"。"一心"就是指客家风情中心广场，集旅游购物、露天演艺、游戏休闲、文化展示、亲水活动等为一体的多功能的主题中心广场。"四轴"是指南北向和东西向的"四大"景观轴线，形成商业流线和旅游游览路线。"六区"是指依托两轴、水系和道路分割形成的六个功能区，分别为：入口广场展示区、客家风情广场区、星级酒店区、游客服务中心、客家风情区和不同业态的商业区。占地面积1080亩，将打造成集旅游观光、住宿餐饮、文化展示、购物休闲及运动、会议、度假、居住为一体的综合体，将客家文化与原生态山水巧妙融合，创造客家文化建筑群，成为独具特色的客家人文生态景观。

客都汇 　　　　　　　　　客都汇规划图

(5) 儿童乐园

儿童乐园位于县城南滨河公园平通桥边，占地24亩，是公益免费儿童乐园。有蜘蛛吐丝攀爬网、双人跷跷板、互动式腰背按摩器、骑马器、健骑器等66个娱乐项目。按功能区分为幼童游乐区、学龄前及学龄期游乐区、参观体验区、康体健身区等区域，并配套有停车场、门卫管理房、跑道、表演广场、投篮景墙、风铃廊架、滑草场、趣味景墙、极限运动休闲区、沙坑攀爬游乐区等

多样化的设施。

儿童乐园

9. 红色文化景点

武平县的红色文化景点主要有：武平县革命烈士陵园、刘亚楼将军故居、中央苏区福建党政军机关红军烈士陵园、红军入闽第一村、梁山书院等。

（1）武平县革命烈士陵园

武平县革命烈士陵园位于武平县平川镇西厢村船尾坑，陵园占地总面积9990平方米，四周有石砌围墙650米，挡土墙250米。纪

武平县革命烈士陵园

念碑高5米、宽1.2米，墓中央采用白色大理石，周边用灰色大理石支撑，碑中央刻有"革命烈士公墓"六个大字。陵园是武平县重点文物保护单位、爱国主义教育基地、青少年革命传统教育基地。

（2）刘亚楼将军故居

刘亚楼将军故居位于武平县湘店乡湘洋村，建于清代（此故居经几次装修），坐北朝南，砖木结构、悬山顶四合院平房，二进三开间，有上、下厅，左右厢房，带东、西护厝。面阔24.19米，进深16.51米，占地面积400余平方米，建筑面积约200平方米，是武平县级文物保护单位，故居外墙四周向外延伸20米为保护范围。

刘亚楼将军故居

（3）中央苏区福建党政军机关红军烈士陵园

中央苏区福建党政军机关红军烈士陵园位于大禾乡上湖村。1934年10月，中央主力红军被迫退出中央苏区进行二万五千里长征。作为留守中央苏区的福建省委、省苏维埃政府、省军区，以不足7000人的武装力量，抗击国民党及保安团等10万之敌，出色完成掩护中央主力红军转移的重任。1935年农历三月初，最后一战在武平县大禾乡上湖村打响，数百红军壮烈牺牲，长眠此地。

大禾红军烈士陵园

(4) 红军入闽第一村

红军入闽第一村即为现在的民主乡高书村。1929年初,为打破湘赣两省国民党军队3万多兵力的第三次"会剿",同时解决红军经济上的困难,扩大军事上的回旋余地,毛泽东、朱德、陈毅率红四军主力向赣南闽西进击。2月4日(农历腊月廿五),从江西罗福嶂进抵福建武平县和平区黄沙乡(今民主乡高书村),播下了中国革命的星星之火。

红军入闽第一村

（5）红四军前敌委员会旧址

梁山书院

红四军前敌委员会旧址为现在的梁山书院，位于平川镇政协巷。清光绪十二年（1886年）建，由知县唐志燮在原"漳南道公馆"废址上募建而成。民国初年，县议会设于此。1930年6月毛泽东率领红四军进入武平驻此，指导武平县委、县苏维埃开展工作，主持召开地方干部、工人、妇女等座谈会，发布《告武平劳苦群众书》《中国共产党红军第四军军党部宣言》《红军第四军各级政治工作纲领》等重要文件。

第六节 宜居福地

一 生活功能配套

武平居住环境的生活功能配套就县级而言相对较为完备，运行顺畅。

1. 县城区自来水源充足，水质优良。水源属山涧溪流水，清澈洁净。各乡镇集镇区均使用自来水，各行政村中心村均安装了自来水。

2. 县域内水电电力进入华东电网，域内电力供应充足，居民生活用电无峰谷期区别，电力输变压运行平稳。

3. 县域内两条高速公路呈东西向和南北向贯通大部分境域，国、省道三条普通公路连接27条县、乡公路形成密集的交通网络，行政村全部通水泥路面或沥青路面的村公路。武平境内道路交通便利快捷。

4. 县城区生活垃圾处理设施较为完备，各乡镇、村都配套有垃圾处理措施，武平境内环境清洁。

二　居住环境分区

县域内山清水秀，居住环境优美，大致分为三类居住区。

1. 体现水环境的居住区有：平川河畔居住区，如紫金花园、福景花园、成功水岸、岩前蛟湖生活区等。

2. 体现山水环境的居住区有：中凯社区、碧水山庄、象洞白水寨民居、梁野山居等。

3. 体现人文环境的居住区有：城区西门居住区、城区客都汇居住区、岩前狮岩周边居住小区、中山集镇居住区等。

三　生活服务设施

武平居民生活服务设施可分为以下几个。

1. 文化娱乐服务设施

城区专辟的广场舞场地有7个，露天演出舞台两个。除雨雪大风天气外，每晚都有民众参与活动。城区南部有大型儿童游乐园。各乡镇集镇也辟有露天舞场。

2. 运动健身服务设施

公共露天健身场所 20 多个，配备多种健身器材；室内运动场、游泳馆、健身馆设施齐备，并有多处露天游泳池、跑道、自行车运动车道、球场等。

3. 休闲服务设施

县城区有公园 5 处：碧水公园、马头山公园为山水休闲型公园；树子坝公园、河滨广场公园和滨河公园为河畔休闲娱乐型公园。

4. 保健养生服务设施

县城区东、西区各有一处运动保健养生场馆；饮食保健养生服务融入城乡各大小酒店，设有食疗、药膳食谱；药浴类保健养生服务分散在城区各处；城郊有两处温泉保健浴池。

四　武平美食

1. 特色食品

武平猪胆肝、武平珍珠粉、武平簸箕板、武平酿豆腐。

2. 武平客家菜

武平传统的客家招牌菜是：梅菜扣肉、盐焗鸡、客家酿豆腐、猪肚包鸡、酿苦瓜、白斩河田鸡、兜汤、汀州泡猪腰、仙人冻、麒麟脱胎、盆菜、四星望月、芋子包、芋子饺、三杯鸭等。与潮州菜比较，客家菜的口感偏重"肥、咸、熟"，在粤菜系和闽菜系中独树一帜。客家菜的基本特色是，用料以肉类为主，水产品较少；突出主料，原汁原味，讲求酥软香浓；注重火功，以炖、烤、煲、酿见长，尤以砂锅菜闻名；造型古朴，乡土风貌明显。

武平白斩鸡

第四章 人文地理

第一节 文物古迹

一 武平县出土年代最早的文物

人类牙齿化石：武平历史悠久，文化底蕴深厚。2010年底，由福建博物院、龙岩市文物普查队组成的考古队来到武平县，对岩前镇猪仔笼洞人类化石地点进行了为期一个月的抢救性考古发掘，发现了17种哺乳动物化石，还有两颗人类牙齿化石。经范雷春研究员对

岩前镇猪仔笼洞

材料的详细鉴定以及中国科学院专家尤玉柱、蔡保金的分析证实，两颗人类牙齿化石距今约3万年。足见，早在3万年前的旧石器时代，武平就有人类繁衍生息，创造文明。这是福建迄今发现的最早的人类化石。所以，武平县是福建省人类文明的重要发源地之一。

二 武平新石器时代的文物

1937年6月，著名人类学家、厦门大学教授林惠祥接到时任武平县立中学校长梁惠溥的邀请后，来武平考古调查，在县城周围小径背山、狮形山等处文化遗址发掘采集了大量6000多年前的古越族遗物，武平成为福建乃至东南亚最先发现、发掘新石器时代文化遗址之地。他所撰论文《福建武平县新石器时代遗址》发表后，轰动整个东南亚。

万安刘屋背汉代遗址 　　　　　　文史工作者在整理出土陶片

发掘出土的新石器时期文物，约分石器、化石、陶片、模型四大类。石器中有石镰、石箭镞、石锄、石斧、石杵、石锛、石环等；化石中有锁骨、胫骨、肱骨等；化石模型中有剃刀、尖插等；陶片中有瓮、砵、瓶、杯、碗等，均残缺不全。以花纹计，共 326 种，总共 900 余件。后来又相继出土了大批西汉至秦汉的文物，包括陶器、青铜器、铁器、铜剑、铜鼎及编钟等。

三　武平出土的典型文物

万安镇五里村刘屋背出土的汉代水波纹陶片　　　　十方彭寨村出土的汉代陶片（采集地点：寨顶遗址（十方镇彭寨村））

南门大桥河里出土的
春秋战国时代的编钟

十方集贤村出土的春秋战国时期的青铜剑

四　武平最早的屯兵遗址

在县城东何屯岗下。武平地处闽粤赣边，昔时常有寇盗扰乱，因此不得不加强军事防务。我国一般县份，只在县治所在地筑有城垣，而武平则较特殊，县内竟有三城一堡，即武平县城、武平所城及岩前城，另外万安镇筑有土堡，其他各乡镇也筑许多山寨，如天马寨、马鞍寨等，以屯兵守卫。武平最早的屯兵遗址在县城东何屯岗下，叫何屯营。五代时，何统使武艺军于此屯驻，筑小城，周长两里许，现城已毁，存故址。

五　武平古城门遗址

1. 武平县城宋代古城门

武平县城始筑于宋高宗绍兴年间（1131年后），宋理宗端平年间（1134年后）县令赵汝譡重修，城之周围280步（即140丈），有三门，东曰永平，西曰人和，南曰南安（即今保存位于三官堂的城门)。这古城门是拱式门,用花岗岩砌成。

2. 武所(今中山)明代迎恩门

迎恩门,即武所老城东门。建于明洪武二十四年(1391年),是时任武所官员为感谢皇上批准建筑城池之恩而命名。外门宽2.8米,高2.8米;内门宽3.72米,高3.72米,全由城砖构筑而成。顶上原鼓楼,为宋守城将士驻守所,系明代典型防城建筑。

现存的县城南门古城门　　　　明代武所迎恩门

六　武平出土的红夷炮

古代,武平县各城池的城楼上都放有红夷炮,以防卫城池。1994年夏,武平县建筑工人在县城梁山书院前东南一侧30米处挖掘墙基时,发现8门红夷炮。这些红夷炮身管155厘米,前细后粗,前口径15.5厘米,尾底径21厘米,炮身铸有5道圆箍,并塑铭文"口巡军南道顾口""军门熊造""明崇祯四年"等,中部横出双耳,尾部收敛成球状,重约200公斤,系古代典型兵器之一。

武平出土的红夷炮

据查考《武平县志》，明末政局动荡，"崇祯元年、四年，广寇剽掠，上、武等县乡民，屡遭痛毒"，武平县亦有"山寇围城"。为了防御，当时总管全省民政、军政大权的朝廷命官巡抚熊文灿、巡道顾元镜到武平巡视，并会同汀州知府，杭、武两县知县筹集资金，铸造红夷炮。

七　西山李纲读书堂遗址

古时，读书堂建在"灵洞西山"风景区。在天竺院旁。是李纲兼摄武平县事时（1119年）兴建，一经办起，吸引了众多学子前来

李纲读书堂

求学，由于当时条件不许可，只吸收十名学子。鉴于学风严谨，纪律严明，学子勤奋攻读，结果在科举考试中，九名高中秀才。从此，声名大振。李纲也为《读书堂》赋诗一首："灵洞水清仙可访，南岩木古佛同居。公余问佛寻仙了，赢得工夫好读书。"

八　武平入编《福建客家名祠名墓》的古名祠

1. 刘氏宗祠

刘氏宗祠位于湘店乡湘坑湖村。始建于明永乐年间（1403～1424），为县级文物保护单位。宗祠平面呈近方形，占地面积665平方米，建筑面积434平方米，整幢建筑为砖木结构，中轴线上依次为门楼、门厅、天井、正堂。正堂左右为厢房。通面阔21.5米，通进深20.5米，正堂面阔三间，高约7米，悬山顶，穿斗、抬梁式混合结构，用九架梁。正堂正面设祖宗神主牌位，两面墙上书"忠孝廉节"四个大字，靠前侧留有刘光第遗墨，颜体正楷。东北面墙上竖写"赤糜引避安全众"题头为"德川太公祠敬志楹语己未孟冬恭谒"；西南面墙上竖书"绣豸襃荣积累深"，落款为裔孙光第。

刘氏宗祠

宗祠设三门。中间为石砌大门，门联为"藻采高翔文伟鸣凤，湖山清淑居号蟠龙"。大门上方悬"进士"匾额，匾额竖阳刻左右两行"钦命河南道监察御史；升大理寺卿总督边储刘隆"，匾额顶端外横书"诰封山西按察司佥事刘德川"。还有一扇门，悬挂有刘光第的"进士"牌匾，门联为石刻"五忠垂宋室；八哲著闽邦"。再往上是门牌楼，门楼为四面坡顶，下承如意斗拱，五出跳四下昂，昂嘴雕刻成龙凤状。门楼建筑设计精巧，用两根圆木悬臂简支梁支撑屋顶，不用一根铁钉，用榫接法将梁柱连接在一起，并用木雕装饰，造型优美，结构严谨，富有典型的客家特色。

2. 危氏宗祠

危氏宗祠坐落在中山镇城中村田心坊。坐西向东，建筑面积达200余平方米，为三合土墙结构，石门框，木梁顶，盖青瓦，六根主柱支撑着墙体，柱基保存完好。宗祠分前、中、后三厅，中有两个天井，后厅两侧有两个厢房。厅堂正中悬挂"晋昌堂"楷书横匾，两墙有"忠孝廉节"四个仿宋大字和"捷报"字样墨迹。

危氏宗祠

危氏宗祠，始建于明天顺三年（1459）。明洪武年间（1368~1398）来此屯兵的危氏，经60年繁衍，具备了"聚族而居"建宗祠的人口条件。目前中山镇还保存着观武候、谢氏等明代宗祠，它们共同见证了"百姓镇"的成型。中山镇后来在清顺治年间（1644~1661），因抗清而经历了"三次屠城"，幸存下来的明代宗祠，大部分构件雕花、图案造型保存完好，当年风采依然，显得弥足珍贵。

3. 饶氏济宇公祠

济宇公祠位于中堡镇远富村。坐西向东，建筑面积300多平方米，除门、窗为木质外，余均为钢筋水泥结构，琉璃瓦屋面，结实稳固。绘木梁架画面，显得古色古香，端正大方。尧帝和饶氏济宇一脉祖宗画像陈挂于厅堂两壁，与下厅墙上的中国国民党中评委主席团主席、中华海峡两岸客家文化经济交流协会理事长饶颖奇先生的亲笔题词"故乡月明，武平情深"交相辉映。厅堂正中"平阳堂济宇公一脉宗亲神位"牌与饶颖奇先生精心选送的"鲲鹏展翅"水晶工艺品，与偌大如鼎的香炉、香案有序摆放，诸多缅怀祖德的牌匾悬挂在厅堂两壁，流光溢彩，显得格外庄严肃穆。

饶氏济宇公祠

济宇公祠原在长汀，因建设需要被征用，征得族人同意，后裔在中堡远富原饶氏祠堂原址重建，于 2000 年动工，当年 12 月 13 日竣工，并隆重举行祖牌上座仪式。

九　武平古名墓

1. 五代时期何大郎墓

何大郎（892~992），南京直隶庐州府庐江县人。梁乾化元年（911 年）中甲榜进士，龙德元年（921 年）钦授福建宁化县令。唐明宗天成元年（926 年）卸任后，迁居武平岩前。其墓座落在岩前镇宁洋村 205 线国道旁，始建于北宋淳化三年（992 年）。墓碑刻"始祖唐进士任宁化知县大郎何公之墓"。1998 年 2 月 24 日经县人民政府公布为县文物保护单位。2006 年 10 月列入福建省涉台文物。现保存完好。

海内外何氏后裔在岩前镇宁洋村祭祀开基始祖何大郎公墓

2. 大理寺卿总督边储刘隆夫妻合葬墓

刘隆字伯盛，号守庸。武平县双坑湖（今湘店乡湘湖村）人。

生于明洪武丁巳年（1377年）正月二十四日未时。父刘德川（后诰封山西按察司佥事），母谢氏（后诰封为夫人）。刘隆自幼好学，聪敏过人。22岁游泮庠生，26岁参加乡试中壬午科举人，28岁赴京会试、殿试，登甲申科曾荣榜进士。明成祖时，初任江西南昌府推官，再任广西太平府推官，后晋升河南道监察御史，复命钦差浙江巡按御史。仁宗时，仍诰命在道管事。宣宗时，擢山西按察司佥事。英宗时，加升大理寺卿，总督边储。为官二十一载，政绩辉煌，深得百姓爱戴。于明正统十四年（1449年）己巳七月初八日卒，享年七十有三。葬湘店乡下村吴潭东坑口赤土岗，号曰猴狲地。墓碑刻"明进士任山西都察院加升大理寺卿总督边储刘公讳隆字伯盛号守庸，原配夫人罗氏合墓"。

3. 明代汀州首富舒经墓

舒经，武所人。清乾隆《汀州府志》载："明正德七年（1512年），江、广寇来攻，武所城几乎陷落，舒经捐资犒众，出力并御。寇息，疫兴且饥，复竭资赈恤，人多德之。"当时汀州知府为其撰《墓志铭》，称其为汀州首富。

十 太平军在武平的有关遗址

1. 清顺治年间，武所军民抗清遗址

顺治三年（1646年）九月，清统兵李成栋率清兵占领闽西各县，入武平镇压农民起义。武所王道一、徐文泌率武所军民一万多人，奋力抗清，狠刹了清军的嚣张气焰。后因军民势单力薄，被迫撤回武所城固守。武所军民守城七昼夜后，终因寡不敌众，又无援兵，被李成栋及署县陈元率兵围攻破门而入。城陷，清军入城大肆

屠杀,惨不忍睹。军民被戮不下万人。这就是血洗武所城的史实。后人把尸体集中在武所城外的两处"万人坑"内。一处在老城围墩下,另一处在相公寨山窝里,竖有"万人缘"石碑(现存县博物馆)。

2. 清咸丰年间,太平军驻地鸳鸯楼及城乡遇难者之墓

清朝咸丰七年(1857年)至同治四年(1865年),太平军各部(石国宗部、花旗部、李世贤部、汪海洋部等)先后鏖战武平境内,其中三次攻克武平。挥戈过境作战次数难以统计。咸丰七年尤惨,死难者甚众。武平留下太平军驻地——鸳鸯屋及城乡遇难者之墓遗址等。

太平军驻地之一——红东村鸳鸯屋

十一 武平最有名的古井遗址

在中山镇。古井系先民生活不可缺少的饮用地下泉水设施,是客家祖辈在此艰苦创业、繁衍生息的见证。各乡镇都有很多古井,但是,最有名的要算是中山镇的"铜井"(今称"中山古井")。铜井在老城西门。井口与普通的井相同,但井内如同一个大瓮,井腰比井口大三四倍,像是天然形成的。人对井口说话,有嗡嗡的铜声回音;如将石块投入井中,可听见叮当的铜锣响声。铜井名由此而得。铜井不管晴天雨天,总是水量充盈,泉水清澈,香甜可口,自古以来老城有半数人皆饮用此水。2016年,省水利厅评选出了第一批福建省水文化遗产，全省45个，武平的"中山古井"就是其中一个。

武平最有名的"中山古井"

十二　武平有名的摩崖石刻

在岩前狮口。武平县多处发现摩崖石刻。湘店、武东的石刻"福寿"及岩前的"人世蓬壶"就是其中的几处。"人世蓬壶"刻在岩前狮岩后面石额上，系明代知县成敦睦题写。楷书，阴刻，填有红漆。字迹工整，刚劲有力，保存了昔时的古貌。

摩崖石刻"人世蓬壶"

十三　武平县城的古建筑

1. 武平城北李氏家庙

县城北李氏家庙，又称为"蛇形祠堂"。始建于明隆庆二年（1568年），后经五次重修，"规制轩敞，栋宇森严"。正厅高2.15丈，横宽3.4丈，直3.2丈。中有神龛，安放城北李氏列祖列宗神位牌。左右厅壁上有"忠孝廉节"四个大字，每字约1.5米高、1.2米宽，字迹遒劲、大方、饱满、圆润，堪称杰作，传说是宋末名相文天祥题的崖刻拓下放大的。现为县文物保护单位。

李氏家庙

2. 县城北的"崇贞观"

崇贞观位于县城北门鼓楼脚下，建于明朝洪武十三年（1380年）。据说这是"阳城隍"，专管在世活着的人的吉凶。崇贞观经三次维修，规模宏大。坐东向西，中为崇贞观，左乐善祠，右广福祠相衬，崇贞观的大门是红紫石条石垒成碑坊式石门。进了大门，一进三台，从低到高，全长约36米，宽约12米。上厅宽敞高昂。中间玻璃神龛内，安放显佑伯、慈惠夫人神像，大小如凡人，乌帽金冠，红袍紫裙，栩栩如生。这里常年香火旺盛，人们祈佑四季平安，吉祥如意。

崇贞观

十四 武平县列为省文物保护单位的古迹

1. 均庆寺

均庆寺是省级文物保护单位，位于武平县岩前镇灵岩村，始建于宋乾德二年（964年），定光佛俗姓郑名自严，在此设道场。北宋咸平元年（998年）御封"均庆寺"，大中祥符四年（1011年）朝廷赐"南安均庆院"额匾。明万历元年（1573年）重建，清乾隆十六年（1751年）重修。均庆院是宋代以来最受信众敬崇并香火延绵至今的定光佛寺庙。

武平县岩镇均庆寺

均庆寺坐北朝南，通面阔 20 米，通进深 32 米，面积 640 平方米，土木结构，中轴线自南向北依次为三宝殿、大院坪、仙佛楼，大院坪两侧为钟楼、鼓楼。三宝殿面阔五间，进深五柱，抬梁式木构架，重檐歇山顶，中梁墨书："大清乾隆十六年。"庭院经 22 级台阶至仙佛楼，仙佛楼面阔五间，进深三柱，穿斗式木构架，悬山顶。寺内保留"台湾府善信乐助捐造佛楼"碑一通。

2. 永安桥

永安桥是省级文物保护单位，位于武平县中山镇新城村，旧称通济桥，是通往县城的重要大道，始建年代不详。永安桥原为木桥，清道光年间毁，后王穆堂曾孙王启图等兄弟将其母祝寿礼金捐出，重建于道光八年（1828 年）。桥石砌，全长 113 米，宽 3.7 米，石砌舟形墩，七墩八孔，孔跨 10.9 米，是福建省保存最完整的石拱桥之一。永安桥原桥面铺青石，后加铺水泥、沙浆，两侧石栏高 0.7 米。两个桥拱两面嵌有清末爱国诗人丘逢甲题写的"永安桥"石匾，6 个桥拱两面嵌"母命继志"石匾，每匾均镌刻"道光戊子仲秋之吉"及建桥者名单 14 人。

武平县中山镇永安桥

3. 红四军前敌委员会旧址——梁山书院

梁山书院是省级文物保护单位,位于武平县平川镇政协巷,在清早、中期作为漳南道官员的公馆,清乾隆十二年(1747年)重修,清光绪十二年(1886年)改建为书院。梁山书院坐北朝南,建筑面积485平方米,单进廊院式,左右各一列横屋。中轴线自南向北依次为院坪、前厅、天井、正厅。前厅面阔三间,进深三柱,悬山顶,土木结构,砖砌牌楼式门楼,六柱五楼五间式。

武平县平川镇梁山书院

1930年6月2日,红四军主力进驻武平县城,前敌委员会驻于此,毛泽东在梁山书院后厅主持召开区、乡苏维埃政府干部及地方各阶层人士代表座谈会,开展社会调查。

4. 梁野山白云禅寺

梁野山庙是省级文物保护单位,位于武平县中堡镇大绩村梁野山上,原为白云禅寺,始建于宋朝,清代康熙六十一年(1722年)重建。梁野山庙坐东南向西北,庙建筑面积560平方米,墙体、梁、柱均石构。中轴线自西北向东南依次为台基、门框、前厅、天井、上厅。东北、西南各为对称的天井和厢房。石砌台基高0.55米,前厅面阔三间,进深一间,上厅面阔三间,进深二间。门额石刻"白云胜地",下沿条石上刻楷书"梁野山"和"时康熙六十一年重建",门楼两端有浮雕花卉和麒麟图案。庙中供有定光古佛、观音菩萨等十几种大小佛像共70尊。

梁野山白云禅寺

5. 灵岩道南楼

道南楼是省级文物保护单位,位于武平县岩前镇灵岩村,建于1946年,坐东北朝西南,占地面积538平方米。平面布局为单进廊院式，由前后厅、天井、左右厢房组成。前后楼悬山顶，土木结构，上下两层前柱柱栏式，盖青瓦。厢房前走廊四周贯通，二楼建筑布局和一楼上下对称。

道南楼是原中国国民党军长莫希德的私邸。莫希德（1896～1950年），字道明，福建武平县岩前镇人，民国36年（1947年）冬，廖鸣欧、莫希德、练惕生、林君勋、李洁之等原粤军人物，看到蒋介石发动内战，弄得民不聊生，曾在汕头密商设法取得一部分军政实权，进行反蒋。1949年，莫希德决定联合粤东闽西国民党军政人员起义，后因未准备就绪，未能一同起义，于1950年9月17日在香港病逝。

武平县岩前镇灵岩村道南楼

十五 葛玄修道炼丹井遗址

在灵洞西山。公元244年前后，三国时吴国（今江苏）丹阳人葛玄曾周游天下，后来到武平西山，发现此地风景如画，恰似人间仙境，特别是丹井之水清澈如镜，于是决心留在西山，开设道场，修道炼丹。他发动山下村民，献工献料，在西山左侧仙人井边半山腰建立了石木结构的"祖师殿",内设太上老君神像。殿前设立了一个炼丹炉,用仙人井的水制九还丹(长生不老药)。开设道场时,为人治病,功效神奇,颇得民心,深受弟子和村民信服,从此祖殿香火旺盛起来。清康熙《武平县志》载:真诰(帝王敕称)称其龙虎卫从,纵倒河山,乘虎使鬼,卧水入火,无所不至,行走或高数丈。吴国孙权为之敬仰,动辄请教咨询。相传葛玄得道升仙后,常驻寓此山。

葛玄　　　　　　　　仙人井

十六　武平岩前淇澳园

淇澳园位于岩前镇灵岩村,系清末广东人兴建的别墅,土木结构,有百余间房间,占地面积6000平方米。整座建筑楼连楼、楼套楼、楼楼相通,房屋相连,院落重叠,屋宇参差,设施齐全,非常华丽,有武平"大观园"之誉,园中有不少精美的雕塑,藏有许多名人字画。新中国成立后在这里设过岩前医院、养老院及武平师范等。可惜现在文物大都流失,房屋也因年久失修而坍塌,成为废墟。没有倒塌的也早成为危房,无人居住。

武平县岩前镇淇澳园

第二节　风景名胜

一　武平古八景

"武平古八景"是指武平古代的八个最佳风景点，即："梁野仙山""石径云梯""平桥翠柳""龙河碧水""南岩石洞""丹井温泉""绵洋古刹""龙岩雨霁"。"梁野仙山"指的是梁野山；"石径云梯"指的是石径岭；"平桥翠柳"指的是平川镇红东村和七坊村交界处北门岭；"龙河碧水"指的是平川河；"南岩石洞"指的是岩前狮岩；"丹井温泉"指的是下东温泉；"绵洋古刹"指的是碧水公园湖畔的绵洋寺；"龙岩雨霁"指的是中山镇龙济村的聚仙岩。由于年代久远、世事沧桑及人为因素的影响，其中有的已徒有空名，无景可观；有的景物已废，面目全非；也有的旧貌变新颜，别具一番景致。

1. 梁野仙山

梁野仙山

(明) 知县 孙勋

一陟梁山紫翠间，倦游飞鸟不知还。

晴空俯瞩沧溟小，古殿深凝玉宇寒。

丹灶尚存仙子去，岩花依旧石棋残。

凭高访胜风云眄，笑指烟萝月满坛。

梁野山顶古母石 　　　　　　梁野山瀑布

　　梁野仙山，即为梁野山，又名梁山，位于武平县城东北部，系武夷山脉最南端，主山脊呈东南走向，横卧于武平县中部地区的永平、中堡、武东、城厢、桃溪五个乡镇结合部，总面积14365公顷，最高峰古母石屹立在海拔1538.4米的山顶，为武平的第一高峰。2003年6月经国务院办公厅批准为国家级自然保护区，2004年1月省编委批准成立"福建梁野山国家级自然保护区管理局"，2015年5月通过4A级旅游景区专家组验收。区内动植物资源十分丰富，飞禽走兽，奇花异草，珍贵林木遍布整个梁野山自然保护区，国家保护植物南方红豆杉近万亩，原始钩栲林近千亩，被誉为北回归线上的"绿色明珠""天

然绿色基因库"。山顶古母石悬空而立，雕塑成梁野山的魂与魄。山上有千年古刹白云寺，供奉着客家保护神定光佛神像，终年游人不断，香火不绝，寺前有一3000多平方米的白莲池。梁野山巍峨雄伟，山高瀑多，名闻遐迩；一年四季仙霭缥缈，气象万千，美丽无比。自古以来被称作"梁野仙山"，古为武平八景之首。

2. 石径云梯

石径云梯

（明）汀州知府　刘焘

迭嶂重岗断得连，岩峣崑际出层巅；

遥闻猿啸苍烟里，仰见人行白日边。

岂必东山能小鲁？来临华岳若登天。

游人仰望知何处，目极阑干路八千。

石径岭，又名云梯山，位于武平县城外西北，是一条通往东留和江西的古官道，其云雾缭绕，若隐若现，神秘莫测，奇峰屹立，望四野苍茫翠绿。旧时此地没开公路，一条盘旋而上的千余级石阶像通天云梯，从山脚至山顶，山高路陡，曲折迂回，两旁林深树密，崎岖险峻，陡峭的石砌路直通云霄。山腰隘口处有一建筑，名曰登云亭。亭前景色秀美，高涧潺潺；亭后古木参天，浓荫蔽日。亭中一联："石径有尘风自拂，云梯无级月恒升。"千百年来，南来北往的人，踩出了攀沿而上的石阶，像一条金色的项链系在石径岭上。

3. 平桥翠柳

平桥翠柳

（明）教谕　王銮

长桥坦坦柳依依，胜占三月江水湄。

翠色回添膏雨润，绿阴多傍画阑垂。

花飞解送春归去，条折难堪士别离。

多少往来冠盖客，东风立马听莺啼。

平桥翠柳，在平川镇红东村北门岭与七坊村交界处。这里曾经有水，有桥，有沿桥连片成荫的翠柳。传说，河的两岸各有一棵奇大的柳树，各有一树枝特平特长，伸过河面横跨河水形成树桥，行人可在树桥上来往行走，景色十分宜人。元代在此建有"天妃宫"；明代洪武年间，又建成"五贤庙"。昔时商贾云集，平桥商业区构成了整个平桥翠柳风景区，一时繁华至极。随着时代的变迁，平桥翠柳的风光早已不再。如今，该地只剩下一座小庙。庙里成立理事会，坚持传承当年繁华的人文遗迹，保留往昔的美丽传说。

4. 龙河碧水

龙河碧水

（清）知县　刘旷

清溪潺湲日长流，柳拂沙堤草拂洲。

云静星来潭底稳，月明鱼在镜中游。

泛波鸥鸟迷烟暮，傍渚芙蓉蘸水秋。

处处渔家闻晚唱，歌声缭绕彻城楼。

龙河碧水又名化龙溪、南安溪，即现在的平川河。自明至清有歌颂龙河碧水的诗记录在县志里，其中太守刘焘有"浪涵春景鱼游境，绿尽秋澄翠染罗"句；（明）知县孙勋诗云："郭外平由护绿河，暮林烟树得春多。长桥晚映龙横渚，细竹时摇燕拂波。五夜星辰澄底见，四方云物望中罗。年来淡月黄昏后，近浦渔家处处歌。"长桥晚映，细竹时摇，杨柳依依，澄澈见底，渔歌唱晚，可见当时的化龙溪有何等美妙的风光。时光越千年,近年来,通过不断加强对平川河上游养殖业污染的整治,以及打造"一河两岸"夜景工程、河滨文化公园、生态绿廊景观工程,水显得愈发清澈,两岸愈发呈现出迷人的魅力。

5. 南岩石洞

南岩石洞

(明) 知县 巢之梁

石室原无斧凿痕,何年虎踞共龙蹲?

劈开须仗巨灵掌,说法还归大士根。

借片白云封谷口,邀轮明月伴黄昏。

几时绝顶攀萝去,更觅通天第一门。

狮岩位于武平县岩前镇灵岩村,古称南岩石洞,因其形如狮子而得名,属石灰岩溶洞地貌。登狮岩,入主洞口,便是古佛殿,正中供奉三尊定光古佛。其中一尊是台湾淡水镇鄞山寺送来的。岩壁上刻有北宋丞相李纲所题的"灵洞水清仙可访,南岩木古佛同居",洞两旁立着护法神。洞右侧供的是一丈多高的如来佛,洞左侧供的是"水德参天"和妈祖。古佛殿后有一曲径,经过"通天第一洞",阵阵凉风袭人,洞内有许多大自然造化的石狮、石象、石猴、石龟等,岩顶上刻有"人世蓬壶"四字,这是明代知县成敦睦所题。出了岩洞,左可通观音宫、何仙姑宫、七圣宫,右可通财神宫、药王菩萨宫、天上圣母宫,山麓为均庆寺。狮岩前有一天然泉水湖,称"蛟湖",湖面宽广,清澈如镜,有"蛟潭涌月"之称。

6. 丹井温泉

丹井温泉

(明) 汀洲知府 刘焘

溪东丹井古传留，混混温泉昼夜流。
石涧暖烘真可爱，金锅烧煮不堪俦。
咏歌曾点谁能继，出汤杨妃孰与俦？
古往今来多少客，至今不断暮春游。

丹井温泉，在武平县城往中山镇途中的公路边，距县城约3公里，位于城厢镇下东村，交通便利。温泉挖筑成一长方形水池，面积约30平方米，四周围成一米高的围墙。泉池四边用石块砌成屋檐藤，四角开门，左右有水沟环绕。旧志云其"热水井周围数丈，泉从石窦处，有硫磺气，能熟生物，民多浴之，可愈诸疮"。清代文人李非珠有《竹枝词》曰："溪东丹井最温和，水暖旋生滚滚波。村妇晚来呼伙伴，兰汤浴罢拭红罗。"这里有个约定俗成的规矩，男黄昏女夜晚沐浴。

2017年1月3日上午，县委、县政府2016年为民办实事重点项目之一的下东丹井温泉修缮建设项目揭幕，从此全天候免费对外开放。该项目总投资400余万元，3个月紧张、有序、安全的施工，主要对男女大小两个浴室进行修缮，利用钢结构材料新建了卫生间、更衣室、淋浴室和休息空间，同时结合美丽乡村建设，对周边房屋进行立面改造，美化绿化水域岸边，新建公共停车场等。

7. 绵洋古刹

绵洋古刹

（明）教谕　王銮

梵刹幽深占地宽，殿庭楼阁耸云端。
鸟啼烟树环檐瞑，风引出云入座寒。
贝叶好从闲处阅，浮屠高出径中看。

逃禅几度追游遍，笑指高僧似阿难。

绵洋古刹初建于宋初，县志云："县南。宋时建，明永乐间修，天启七年知县巢之梁重建。"不少官宦文人慕名至此游览，留下许多诗篇。此后，历经沧桑，多年失修，以至圮毁。而现在的绵洋寺位于碧水公园碧水湖畔，是20世纪末后，由邑中热心公益事业者和旅台乡亲捐资重建的。

8. 龙岩雨霁

龙岩雨霁（调寄定风波）

（民国）县长　谢鸣珂

路向麻姑墩下遇，山间何处起笙歌。

本是晴云无雨色，虎啸龙吟洞口水帘多。

广济岩深多少尺，制胜探奇斧凿欲如何。

名胜久湮须整顿，山水清音天韵好揣摩。

龙岩雨霁

"龙岩雨霁"又叫聚仙岩，景致奇异，环境清幽，空气新鲜。它位于武平县中山镇龙济村。据《武平文史资料》记载，聚仙岩庵建于明朝万历二十三年（1595年），距今已有400多年的历史。修建聚仙岩庵石碑云："武所城南六七里，有平桥翠柳，龙岩雨霁，诸美景其优胜者，则聚仙九霄……遂相传为神仙聚集。"聚仙岩，正如其名，是一块巨大的岩石，它隐匿于树木竹林丛中。岩石下，有一岩洞，远看如俯伏在地大张嘴巴的蛟龙。岩洞顶上有股潺潺清泉，终年不停地从洞前檐滴下。聚仙岩岩洞冬暖夏凉，清净幽雅，宽敞舒适，可容纳数百人。洞中设佛堂，有大小佛像十多尊。聚仙岩庵外，左边有座石山，形如雄狮；右边山上亦有座石山，滴下的水珠，好像挂在檐外的绿色珠帘，貌似大象，故有"左狮右象"之称。

二　武平绵洋寺

绵洋寺坐落于闽粤赣边三省交界的武平县碧水公园处。绵洋寺有着悠久的历史，四面群山环抱，树木苍翠，位置优越，风景优美，

绵洋寺

是一块风水宝地，系武平善男信女、中老年人游乐休闲的好去处。寺庙始建于何时？据《县志》载："绵洋寺，县南，宋时建，明永乐简修，天启七年知县巢之梁重修"，迄今有一千多年的历史，故说"未有县场，先有绵洋"，位于城南三棵大荷树之处，是武平八大景之一，是佛教的好道场，也是武平旅游胜地。明代汀州知府刘焘题诗曰："城南五里见绵洋，古寺从来历几霜。秋景风生松韵响，春山麝过草留香。楼高白昼云侵殿，帘卷清霄月照床。自喜在官多暇日，邀朋几度醉瑶觞。"随着社会变迁，寺庙倾圮已久。后于1993年9月15日重建开光。佛光普照，庇佑万民，香火十分旺盛。

三　武平客家古民居

1. 黄蜂寨

黄峰寨坐落在十方镇高梧村赖坊，建于清代乾隆年间（1736~1795年）。以前因寨顶有个泉眼，认为是"龙泉"，故称为龙泉寨。寨上居住着赖氏裔孙，他们环寨而居，就像黄蜂紧紧围住蜂王一样，加之居民每天清早起来，挑水洗衣，进进出出，人声喧闹，好像黄蜂出洞一样，所以，后来人们把龙泉寨改名为黄蜂寨了。

黄蜂寨顶建有一座三层的塔，约十二米高，底层是关帝庙，内壁写有"忠义参天"四个大字。底层四边出檐，二层、三层，层层编成锥形。八角形的屋顶，四面开窗，屏壁雕有精美图案。建筑设计精巧，风格独特，登上塔顶，举目眺望，高梧十三坊美景尽收眼底。

黄蜂寨

2. 东里围屋

东里围屋坐落在十方熊新村东里自然村。这四合院式的客家古建筑，本地人称之为"九厅十八井，穿心走马楼"。

东里围屋建于清雍正四年（1726年），于清乾隆二十一年（1756年）竣工，历时30年。围屋内，房屋层层递进，左右对称，

东里围屋

流线明显，布局严谨。门窗上的木雕、石雕，工艺精巧，形象逼真。建筑面积 5600 平方米。除楼阁外，还有坪院、池塘、水井。东里围屋内有 4 条街，4 个大门，55 个厅，16 个小院落，205 间房，26 个天井，在最辉煌的时候曾经住有 40 多户人家近 200 人。是武平客家民居中最具代表性的府第式古建筑。

3. 黎畲围龙屋

黎畲围龙屋坐落在十方镇黎畲村，虽经 200 多年的历史沧桑，但风采依旧；更令人称奇的是围屋下有座神奇的地下"宫殿"。

围龙屋建于清乾隆年间（1736～1795 年），坐落在小山坡上，从高处望去，酷似一顶斗笠，因此，村里人称之为"斗笠寨"。斗笠寨的房子内外三层，共有 5 个厅堂，160 多个房间。最热闹的时候这里曾住着 38 户 200 多人。

地下"宫殿"实际上是主人为防匪盗而特设的地下室。地下室共有三间一厅、一厨房、一仓库，各类生活设施一应俱全。在背向稻田的墙体上开了许多外小里大的采光口。这种巧妙的设计，令人惊叹不已。故此围龙屋被收入《福建客家著名民居》（林开欣编，海峡文艺出版社，2011 年 11 月出版）一书。

黎畲围龙屋

4. "竹苞松茂"厅堂（德茂公祠）

"竹苞松茂"厅堂坐落在永平镇帽村村中心，是帽村方德茂于清代嘉庆末年（1820年前后）兴建，迄今近200年历史。该厅堂规模宏大，结构完整，布局合理，建筑面积2000多平方米，八字门楼，主厅三进，横屋门摆，共有大小厢房、书房、楼阁计120多间。

厅堂设计精巧，红桁木绿桷，雕梁画栋，木雕、砖雕、石雕的花鸟献瑞图，工艺精湛，栩栩如生，古色古香，华丽典雅。大门前有1000多平方米的宽敞内坪，还有池塘，池水清澈，藻绿鸭欢。

"竹苞松茂"厅堂

四　武平古桥——大阳廊桥

大阳廊桥位于东留镇大阳村，架造于大阳、泥洋、南坊等几个行政村的通衢处。是由明崇祯十五年（1642年）壬午科武举人李应才，清顺治十一年（1654年）甲午科武举人李绅两人合建（具体建造时间不详）。廊桥长39米，宽4米，高6米，木石结构。现在的大阳桥是清咸丰七年（1857年）重建的，迄今近160年历史，系县文物保护单位。桥头有一副名联：大块文章浮水面，阳春烟景锁桥头。

大阳桥

五 国家历史文化名镇

中山镇系国家历史文化名镇,明朝时因在此设立武平千户所而简称"武所"。五代十国南唐保大年间为武平场所在地,宋淳化五年(994年)武平升县,这里是县治所在地,后来县城迁到今平川镇。

中山古街

古武所是军事重镇,曾按古南京城样式修城,后经三次战乱,人口多次回迁,形成百姓聚居,曾多达108姓,目前仍有102姓,是名副其实的百家姓镇。该镇民众还同时保留着"客家方言"和"军家方言"两种地方语言,其"军家方言孤岛"现象倍受文人学者关注。中山镇至今还保留着许多古建筑,如永安桥、相公塔、迎恩门、古街等,同时许多民俗文化也得到了很好的传承,如七天闹元宵、贴姓氏门联、宫廷花灯等。

六　武平中山镇唯一留存的宝塔

相公塔。昔时,武平中山镇有很多古塔,据传,有"七鞭打虎"的说法,七鞭的意思是中山古时有七座宝塔,新中国成立初期,还可见到两座,一曰文峰塔("文革"时被毁),二曰溃尾塔(现叫"相公塔")。后者现在还保留,是武平唯一留存的古塔。此塔建在高寨上,呈八向八角,高六层六菱,其中五层有门,每层四门相对,计二十门,最高一层无门,是专门烧制的塔砖建成,秀丽壮观,高耸入云。塔顶俯瞰,武所全城一览无余,秀丽风光尽收眼底。

中山相公塔

第三节　传统文化

一　武平地方语言

1. 客家方言

武平是纯客家县。客家是汉民族中一支优秀的民系。西晋以降，中原板荡，汉民纷纷渡江南迁，前后经历了五次大规模迁徙的客家先民，在辗转流徙中，亦吸收了各地优秀文化养分，最终扎根闽粤赣边，部分在武平繁衍生息。这些移民，带来中原先进文化，并通过与当地畲、瑶族漫长的历史整合交融，最终形成既存中原古语、又显南国特色的一种独特语言——客家语。所以，武平的地方语言叫客家话。

中山百家姓祠

2. 军家话

客家人大都以土楼、围屋聚族而居，然而在中山古镇这人不逾万、户不盈千、方圆不过两平方公里的弹丸之地，居民却有102姓之多，此独特奇观，实属全国罕见。这个"百姓镇"有一奇特现象，就是被语言学家誉为"语言活化石""方言孤岛"的"军家话"。几百年来，代代相传，与当地客家方言相行不悖，经久不衰。

据《武平县志》载，明洪武年间，为镇压农民起义，当局下令从江西、江苏、安徽、浙江等地征调了五千官兵（据统计有35个姓氏）屯驻在武所（今中山）及附近村庄（如称"营下排"的下长居）。这些军籍官兵（当时称"军家佬"）实行"寓兵于农"，除守卫武所外，屯种荒田，种粮种菜，自给自养。"军家佬"来自五湖四海，生活在自我封闭的军营环境里娶妻生子、繁衍生息。他们由于长期共处，语言交流混杂，从而形成了一种除他们自己外，本地人也很难听懂的南腔北调新方言。这种方言就叫"军家话"。

二　武平清代启蒙读物

《一年使用杂字》（俗称《元初一》）

林宝树

注：《元初一》全文内容据台湾钟国珍（原国民党大陆时期的武平县国大代表）主编《武平县志资料汇编》，1986年台湾高雄新华印刷厂承印。

（一）岁时

元初一，早开门；放爆竹，喜气新。

放爆竹，喜气新

点蜡烛，装香灯；像前拜，烧纸钱。
灯光火，早夜连；拜祖公，贺新年。
初三初四拜新年，婿郎男女到家门。
或请新亲来相见，丈人老表及外甥。
客人头上戴缎帽，身穿袍套阔和长。
棉纱茧绸羊皮袄，汗巾烟袋在身旁。
新衫新裤新帽子，镶鞋缎袜配相当。
正月十五是元宵，冲天却子半天高。

闹元宵

金盏银盏缔缔转，花筒金菊夜来烧。
道士请做三官会，上元天官赐福朝。

立春已过雨水来，烧灯送神切莫呆。
五月初一中堡墟，装得香包到暗归。

烧灯送神

扇坠香珠红缎壳，也有络子织马尾。
初三找佛保禾苗，众佛忏后做午朝。
初四开斋爱剐猪，做社过节大规模。
菩萨送回本庵去，一年一次又相符。
五月五日是端阳，菖蒲药酒与雄黄。
门挂葛藤与艾叶，裹粽送了寒衣裳。

端阳裹粽

再过十五七月半，中元赦罪地官诞。
江西规矩烧纸钱，弄得鬼神大家散。

八月里来交白露,中秋佳节月华吐。
九月九日是重阳,寒露到来菊花黄。
十月交来小阳春,电光不闪雷藏声。
立冬万物当成熟,家家屋屋赛收成。

家家赛收成

小雪之时是冬天,牵只牛牯去犁田。
犁辕象鼻犁拔线,犁横刀上缚牛藤。
改变天时转冷风,虾蟆老鼠尽潜踪。
少年后生莫懒惰,寻找世业自有功。
十一月来转冷风,大雪之时是寒冬。

十一月转冷风

再过半月冬至后,冰冷硬垢雪朦胧。
十二月来又一年,小寒大寒节气完。

百般生意讨赊账，速速收清莫迟延。
二十日，要探信，文武官员就封印。
地方乡约无人投，贼情人命无审讯。
二十三，烧灶疏，灶君菩萨上天去。
今年一家大小事，上奏玉帝无隐私。
再来凑到二十六，大家又讲过年事。
入年阶，爱扫屋，抹净神龛回神福。

入年阶扫屋

穷人籴米来过年，富人封仓不粜谷。
开清人户大小账，不欠人钱便是福。
爱买几件小东西，油盐椒酱及爆竹。
三十日，添一岁，南朝番国皆同理。
爆竹一声除旧岁，清早就供岁饭来。
夜来点着照岁灯，大锭花边好磺岁。

(二) 宴饮

新年供养尽新鲜，烫皮散饭用油煎。
豆腐粢粑禾米粄，碗头盘碟尽齐全。
门冬瓜线红柑子，龙眼荔枝糕饼软。
茶匙茶盏茶壶子，橘饼点茶再食烟。

猪肉食完并腊鸭，蒸煮鱼冻共三牲。
浸酒开坛用大碗，欢欢喜喜赛哗拳。
大富人家更排场，鲍鱼鲎翼馥馥香。

排场宴

海参燕窝鸡丝肉，鱿鱼虾米做清汤。
黄螺蛏子拿来炒，蜇皮海带烩辣姜。
肉丸包子来凑样，也有酥骨上沙糖。
极好鲫鱼煮豆腐，炆烂猪蹄锡盘装。
萌笋豆芽萝卜线，好贴肝肺猪肚肠。
调羹舀来筷子挟，大家食得饱非常。
许多花生瓜子壳，厅下地面要扫光。

瓜子壳要扫光

（三）娱乐

大闹花灯喜者多，龙灯马灯去穿梭。
铜锣花鼓拿来打，船灯扇灯闹秧歌。
笙箫笛子同吹起，弹琴唱曲两相和。
风流浪子台上跳，花鼓双双两公婆。

乡村巡游

上村游到下村转，点心食得也还多。
星光半夜归来睡，十分辛苦论蛮拖。
也有阵班去打狮，装成小鬼极丑粗。
拳棍之人做猴子，耙头勾刀爱好师。
藤牌短刀手中执，钻过剑门险且痴。

（四）农事

如今来讲农家事，锄头铁锤与犁耙。
耕田正爱好秧地，作坡开圳水路佳。
扩烂泥团更加造，牛藤牛轭当用它。
尿桶担肥打落脚，浸溶泥土容易耙。

耙田

作大田塍贮稳水，铲去茅根拖草楂。
大塅之中无田坎，最怕洪水冲泥沙。
山头高凸并排壁，落垅湖窟凹凸斜。
田头塅尾杂种好，薯姜芋子及黄蔴。
春间日日去耕种，身穿簑衣戴笠蔴。
二月惊蛰浸谷种，撮下谷子就生芽。
大家努力掂谷子，莳得直行无粒差。

身穿簑衣耕种

祭得墓完到清明，出水掂头又爱耘。
耙子一张田里擦，挪来搋去甚艰辛。
谷雨到来爱莳田，翻排耙烂轭牛肩。

掷来搓去耘田

早晨脱秧昼边莳，腰驼背屈真可怜。
南安早赤早迟禾，蚁公包子掂者多。
又有黄早野猪糯，栽在塘前种在窝。
四月立夏日子长，早粘田地做完场。
连踪管要莳大糯，男妇大小起早床。
小满到来塞粪时，单用饱杓与粪箕。
铲光田坎除稗草，连根抛却半天飞。

铲田坎

茅镰刀鞘及草篮，担杆常在肩头间。
好养牛牳及牛牯，又肥又壮在家栏。
田刀一把砍田塍，平水石头半浅深。

养好牛姆肥又壮

禾头笼内莳芥子，缓缓做来切莫停。
夏至到来热难当，禾苗吐花枝叶长。
铲净田塍掂豆子，总爱天晴快生秧。
砍削禾柴晒干燥，杉尾杂木并松毛。
田中芋子爱上土，火土培大芋荷苗。
六月小暑早禾黄，尝新禾饭荇馨香。
请人补箩买谷笪，又爱破篾箍桶楻。
禾客请来赴收割，担杆竹杠要提防。

收割稻子

大暑到来打大禾，盐箕撮斗谷筛箩。
后生担杆岭上晒，辘轴辗田用牛拖。

谷笪摊开晒燥谷，多多少少过风车。
斗量入仓要算好，隔板分开切莫差。
穷人佃户作人田，留开纳租莫迟延。
也有田主收租谷，也有请来对股分。
犁转耙田种地瓜，放藤放粪用秆遮。
大遍锄头钩泥碛，打开圳缺用工夫。
番稿莳在立秋边，莳得田完莫挨缠。

莳番稿

笼鸭上田踏禾稿，检准粪寮堆秆草。
处暑最爱好天时，雨水周全不怕迟。
日日早晨白头露，雉鸡尾子艳艳拖。
霜降天气要晴暖，糯米收割爱停当。
若有岭岗木梓山，拈摘茶子落研盘。
或用水碓碓末细，茶枯包起撞房尖。

（五）读书

世间第一是读书，打扮学堂安圣贤。
书桌一条并凳子，墨砚纸笔要齐全。
温熟书来原本背，分明章句莫乖寋。

熟读圣贤书

最怕学生打冇嘴,字眼不识亦徒然。
唯有破蒙加小心,起头先点三字经。
合本纸库学写字,捉笔填红上大人。
横划直落并点子,端端正正分均匀。
幸有聪明智慧者,学庸论孟及五经。
若有蛮蠢及暴躁,跪打难免郁性情。
油盐柴米轮流去,供膳先生也要勤。

端端正正写好字

再言经馆大书堂,不比舍学点句章。
上午讲书下昼想,更深夜静读文章。
宗师月课府院考,头名案首志昂昂。

学院场中取了卷，新入黉宫秀才郎。
父母伯叔同兄弟，家中日夜接报房。
岁考复试加补廪，高升拔贡姓名扬。
门前一对桅杆竖，表旌门第是书香。
再加中举又中进，出入跟随衙轿扛。
状元榜眼探花郎，翰林学士近帝王。
此是读书为第一，犹如平步上天堂。

金榜题名

（六）百工

许多斯文学医药，寒热虚实莫认错。
看人病症要发药，脉有浮沉迟缓数。

医药先生看病

痘师先生兼治痳，无名肿毒用膏药。

又有算命哄人钱，五星盘子及流年。

探知人病来送煞，弄得人家颠倒颠。

许多丹青是画工，五颜五色画形容。

也有清闲学看相，先望手面与掌中。

又有卜卦并测字，口快眼利要精通。

算命先生算命

也有斯文行地理，人人称说堪舆仙。

南针碣石罗经袋，看人祠堂及地坟。

山中架起分金向，消砂纳水照书篇。

杨公符木有灵应，精查穴情用心肝。

眼科先生看病

峦头内胎外界水，祭台摆角及塚圈。
埋葬之时出破军，呼龙出煞喊大声。
红包礼金雄鸡血，完工谢土讲谢金。
许多银匠打银簪，戒指开傍及耳环。
百炼璧环大颈锁，钗钏镀金点翠颜。

熔鉎铸铁锅

又有座店专打铜，铜盆铜罐肚内空。
铜笔铜锁烟盒子，摧锣磬子摇铃钟。
也有徒弟学锡匠，酒壶茶壶好模样。
鼎杯粉盒及油壶，紧关有者讲几样。
许多游门去打铁，三三四四同做得。
熔铁炼钢风箱炉，铁锤打得无休歇。

打铁制屠刀

买来炭子烧完了，山上松皮也替得。
铁铮铁钳抵火皮，师傅徒弟尽莫缺。
又有熔鉎铸铁锅，泥做模样两相佯。

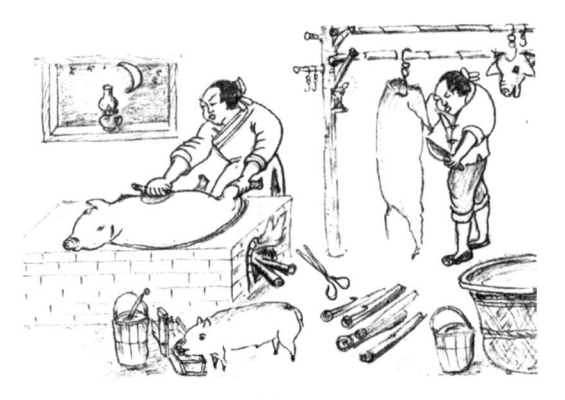

剧牛猪

响钟哑锅真古话，将新换旧用秤钩。
也有生活做裁缝，剪刀尺子在手中。
或做绸缎用熨斗，粗布烙铁大家同。
又有屠户常打屠，朝朝宰杀剧牛猪。
白刀插入红刀出，滚水刮毛剥皮肤。

木匠到家做房子

许多木匠到家庭，斧头锯子不离身。
墨斗曲尺同界笔，凿头角钻打中心。

割刀搬斧线刨子，锉直刨光凿挖深。
先将木马同木驴，锯开板心及板皮。
泥匠师傅砌石坎，小工相帮平地基。

泥匠砌门楼

洋头五尺线车子，阔狭高低看周围。
大富人家做屋场，上厅下栋两厢房。
横屋横楼两煞巷，石灰火砖封屋墙。
中间献柱抽斗角，扛梁油漆狗子梁。
门楣门傍同地脚，骑桐覆机及川坊。
水程壁孔柱石头，栏杆窗子照房间。
两边窗扇马蹄脱，天井夹沟用梘装。
檐前煞路花台坎，作栋盖瓦抵风霜。
牵得经纹入筦齿，羹糊刷上用钩拖。
又有祖传老染坊，青白赤绿黑红黄。
毛蓝梭布洋青色，爱过碾石打到光。
又有出门寻种山，批人岭岗好种蓝。
大篓装来清水靛，船钱侠脚几多难。
有烧罂瓮装窑中，层层叠叠堆几重。
金斗缽头及牙缽，花缸罐子火烟囱。

有行香火提傀儡，赛还良愿香山戏。
华光菩萨并观音，三位夫人随人许。

（七）婚嫁

大富人家娶老婆，担鱼担鸭又担鹅。
新郎迎娶有坐轿，新娘花轿赛嫦娥。
灯笼凉伞及彩旗，一迎一送两相宜。
裙衫衣服嫁奁厚，柜箱衣架铺帐被。
入门饮了交杯酒，桌围座褥排列齐。
恭贺对联贴满堂，字画纱灯结彩装。
媒人相邀送嫁客，大家等接好风光。
酒筵食到下食去，就掷骰子呼令章。

新娘结婚

三朝新娘分大小，谒见家官并家娘。
叔婆伯媄及姐嫂，大姑妯娌及姨娘。
且提世上好媳妇，合家大小得人心。
夜坐房间思链补，做花绣朵助夫君。
纺棉织蔴挪索子，花针钻子不离身。
朝早起，无别虑，手拿角梳就整髻。

剪布做衣服

刮光头发用油葱，油污满手茶枯洗。
耳环簪子及包头，铜镜照面对答对。
整饰衣裳有面光，梳妆打扮极伶俐。
开锅灶，算计较，水桶上肩及水爪。
甑棚甑蔽及罩箩，捞饭煮粥匏杓扰。
再来暖汁供大猪，青菜摘来藏浸炒。
菜刀锅铲杯碗筷，火筒锹夹齐放好。
扫光地面好容颜，捡头拾尾有常道。
厨事完，洗汤衫，入园担尿手提篮。

捞饭煮粥

洗汤衫

浇湿园中葱蒜韭，芥菜萝卜与菠苓。
苦瓜扁豆茄苋菜，番鲍冬瓜满蒂摊。
及时落种件件有，可免无菜被人嫌。
气性温柔莫孤独，细言细语奉公姑。
男女背携随便好，竭力坚心顺丈夫。
脚踏碓，手推砻，米筛簸箕件件通。
笆篮装起糠同米，糙米撮来碓臼春。
捡鸡蛋，看猫兜，鸡鸭早夜要跟收。
门前狗子汪汪吠，夜间恐怕贼来偷。
这等女人真难得，可使男人放下愁。

（八）丧葬

人间喜事难记了，又将丧事讲一场。
父母死故是丧家，目汁双流两眼花。
母死喊娘喊娘姐，父死叫爷又叫爹。
抖尸被在底下贴，卷心被子面上遮。
爷称显考娘称妣，安起灵牌等外家。
升棺入殓爱仔细，丧事称家有俭奢。
子孙钉盖五色布，千年万载不回来。

哭丧

红漆棺材为棺柩，孝子披蔴尽举哀。
开冥路，还受生，三魂七魄领官钱。
任汝富贵官宦家，贫穷老少一般行。
妇人死，作沙图，僧人锡杖挑经书。

道士念经

题唱目莲来救母，破沙那是破酆都。
血盆碟子放地下，不知此事果有无。
拣日发吊出讣闻，报贴送到六亲门。
挂起像来安灵位，白布结装内外帘。
开吊完满有用祭，棕荐毡毯谷笪摊。
刵猪杀羊原只摆，祭之以礼也可观。

剾猪祭

做礼生，爱功名，秀才监生唱拜兴。
身穿圆领头戴顶，诵读祭文面面灵。
客来主祭先上香，四跪叩头要定场。
左边行上三献礼，右边下来切莫慌。

三献礼

移出柩，好装扮，移葬之人先食饭。
红绸白纸写明旌，作重爷娘真灿烂。
作古人，登鬼序，瞒踪灭迹今辞世。
八仙移动扛棺柩，一人前吊粮罂子。
做孝子，背弓弓，不敢剃头满百工。
父死扶柩杖用竹，母死扶柩杖用桐。

拦路祭，真热闹，满路头帛并腰帛。

摆路祭

挖开圹窟就埋葬，谢客完场好安歇。
百日周年随大祥，除灵除服在祠堂。
蔴衣挂壁方成子，春秋两祭享馨香。

脱孝

（九）祭祖

春分时节思祖公，上坟祭墓一般同。
先在祠堂宰牲血，后担篮子到坟中。
吹手四人凉伞一，唢呐鼓钹及大同。
保护请神又奠酒，散挂五方花纸红。

蒸尝大者发丁肉,斤两多少在秤中。

绅矜耆老加一等,消散祭仪摆门风。

头家备办出来食,莫打酒醉乱叮咚。

扫墓

(十) 建醮

虽然乡村地方小,年年规矩仍照老。

梁野山中大古佛,阔村迎来保安醮。

香钱米豆无人分,跟佛和尚自己倒。

午朝上供裹馒头,夜间完醮早发表。

打大醮,又更排,阎罗天子召请来。

拜菩萨

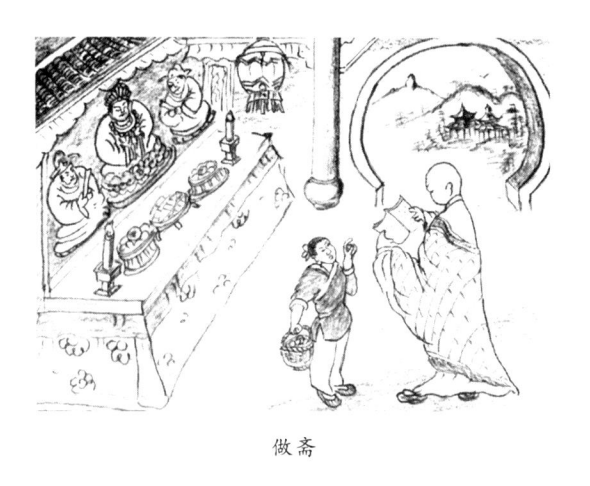

日拜水忏修净土，十五过去夜修斋。
放焰口，加诚心，木鱼钟磬好清音。
若然爱还十二库，请僧先念受生须。
全堂纸折多做尽，幡竹头下山大人。
多字画，写缭文，银山金山向灵焚。
幢幡宝盖迎佛祖，孤衣两挂施孤魂。
千佛忏，拜得完，打起十班放水灯。
口念阿弥陀佛去，摆开佛法到溪边。
夜间坐台放施食，四大部州列在前。
冲天火把三叉路，惹得鬼神争后先，
超度亡魂追荐死，大功小果福周全。

做斋

三 武平童谣山歌

1. 童谣

老人一般都有过诵唱童谣的经历。由于客家童谣内容丰富，音韵和谐，朗朗上口。儿时人们都喜欢吟诵，而且学过后永不忘怀，起到了潜移默化的启蒙熏陶。现附录几首，供儿童吟诵。

儿童吟诵童谣

（1）月光光

月光光，秀才郎，骑白马，过莲塘，莲塘背，种韭菜，韭菜花，结亲家，亲家门前一口塘，打行（条）鲩鱼八尺长，鲩鱼背上承灯盏，鲩鱼肚里做学堂，做个学堂四四方，个个赖子（儿子）读文章。

（2）月光光，好种姜

月光光，好种姜；姜必目，好种竹；竹开花，好种瓜；瓜会大，摘来卖；卖到三点钱，拿来学打棉；棉线断，学打砖；砖断节，学打铁；铁生鲁，学剧猪；猪会走，学剧狗；狗会咬，学剧刁（鸟）；鸟会飞，飞到哪里？飞到榕树下，捡到一个烂冬瓜。拿转去，食唔下，一泻泻到满厅厦。

（3）小郎读书

白饭子，白珍珠，打扮小郎去读书。

正月去，二月归，挑担箩夹等嫂归，归来花缸有滴水。

鹅挑水，鸭洗菜，鸡公舂谷狗踏碓，狐狸烧火猫炒菜，猴哥偷食燠疤嘴。

（4）洗衣裳

月亮光光，打开城门洗衣裳。洗白白，洗净净，打发哥哥去学堂。学堂满，嫁笔管；管笔通，嫁相公；相公矮，嫁螃蟹；螃蟹瘦，嫁绿豆；绿豆青，嫁观音；观音下来拜四拜，黄狗咬着观音带。观音带上有个钱，解下铜钱买黄连。黄连苦，买猪肚；猪肚薄，买菱角；菱角尖，买马鞭；马鞭长，买屋梁；屋梁高，买把刀；好切菜，好切葱，一切切到手指公，一盆血，一盆脓。

（5）月光光，走四方

月光光，走四方；四方暗，走田坎；田坎崩，捡枚针；针有眼，交给伞；伞有头，交给牛；牛有角，交给桌；桌有关，交给安（瓮）；瓮有口，交给狗；狗有尾，交给鸡；鸡有髻，两仔伯娓学做戏；做戏难打锣，不如学补箩；补箩难破篾，不如学做贼；做贼给人捉呵倒，不如去扛轿；扛轿难转肩，不如做神仙；神仙张古老，一万八千岁。

（6）月亮姑姑

月亮姑姑月亮凉，请你下来照屋场，照得屋场风水好，年年起来谷满仓。

吟诵儿歌

（7）有子唔读书

有子唔读书，不如养只猪。

有子唔读书，好比冇目（眼）珠。

（8）老鼠猫子开风箱

大月光，细月光，老鼠猫子开风箱。

你开风箱做么事？我拿刀子破篾子。

你破篾子做么事？我破篾子编篓子。

你编篓子做么事？我编篓子装鱼子。

你装鱼子做么事？我装鱼子喂猫子。

你喂猫子做么事？我喂猫捉老鼠子。

2. 山歌

客家人喜欢唱山歌。客家山歌是武平人的口头文学，被誉为"天籁之音"，它富有客家人的语言特色，形成民歌中独特的一朵奇葩。经国务院批准，已列入第一批国家级非物质文化遗产名录。现选几首，供大家欣赏。

山 歌

爱唱山歌只管来，使条凳子坐下来；

唱到鸡毛沉落海，唱到石头浮起来；

爱唱山歌就来唱，唱到日头对月光；

唱到麒麟对狮子，唱到金鸡对凤凰。

客家山歌远传扬

客家山歌远传扬，条条唱出情意长；

条条唱出郎心事，声声唱出妹心肠。

村姑采茶忙又忙

村姑采茶忙又忙，双双巧手采春光；
头批二批采来卖，老茶粗茶自家尝。
边采茶叶边唱歌，茶树满坡歌满坡；
山歌不停手不歇，只因种茶好处多。
片片茶叶片片青，一篮春光一篮青；
这坡采来那坡转，鸟雀声声传众音。

挑担歌

讲起挑担真可怜，一步唔得一步前（进），
挑得多来人辛苦，挑得少来又冇钱。

牧牛歌

千样难来万样难，牧牛郎子最清闲；
上午牧牛玩石子，下午牧牛讲笑谈。

恋爱歌

羊角花开红又红，爱嫁老公唔怕穷；
三四月里冇米煮，郎打竹板妹挽筒。

客家山歌最出名

客家山歌最出名，条条山歌有妹名；
条条山歌有妹份，一条冇妹唱唔成。

天长地久到白头

阿哥阿妹敢勤劳，风吹日晒唔低头。

勤俭持家情意好，有食有着唔系愁。
有商有量过日子，妹割鲁箕哥斫柴。
孝敬长辈人称赞，天长地久到白头。

山歌越唱越出来

山歌越唱越出来，好比青龙翻云海；
云海翻腾龙张口，珍珠八宝吐出来；
山歌要唱琴要弹，人有两世在人间；
人有两世在人间，花有百日红在山。
日日唱歌润歌喉，睡觉还靠歌垫头；
三餐还靠歌送饭，烦闷还靠歌解愁。
山歌唔唱忘记多，大路唔行草成窝；
快刀唔磨会生锈，胸膛唔挺背会驼。

山歌紧唱心紧开

山歌紧唱心紧开，井水紧打紧有来。
唱到青山团团转，唱到莲花朵朵开。

四　武平民间剧艺

1. 武平汉剧

武平汉剧是闽西汉剧的主要组成部分。早在清雍正、乾隆年间，"徽班北上成京剧，南下成汉剧"，"喜光班""荣盛班""寿福台班"等十多个戏班陆续南下来到闽西演出，并开始在闽西收徒传艺，扎根落户。历经300多年的流传，闽西汉剧秉承西皮、二黄（亦称"乱弹"）唱腔，兼吸昆曲、高腔和民间小调精华，成为当地群众喜闻乐见的地方戏剧形式，人誉之为"南国牡丹"。武平是闽西汉剧发祥地之一，武平县汉剧团是全省唯一的县级汉剧专业表演团体。它以强大的演员阵容、先进的舞台设备、优秀感人的剧目和精湛的表演艺术博得广大观众的赞誉和好评。曾多次获省、市各种奖励。曾上演《春娘曲》《史碑案》《触逆鳞》《穆桂英挂帅》《三请樊梨花》《定光佛缘》等大型古装汉剧，和现代汉剧《打赌成亲》《走出围屋》，以及《春香闹学》、《拾玉镯》、《柜中缘》和《挑女婿》等多个折子戏。武平汉剧2006年被列入龙岩市第一批国家级非物质文化遗产保护名录。

武平县汉剧艺术传承保护中心

2. 提线木偶

木偶戏又称傀儡戏、木脑子戏，是我国重要的传统艺术形式之一。新中国成立前在武平县曾有十余家木偶戏班。由于经历了"文化大革命"，再加上受电影电视等现代艺术形式的影响，到现在只剩下东留镇桂坑村"福瑞堂"提线木偶戏班一家了。"福瑞堂"提线木偶戏班起初由江西省传入，多在本乡及临近的江西省的一些乡村演出。历经四代传承，现已有100多年的历史。木偶戏剧目有几百个，现在继续在东留各地流行，人民群众最爱看的有《郭子仪拜寿》《薛仁贵征东》《薛刚反唐》《辕门斩子》《水涌金山》等。

提线木偶戏

3. 客家山歌戏

武平客家人劳作之余，爱用客家山歌表达对生活的感受，表达男女的爱恋。山岗、河岸、村庄、田园，处处可以听到悦耳动听的原生态的歌声。豆蔻年华，青山作证。嬉笑怒骂，信手拈来。客家山歌戏是闽西的新兴戏种，是极具民间特色的文艺形式，淳朴、自然、真实，尤其是既有乐器伴奏，又有角色扮演、趣味故事，情节简单，结构短小，韵味和谐，朗朗上口，易歌易记，流传广泛，因此群众基础十分扎实，在海内外都有相当的影响。

五 武平民乐十番

十番兴起于明代末期，流行于江南民间。它是以笙、箫、锣、鼓、提琴、鼓板、二胡、三弦等多种乐器，轮番演奏若干曲牌的一种器乐演奏形式，一般用于春节灯会和庙会的游行演奏。与组合乐器和演奏调谱不同，分为"文十番"、"武十番"、"粗十番"和"细

武平十番

十番"。十番于清光绪年间流入武平，是旧时儒家子弟的一种业余娱乐活动。武平十番别具一格，演奏的多是吸纳闽西汉剧优点的"汉乐串调"。此外，武平十番中的仿汉调、仿昆曲、仿南词，都显示出兼容并蓄的特点。流传在武平周边县份的十番音乐皆"武戏"色彩浓烈，唯武平十番，主要演奏"八板头""红绣鞋""和番""过江龙"以及"（春夏秋冬）四景十番"曲调，皆为"文戏"。

六　武平"三灯"

1. 龙灯

龙灯象征富贵吉祥。古人说："龙灯进屋，买田造屋。"龙是吉祥之物，能保佑风调雨顺、国泰民安。武平龙灯起源很早，至清代已很盛行。龙灯有布龙、纸龙、稻草香火龙等，布龙又分黄龙、青龙两种，还有五节龙和九节龙之分。传说，昔时出过皇帝姓氏的才有资格舞九节龙。舞龙时用锣鼓伴奏，作走圆、作浪、寻珠、跳龙门、穿太极圈等舞蹈动作，以龙身织字（一般织"天下太平"四字）结束。

新中国成立后，舞龙活动遍及全县，尤其在春节期间，热闹非常。20世纪90年代，象洞把单龙改为"双龙抢珠"，曾数次赴省、市演出并获奖。

龙灯

2. 狮灯

狮灯历史悠久，武平各乡村的狮灯大都是在清代引进的。我们南方的狮灯属金黄狮。之所以深受客家人的青睐，是因为节目中有精湛的武术表演。演出道具主要有五彩斑斓的狮头、狮尾，"孙猴子"和"沙和尚"等面具，武术表演时用的大刀、盾、耙头、钩刀、长矛等。

舞狮队约有三十人，其中舞狮者四人，拳术表演四至八人，棍术表演四至六人，耍刀者若干人，锣鼓队五人。

舞狮时，沙和尚以一把仙草为饵，戏弄狮子，又以一把仙扇防身。他和孙猴子逗着狮子，锣鼓声中狮子按套路舞动。孙猴子和沙和尚都自作聪明，互相作弄，孙猴子让狮子把沙和尚的仙草吃掉，而沙和尚却把孙猴子的沙袋送给狮子。最后，孙猴子与沙和尚同时醒悟。由于双方闹不团结、互相戏弄，都造成损失，所以叫人们一定要团结。故事情节虽然简单，但恰切真实、生动活泼、寓意深刻，特别是沙和尚的憨态、孙猴子的机灵，使观众捧腹大笑。

接着表演武术，表演者动作灵活敏捷、张弛有度，随着锣鼓落点精确，技巧复杂多变，使观众看得眼花缭乱，其武术水平令人赞叹不已。

舞狮是民族瑰宝，客家人的艺术精华。目前不少乡村已失传，但象洞光彩的狮灯还在传承，发扬光大。

舞狮

3. 船灯

武平船灯始于清代，道具为船和灯。船一般长 7 尺左右，高约 5 尺，外面制作精细，嵌有纸折古装人物、吉庆图案，轻巧雅观，美不胜收。表演者一般三人，即船头（艄公）、船尾（艄婆）及船心

打船灯

（驭船者），亦有伴唱、伴舞者。表演时用十番伴奏，常以《八板头》起奏，《渔家乐》为主曲，穿插演奏《十二月古人》等几十种小曲，演唱以艄公、艄婆为主，伴以对答，打俏讽嘲，沿着舞台表演出水、闯滩、顺水、逆水作舟，拖船、上船、停船等舞蹈动作，情景逼真，惹人喜爱。舞蹈毕，常加演落地花鼓。

新中国成立后，文化部门为船灯配上新词，宣传党的方针政策，深受群众欢迎。它是武平人闹新春或重大节日里必不可少的文艺节目，多次参加省、市会演并获奖。

七　武平民俗绝技绝活

上刀山，下火海。中湍村距武平县城30余公里，人口逾千，以蓝姓为主，历来以民间绝活著称，是一个充满神奇色彩的小山村。每逢寅、申、巳、亥年的醮会日（农历十月十五日），当地村民都会

上刀山

表演传统的"上刀山""下火海""捞油锅"等传统精彩节目，此外还表演"过锥床""吻香火""掌心炮""吊米斗"等绝技绝活，以此庆祝当年的丰收，祈求来年风调雨顺。富有浓郁客家特色的民俗文化系该村独有，作为省级"非物质文化遗产"项目，已成为武平县民俗文化的主要品牌，在闽、粤、赣三省客家地区有着巨大的影响。2016年，获"闽西十大经典民俗活动"奖。

下火海

捞油锅

八　武平民间信仰

1. 定光古佛

定光佛又称定光古佛、定光大师。据成书于南宋开庆元年（1259年）的《临汀志》载：定光佛俗姓郑，名自严，泉州府同安人。宋乾德二年（964年），郑自严来到武平，在岩前狮岩建寺庙设道场，弘法传道50多年，在当地及闽粤赣周边留下除蛟伏虎、疏通航道、活泉涌水、祈雨求阳、赐嗣送子、筑陂止水等传奇故事。因"大师生前乐为善举，有求必应，且法力无边"，故其逝后，百姓"收舍利遗骸骼塑为真像"，崇奉为佛，视为客家人的保护神。随着客家人的迁徙，定光佛又成为两岸客家人的共同信仰。近年来，两岸客家人牵手佛缘，续写了两岸交流合作新篇章。

定光古佛

在武平县岩前镇，有一座叫"均庆院"的古寺，这就是各地定光佛佛庙的祖庙，客家人的保护神——定光佛——被供奉其中，香火鼎盛。武平定光佛信俗已传承千年，流传于我国闽粤赣、台湾以及国外的东南亚地区，深深烙印在客家人的心中。

2. 何仙姑

何仙姑，女，"八仙"之一。据《福建通志》记载："仙姑，父大郎。世居武平南岩，货饼自给。吕纯阳（八仙中的吕洞宾）见其有仙质，日过索饼啖，辄与。吕感，赠以一桃，云食尽则成仙。仙姑遂辟谷南岩。"武平《何氏族谱》记载："何仙姑生于后晋天福二年丁酉（937年）。仙姑幼性清净，不蚀酒、不茹荤，隐迹岩中，矢不适人。"何仙姑在岩前治病救人的传说故事至今在民间广为流传。后人为了纪念何仙姑治病救人的功德，在狮岩建了何仙姑亭，亭内供奉何仙姑塑像。每年的农历二月初九日，也是人们朝拜何仙姑最热闹的日子。

何仙姑塑像　　　　　　何仙姑神位

3. "剥皮公爹"

传说元朝至正年间（1367年），武平有一个外籍县尹叫魏侃夫，卸任后居住在武平城北的刘坊镇（今万安）。他为官刚直清廉，常为百姓做好事，深得百姓爱戴，当时刘坊镇常有匪盗出没，扰民劫财，以致民不聊生。为了防御匪盗，让镇里百姓有个安定的生活，魏侃夫便在镇里围起一道长五华里，高二丈多，宽三尺的土堡。但遭李姓小人暗中诬告，说魏侃夫私筑"王城"，有不臣之心。皇上看了奏报大怒，当即委派了一个糊涂官去调查，这个糊涂虫还没有了解清楚就往上奏报，说魏侃夫"私筑王城，图谋造反，情况属实"。皇上听了大怒，以"谋反罪"把魏侃夫处以极刑。魏侃夫被活活剥皮致死，并被曝尸示众数日。他死的那天正是农历正月廿六日。传说魏侃夫被处死时天气突变，做寒落雨——传说这是天公对魏侃夫被处以极刑的不平和体恤：做寒，好让他的尸首结冰不腐；落雨，是魏侃夫流的冤屈之泪。

魏侃夫死后不久，当地民众联名上书，向皇帝申冤。皇上重新派官员核实，才知道这是一个冤案，魏侃夫率众修筑的是防盗保民的"土堡"，并非图谋造反的"王城"。皇上立即给他平冤昭雪，封他为"光禄大夫"，并荐其为土地隍公，供人奉祀。万安百姓不忘他筑堡安民的功绩，在土堡东北十丈以外建了一座庙，叫作"魏公庙"，并把每年正月廿六日定为纪念他的日子。当地村民敬称他为"剥皮公王"或"剥皮公爹"。而"剥皮公爹生日"，其实是纪念魏侃夫的殉难日。

正月廿六日万安传统民俗活动——走古事

4. 妈祖太太

客家文化中的妈祖信仰融合了当地文化，尤其是由林氏居民传入的妈祖信仰，把妈祖看作自己家族远祖的祖姑。客家的林氏居民

妈祖

常称妈祖为"姑婆太""姑婆",把妈祖庙称为"姑婆庙"。客家人所居的地方属于绵延千里的大山区,生活环境恶劣,交通闭塞落后。南宋理宗绍定年间,著名法医学家宋慈任长汀县令,为缩短运盐路程,沟通汀潮经贸往来,打通了汀江和韩江间的商业航道。由于祈求在江河航行安全,在航道上的官吏、商人、船工接受了沿海一带崇祀盛行的妈祖信仰。

太平山妈祖庙

客家人在传播妈祖信仰的过程中，把妈祖信仰与当地文化传统联系在一起，与他们的实际生活需求融合，赋予妈祖新的职能。武东乡袁田太平山天后（妈祖）庙的创建，传说是因妈祖显灵扑灭山林火灾，人们为了感谢其恩德而建造的。可见当地民众一开始就是把妈祖作为在山区救火的神灵来崇奉的。客家妈祖信仰的独特性就在于不仅把妈祖当作传统的海神、水神来崇拜，而且把妈祖当作山乡守护神来信仰。

5. 唐臣张巡

唐朝张巡东平王庙，位于中山镇新城村。明正德七年（1512年）建造，农历七月十九为纪念日。清同治年间（1862～1874年）重修。分上、下厅，面阔9.6米，进深28.5米，木架3笕，亭头3层，飞檐走脊，上挑走檐梁上刻有一对狮子。正面两边有"母狮子狮"和"龙鱼戏水"二幅水墨壁画，形象逼真。

东平王庙

九 武平饮食文化

1. 闽西"八大干"（历史悠久）

武平猪胆肝、长汀豆腐干、连城地瓜干、明溪肉脯干、宁化老鼠干、永安笋干、上杭萝卜干、永定菜干。

武平猪胆肝

2. 闽西"八大珍"（2016 年评选）

漳平水仙茶、武平绿茶、武平金线莲、龙岩咸酥花生、永定万应茶、冠豸山铁皮石斛、龙岩山茶油、杭晚蜜柚。

武平绿茶 　　　　　　　武平金线莲

3. 闽西"八大鲜"（2016年评选）

河田鸡、连城白鸭、上杭槐猪、通贤乌兔、永定牛肉丸、龙岩蜂蜜（武平品牌）、汀江大刺鳅、漳平毛蟹。

龙岩蜂蜜

4. 苎叶粄

苎麻是多年生的亚灌木或灌木植物，一年四季常绿常青。据介绍，苎叶性凉，有清热解毒消肿止血之功用。客家人爱用苎叶做粄，一年四季均可制作，以春夏两季为佳。制作方法是摘取新鲜稚嫩苎叶，和适量粳米、糯米和井水于石臼捣烂、粘合，形成青翠欲滴的粄团，然后把粄团捏成小块，放在蒸笼中蒸熟。也可以油炸，油炸后金黄酥脆，清香甘润，别有风味。常吃苎叶粄，能耐饥渴、长力气，除皮肤疾患，强身健骨，是老少咸宜的天然食品。

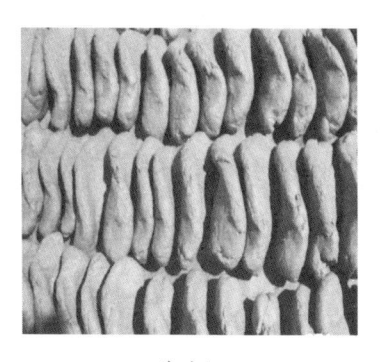

苎叶粄

5. 簸箕粄

将大米浸泡后磨成米浆,舀入直径约三十厘米的圆形簸箕内(现在大多数人用的是长方形的铁皮板),左右摇动使米浆均匀,再入锅用猛火蒸。约五分钟后将蒸熟的薄薄一层米浆揭下,把炒熟的肉丝、韭菜、豆芽、鲜笋、虾米、香菇等馅放入,卷成筒状,与春卷相似。簸箕粄细嫩可口,多食不腻。

簸箕粄

6. 捶鱼

捶鱼是客家人的传统名菜之一,色、香、味、形俱佳,有舒心醒脑、明目利尿和促进睡眠的功效,是滋补养身的美食佳品,历来

东留捶鱼

为民间宴会中的上等菜之一。捶鱼主要原料为鲜鱼和薯淀粉。制作时将鱼洗净，去鳞去脏除骨，制成饼状，和以粗制薯淀粉推碾成薄片。煮时，先入沸水中搅熟，再捞出用水浸凉并切成条状，再放入高汤煮沸，起锅后撒上肉丝、香花等佐料即成佳肴。目前，东留的捶鱼最出名。

7. 黄粄

黄粄是武平农家用黏米和糯米混合加工而成的一种风味小吃。凡吃过黄粄的人无不为黄粄的香、嫩、爽而赞叹不已。每逢过节，武平农家大多喜欢做黄粄，作为赠给客人的礼物。黄粄的制作方法颇有讲究。首先要选上好的干柴草（如干茶树枝、干稻草等），把这些干柴草烧成灰，并在灰中加入一些杨梅叶子（调色用）和少许生石灰（防止所做的黄粄吃后过寒），然后，把草木灰用干净的布包好放在桶中用水淋，制成浸米用的草木灰水。同时，将约占 1/3 的糯米和约占 2/3 的黏米淘净后，放在草木灰水中浸泡数小时，然后把它加工成米浆。再将米浆倒在锅中用文火煮，注意在煮米浆过程中要不断搅拌，使水分蒸发而不致烧糊，从而制成柔软又富有韧性的粄团。将粄团取出放在铜盆中，再把粄团蒸熟，然后将蒸好的粄团放在大石臼中舂上十几二十分钟。这样，黄灿灿、香嫩嫩的黄粄便制成了。

黄粄

8. 糍粑

糍粑是糯米做的，它的特点是粘、韧、滑、香。

糍粑的具体做法是：浸米、蒸饭、捶打、起团和拌料。将糯米洗净，漂去糠皮和杂质，浸泡 4 小时以上，滤干水，放入饭甑里蒸至九成熟。将蒸好的糯米饭倒入石臼，用脚踏驱动的杵或手持"T"形的棒槌去击打，因糯米的特性是黏稠，加之米饭滚烫，所以石臼旁还须一盆冷开水、一个"救糍粑"的人。

糯米饭捶打得黏稠了，下一步就是做糍粑。用手工将糍粑捏成小拳头大小，压扁后放在簸箕里就成了。糍粑的食用方法很多，佐料也很讲究，有炒豆香末、有芝麻香末，也有用红糖和白糖做佐料的。糍粑可用油煎炸，也可用炭烤，还可用微波炉加热。

打糍粑

9. 珍珠粉

珍珠粉外形看起来和珍珠一样。不过，此"珍珠"非彼珍珠，它是一道美食。

一粒粒细小的武平珍珠粉，晶莹剔透，色泽极好，光滑细嫩，入口极佳。"以前，逢年过节，家里的长辈都会做。"珍珠粉煮汤，加上一些肉丝、青菜等作料，就是美味佳肴。

其实，珍珠粉的材料是大米，大米碾成粉末后，加水用专门的筛子，筛出一粒粒的米团，再经过晾晒等工序后，就可做成。

作为武平北部地区的特色小吃，武平珍珠粉是很多宴席上的一道必备的菜肴。如果你喜欢这一美食，在武平城区的各大商铺，都可买到。

珍珠粉

10. 中山"酿豆腐"

明清年间，在武所（今中山）安家立业的"千户侯"，在春节期间，将豆腐切成块状，煎好后挖空豆腐心，将备好的猪肉、鱼肉剁成酱，配上冬笋、香菇、胡椒、淀粉、盐等配成的馅，填入豆腐心包着，然后放入锅内蒸30分钟后出锅即成。它可干吃，也可配上其他配料煮汤吃。特有的客家风味现已成为武平闻名的美食了。此食品曾参加龙岩美食节评比并获奖。

中山酿豆腐

11. 薯包子

薯包子这个客家特色小吃，只有闽西客家地区的武平才有，想吃就是去福建、广东、江西三省交界处的武平去吃了！

薯包子

做薯包子的薯叫大薯，其中一种武平叫"糯米薯"的，做成的薯包子质地很软、很香。做薯包子的大致过程是：把薯粉碎，磨成薯浆，配以佐料，揉成一个个略小于拳头的小团，用油炸熟即成。

12. 煎粄

煎粄也叫油果、油枣。制作比较简便，先将糯米碾成粉，每斗糯米配2.5斤糖。将糖煮成糖液与糯米粉搓均匀，搓越久越松软，搓成粉团后再捏成一个个乒乓球大小的粉团，表面粘上白芝麻再放进油锅中炸，将粉团炸成金黄色即可起锅。过年时将油果蒸软作为下酒料，是在新年期间每餐不可缺少的食肴。

武北煎粄

13. 七层粄

七层粄的传统制作工具是竹编簸箕，现大多改用铁皮或铝质平底大盆。原料为新鲜优质大米。制作方法：首先把适量的大米洗干净，经清水浸透后磨成米浆。用少量的花生油涂滑大盆，用勺子将米浆舀入大盆内，双手抓住盆的两端，慢慢摇匀粄浆，使粄浆厚薄均匀地遍布大盆，然后置于锅内用猛火蒸，三分钟左右即可蒸熟。熟了一层，再上一层粄浆，循环反复，直至七层。七层都蒸熟了，便可起锅了。吃时切成菱形小块，可一层层揭开，蘸上煎制好的姜、葱、香油味汁，入口满嘴葱姜油香味，又有柔嫩无比的口感，令人越吃越想吃。

如果用7∶3的粘糯米比例磨制米浆，并在米浆中加入适量的红糖搅拌均匀，起锅前在粄面上撒些炒香碾碎的花生芝麻粉，制作出来的就是韧滑甜香的七层粄，一层一层慢慢剥吃，风味则别具一格。

14. 爆米花

东留镇桂坑、背寨、龙溪、中坊等村（靠近赣南）一带的爆米花，闻名遐迩、非常可口，那一带生产爆米花的历史悠久，代代相传，经久不衰，是逢年过节招待客人必有的特产。吃过那里爆米花的人，无不感觉：香、酥、脆、甜且久吃不厌，吃了还想吃。

武平的爆米花（当地称"糖伞饭"）做法有一番讲究，少一道工序或掌握不好火候，都会影响质量。它选用的是当地高海拔优质香糯米，先把糯米用温泉水浸泡十几个小时，而后捞起沥干置于饭樽里蒸熟，蒸熟后倒在谷笪里铺开凉晒至七八成干，再用石臼打或石磨碾扁，放在油锅里炸一下，浮于油面时捞起冷却，把锅洗干净倒入蜂蜜和麦芽糖，用文火把糖溶化后倒入已冷却的爆米花，在锅里搅拌均匀后舀到簸箕里乘热压实，等到刚凉不热时，切成比火柴盒略大一些的块状即算完成，待完全冷却时装入瓮中密封，长时间不会变质。

15. 客家糯米酒

称为水酒，是和另一种用糯米酿的老酒相对而言。那酒清淡如水，好入口。糯米酒制作很简单，凡客家山村女子都能酿，是客家女子独有的技艺。在客家山村没有不会酿酒的女人。能不能持家、会不会持家，很大程度上就看能不能酿出好酒。

制作工艺：客家人家家户户都会做糯米酒。糯米煮熟后，拌上酒药，装进大缸里，盖住缸口，发酵四五天就可以做出生酒。将生酒装入酒坛，用泥巴封紧坛口，在酒坛周围燃起炭火，文火焖三四个钟头，揭开酒坛盖，一坛黄灿灿、香气诱人的糯米酒就做好了。

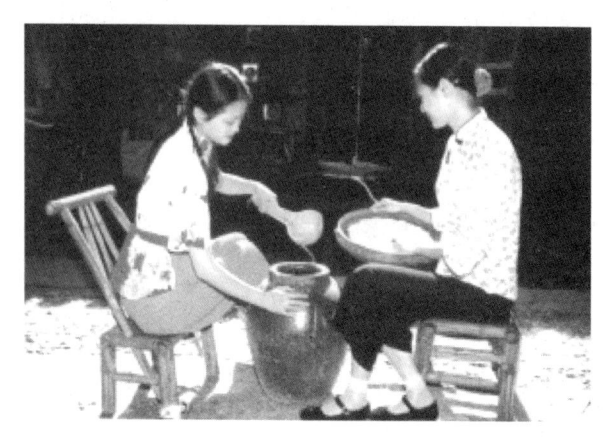

妇女酿酒

客家人酿酒，如同举办隆重喜事，有许多禁忌，比如不能说不吉利的话，要盛上一碗糯米饭敬佛敬先祖，也要盛些糯米饭给四邻分享。直至将糯米饭倒入酒缸盖紧，而后日子，便等待酒缸里的酒发酵，只需个把月，侧耳细听，便能听见酒缸里扑扑作响，仿佛精灵的欢歌，酒香四溢。逢年过节是必须有酒的。客家人有句谣谚：男人喝正月，女人喝坐月（生孩子）。就是说，正月里男人可以开怀

糯米酒

畅饮，整个正月浸泡酒中，而平常很少喝酒的女人临到生孩子时，却用米酒滋补身体、调剂血脉。几杯酒落肚，便飘飘欲仙，有远离红尘的感觉，很是怡然陶然。

客家人酿米酒，是一种很纯朴的民风，如同岁时节令，年年岁岁的轮回。即使不喝酒的人家，也要斟上一缸，以招待客人。来了客人，倘若没有酒，再丰盛的菜肴，也会失却热情的气氛。

糯米酒甘甜芳醇，能刺激消化腺的分泌，增进食欲，有助消化。糯米经过酿制，营养成分更易于人体吸收，适合所有人食用。特别是中老年人、孕产妇和身体虚弱者。用糯米酒炖制肉类能使肉质更加细嫩，易于消化。糯米酒还有提神解乏、解渴消暑、促进血液循环、润肤的功效。

第四节　民俗风情

一　武平岁时民俗

武平是纯客家县。客家祖先来自中原，大都在南宋时期迁徙而来。民情风俗也是中原祖先流传下来的。民情风俗很多，多姿多彩，如传统节日及上述的婚丧喜庆、饮食、服饰等古今习俗，盛行至今。

1. 春节习俗

春节就是农历新年，武平都叫"过年"，这是我国最热闹的民间传统节日，这个节日大约有3000多年的历史。

在夏商时期，人们把木星称为岁星，木星走完十二分之一等分称为一岁。每岁岁首，就广泛地开展各种欢庆活动，称为过岁。到了周代，我国社会由游牧为主转入农业为主，人们都盼望一年中能五谷丰登、六畜兴旺。丰收了，称"有年"，人们把"有年"当作盛大的节日来庆贺，后来，便形成了过年的习俗。

把过年改为春节，是近代的事情。数千年来，我国一直采用阴历，现在称为农历。辛亥革命后，开始采用公元纪年，改用阳历。这时候，我们说"过年"，就要说"过阳历年"或过"阴历年"。为了区别这两个"年"，又因一年二十四个节气中"立春"恰在农历年前后，所以近几十年来把农历正月初一改为春节。

"过年"，是武平人一年中送旧迎新最重视、最隆重的节日。外出工作的亲人一般要在"入年界"（农历十二月廿五日）前后回家过年。过年这一天，大清早要将大公鸡送到当地"伯公"神庙前或"当天"祭割，并"打花纸"。回来后，在大门前或厅堂里摆上香案，用果品、三牲、清茶，烧香燃烛敬天神，而后向上祖敬香、祈祷，以求新岁吉祥、万事如意。上午，还要在大门上、厅堂贴上吉祥的大红对联和门神。傍晚，全家老少围坐在一起，吃一顿丰盛的晚餐，名曰"团圆饭"。倘若哪一位亲人缺席，要留个位置并摆上碗筷酒杯，以示思念。"过年"，全家都要理发、洗澡、穿新衣，向老人及小孩送"压岁钱"。除夕夜，要灯火通明，通宵达旦，人们叙旧话新，以待天明。这叫"照岁"，现在"照岁"大都用电灯。家人也大部分围坐在电视机前看中央电视台的"春节联欢晚会"，等待新的一年第一天的到来，子时过后人们纷纷放爆竹进行开门。

入年界后，如遇上死人，则认为不吉利，死者将到阴间做牛、做猪，所以不敢声张，必须挨到年初五以后才能对外宣扬。

春节，它是古老而又最隆重的节日，节日气氛最浓，延续时间最长，也最为丰富多彩，主要的习俗如下。

贴春联：春联，又叫对联，门对，古时有"桃符""门贴"之称。清代《燕京岁时记·春联》对春联作了注释："春联者，即桃符也。"自入腊月以后，即有文人墨客为人写春联，以图润笔。武平人习惯于过年这天上午贴春联,这时千门万户焕然一新。

贴春联

贴年画:起源于远古,多为神话传说中的人物,用以驱邪避害,如唐代的秦叔宝、尉迟恭,宋代的四美图。也有反映一般民众理想、心愿和生活情趣的年画,如"年年有余""迎春接福""五谷丰登""风调雨顺""荣华富贵"等,也有在大门上贴"福"字的习俗。后来,有人喜欢把"福"字倒贴,表示福到。

开门:元初一,早开门,以祈求一年好运的到来。所以,大家十分重视,必须慎重进行。按习俗,开门要家中老成者主持,按每年"通书"(黄历)所标明的时辰、方位进行。近年来,有采用"零"时"开门"的,也有采用天亮后"开门的",更有采用听到鞭炮声"开门"的。"开门"时要备好清茶、果品,打开正门,当天烧香敬天神,然后祈祷,说上"开门大吉、恭贺新禧、合家平安、万事如意"等吉语,而后燃放鞭炮。鞭炮,古时称"爆竹",原意是驱逐恶鬼,喜迎新"财神",并以此表示吉利。所以,近年来,随着人民生活水平的提高,人们开门的鞭炮越来越长、越来越响。还有二响三响或多响的"高升炮""大闹天宫"以及五光十色的礼花等,造成巨大浪费,污染空气,又影响人们休息。如果"开门"的鞭炮中断,则认为不吉利,所以很多人双饼鞭炮齐放或鞭炮两头同时点,以防不测,谋求吉利。

早开门

元初一：早上，大人小孩穿戴一新，向长辈拜年，互道恭喜。这一天，有很多禁忌：逢人只讲吉利话，决不可以口出污言或骂人；整天不动帚，确实要扫，也要把垃圾扫入屋里，以示金银财宝扫进来，也不得向人讨债。旧时，元初一，厅堂悬挂祖宗像要燃香点烛上供，以示纪念，还要祀祭天地神明，祈求赐福。近年来挂祖宗像的习俗已渐消退。元初一早餐，大都素食或将除夕剩余食物热后吃，以表示"年年有余"。这天，旧俗一般不走亲戚，只在家族中拜年、饮宴。乡村干部此日组织群众、敲锣打鼓携带慰问品向烈军属拜年。村部一般召开回乡过年的"外出乡贤座谈会"。初二开始走亲戚。走亲戚时，均须携带糖果、蛋、甘蔗等礼品，到长辈家还须带鸡鸢子或鸡腿等，以示敬长辈。主人以酒肉相待，十分热情。首次来家的小孩还要赏给红包。就这样，亲戚朋友间你来我往，一直延续到初十左右。所以，人们也希望新年天气好，以便走亲戚，加强联系，增进友谊。武平还有这样一个说法：一鸡、二犬、三猪、四羊、五牛、六马、七人、八谷、九豆、十麦。意思是说初一到初十，如果哪天的天气好，那天相应的五谷、六畜或人就能五谷丰登、六畜兴旺或人寿年丰。

新年期间，很多娱乐活动：龙灯、狮灯、船灯等到处可见。所以新年锣鼓声声，热闹非凡。龙是中华民族的象征，在中华文化中占有极其重要的地位。古人把龙、凤、麒麟、龟称为四灵，作为吉祥物加以崇敬。舞龙时十分好看。20世纪70年代，象洞把单龙表演改为"双龙抢珠"，很有创意，曾数次赴省、市演出并获奖。2015年，武平县举行"武平民间文艺会演"，首先是龙灯向观众拜年。武平船灯及其他灯，如狮灯、马灯、牛灯等，在此就不一一赘述了。

2. 元宵节习俗

农历正月十五为元宵节，武平称"过月半"。它始于汉初，盛于唐宋，一直传到现在。这个节日的来历，与汉初讨平诸吕之乱有关。汉高祖刘邦的皇后吕后，是一个居心狠毒的女人。刘邦一死，她就大杀刘姓王族，起用吕氏兄弟叔侄辈，霸占朝廷权位。后来，诸吕被刘氏旧臣诛灭。汉文帝登位后，觉得天下重享太平，便决定每年平定诸吕之乱的日子——正月十五日，出宫游玩，与民同乐。因为汉文帝是正月十五日晚上出游的，所以名为"元宵节"。现在，元宵活动以闹花灯、放烟花为主。客家话中"灯"与"丁"谐音，取"送丁""添丁"之意。凡家中讨媳妇或新添男孩都要上灯，并将新丁名字用红纸抄写贴在祠堂里，以庆人丁兴旺。上的花灯各式各样、品种繁多，造型奇特，巧夺天工。有嫦娥奔月灯、天女散花灯、武松打虎灯及会转动的莲花灯、八角灯、鲤鱼灯及走马灯等。武平人上灯自正月十三开始，元宵夜达到高潮。闹灯时，主人将花灯挂在厅堂或祠堂里，灯下设酒宴招待亲朋。宾客各携鞭炮，在入门时燃放，十分热闹。席间猜拳行令，尽醉方休。许多乡村还放焰火，有"架花""竹筒花"等。闹花灯以武所（中山）最有名，有"武所闹花灯，如同南京城"的说法。近年来，随着生活水平的提高，不但集体放焰火，家家户户还燃放"大闹天宫"、"魔术弹"及五光十色的"礼花"，火树银花不夜天，十分壮观。

中山花灯

3. 清明节习俗

我国秦汉时代,二十四个节气已完全确定,从此有了清明这个节令。清明节,亦称"插柳节""踏青节",是民间缅怀先人、祭扫先人坟墓的日子。

我国的清明节在每年四月五日前后,其有两层含义,既指节气,又指节日。在较长的历史期间,逐渐形成了一些独特的清明习俗。俗话说"春分后祭祖先,清明后祭野鬼"。所以,春分至清明是人们扫墓祭祖的日子。武平人从春分开始就有人扫墓,但大都在清明节祭祖。近年来,都以清明前的双休日扫墓为多。因为星期天,家中小孩可一起去扫墓,接受敬祖敬宗教育。现在清明节可以放假了,很多人就在清明节扫墓。杜牧《清明》诗云:"清明时节雨纷纷,

清明节扫墓

路上行人欲断魂；借问酒家何处有，牧童遥指杏花村"，形象地记述了人们上坟时的心情。为鼓励小孩扫墓，旧时对去扫墓者会发"铜板""毫子"，现在改发纸币。扫墓回来后，都到祠堂烧香，祭祀祖宗。中午，扫墓人会餐共叙祖德宗功。此日，农家要做"苎叶粄""艾粄""煎粄""印粄"吃，干部群众、机关、部队学校师生于清明节向烈士陵园敬献花圈，以缅怀先烈，激励斗志。

4. 端午节习俗

农历五月初五日为端午节，又称端阳，武平人都称"五月节"，并视之为"头节"。它的起源，据说是纪念大文学家、爱国诗人屈原。历史文献记载，端午节有喝雄黄酒、挂香袋、门上悬艾叶和菖蒲、吃粽子、划龙船等民间习俗。有些习俗已经消失，现在一直沿袭的有门上悬艾叶、菖蒲、桃树叶等，以驱瘴疫、避邪气。这天，民间还会采集各种草药，晒干备用，以除百病。该节主要特点为吃粽子。粽子，古代称角黍，是指粽子形状有角而言。周处昕撰的《风土记》中记载："仲夏端午，烹鹜角黍。"据考古资料载是"楚大夫屈原遭谗不用，是日（农历五月初五）投汨罗江死，楚人哀之乃以舟楫拯救"。并在江中散粽，以防鱼吃屈原。时至今日，家家户户都吃粽子，粽子花样越来越多，有糯米中夹绿豆、花生、蜜枣甚至猪肉的，花样不一，风味各异。

武平粽子

5. 中元节习俗

七月十五日为中元节，又称"盂兰盆节""鬼节"，武平人称"七月半"。此节系宗教节日，一说始于道教，道教以七月十五日为中元，系"地官"生日，又为地官赦罪之辰，故是日多作斋醮等会；一说始于佛教"目连救母"，此日为佛家僧民举行盂兰盆会之日，故称"盂兰盆节"。古时，七月十四日办家宴，十五日夜焚冥纸祭祀祖先。如今，此俗已除，但是，武平人仍在七月十四日或十五日以酒肉佳肴欢庆"七月半"，因为这个时节，已经打禾，鸭子也养得很肥，俗话说"春羊夏狗，秋鸭冬鸡"，正是吃鸭的好时节，所以现在又有人说是"丰收节"。

6. 中秋节习俗

八月十五日为中秋节，俗称"八月节""团圆节"，武平人都称"八月半"。此节起源于我国古代秋祀，拜月之俗，亲友间互赠月饼。相传，月饼在唐朝就已出现，至宋代更盛。北宋诗人苏东坡曾有"小饼如嚼月，中有酥和饴"的诗句。南宋吴自牧《梦梁录》中也有"月饼"的记载。明代《西湖浏览志余》记载说："八月十五日谓之中秋，民间以月饼相赠，取团圆之义。"近年来，月饼包装得十

中秋月饼

分华丽，有纸盒的、铁盒的、塑料盒的等，盒面印有甚至雕有花卉、图案，如"嫦娥奔月""苏武牧羊"等。是夜，家人团聚在餐桌前尽情宴饮，欢乐无比。餐毕，全家围坐在月光下，饮茶吃月饼。小孩还高兴地唱着"月光光、走四方……"等儿歌，叫"吴刚、嫦娥"下来吃饼，这叫"逗月光"。人们享受着天伦之乐，直到深夜才散。

7. 重阳节习俗

九月九日为重阳节，又称重九，俗称"九月节"。它和端午、中秋一样，是汉族民间的传统节日，由来已久。据史载，重阳节起源于汉代，民意素有登高、插茱萸、赏菊花酒和吃重阳糕的习俗，历代相沿。毛泽东《采桑子·重阳》词"人生易老天难老，岁岁重阳，今又重阳，战地黄花分外香。一年一度秋风劲，不似春光，胜似春光，寥廓江天万里霜"为脍炙人口的咏重阳篇章。由于这是一年中最后一个节，又是秋收后经济较宽松时的一个节，称为"尾节"，所以个个家宴都十分丰盛。1991年，国家把重阳节改为老年节（寓意为登高长寿），届时，机关厂矿多组织离退休人员举行各类老年活动，以示对老年人的关心和尊敬。在外工作的年轻夫妇也都"回家看看"，孝敬老人，这是中华民族的传统美德。孝道文化使节

重阳登高

日增添了新的气氛。

8. "入年界"习俗

十二月二十五日为"入年界",意思是旧的一年即将过去,新的一年即将来临,从这天开始进入隆重的过年气氛。在这之前,家家户户都忙于洗晒被褥、洒扫庭院、洗刷家具,谓之"扫屋",还有自蒸客家米酒(冬至日添水最好,酒味香醇,久藏不坏)、做豆腐、做灰水板,忙得不可开交,当家人要为全家置新衣、添家具、办年料。廿五日这天早上,要在厅堂挂上祖宗遗像,摆上香案,放上果盘,果盘中大都放桔子、苹果、花边(银元,现用硬币)和糖果,喻示来年平平安安,大吉大利发大财,生活蒸蒸日上像蜜甜。

过年扫屋

二 武平迎神建醮习俗

迎神建醮习俗,就是扛菩萨,打醮。这是客家人非常庄重的一件盛事。通过打醮,扛菩萨进村、设坛祭神,目的是增强团结,祈求风调雨顺、吉利平安、财丁兴旺、人寿年丰。

昔时,武平县的醮期一般在秋收之后,如:七坊村农历七月十二日为打醮日，纪念瘟神菩萨生日；岩前迳田村梁屋人的打醮日为农历八月十三日；城厢汾水、坰坑的打醮日为农历十月半；十方镇黎畲、三坊、白土等村以十月十六日为打醮日；大禾乡大礤村的打醮日为农历十月二十日。但也有其他月份的，如：十方镇叶坑村农历正月二十六日为打醮日；永平镇瑞湖村农历二月十九日为打醮日；下坝乡石营村农历三月二十三日为打醮日，祭祀妈祖娘娘；万安镇小密村四月十九日为保禾苗打醮日。到了那天，善男信女敲锣打鼓去各寺庙迎接多尊菩萨（大部分到岩前均庆寺或梁野山寺迎接定光古佛），送到村里设置的醮堂里，供村民烧香、拜佛、祈福，各家各户都约亲朋好友来做客，宰鸡杀鸭、做粄煎豆腐，十分隆重。

扛菩萨打醮

打醮时，一般会请"鼓手"吹唢呐，请"十番"吹弹奏曲，热闹非凡。有的还有吊傀儡、唱大戏，醮堂旁还请纸扎师傅扎个"花孔子"（即工艺牌板墙）。有的是以百里奚、六国封相、白虎堂等故事内容纸扎成挂屏，有的将古时二十四孝为内容纸扎成挂屏，展现在群众面前，以教育大家要孝敬父母。

打醮完成后，仍以迎神时一样的礼仪，热热闹闹地把菩萨扛回原寺庙，放回原位，打醮才算结束。

三 武平客家婚嫁习俗

武平是纯客家县,传统婚嫁风俗多承中原周礼古制沿续下来,而有许多烦琐礼俗到了今天已经在不断简化或被遗弃了。尽管不同地方有些差别,但大体还是有以下的步骤。

1. 相亲

男女双方经媒人介绍以后,如果双方有意,则由男方择日偕伴到女家相亲,叫作"偷看"。见面时男方要给女方红包一个,谓"面花钱"。如果双方有心结合,则女方收下男方带来的两包糕点,表示同意结交为伴("糕"谐"交"),否则退糕,示意辞谢。若男方不满意,则不用午膳便拜辞回家。

坐爬篮

过去旧俗，客家有"入家女""花顿女""童养媳""等郎妹""隔山娶亲"等几种婚嫁形式。相亲一项，只"入家女""花顿女"有之。"童养媳""等郎妹"因为卖给男家时已按乡俗进行了嫁礼，到时只要在农历年三十晚成亲（俗称"分床"），不必办理任何礼仪，也不一定办席请客，社会上承认其为"合法"婚姻。"隔山娶亲"是以前侨乡的一种特殊婚俗。侨乡男子年轻时出洋谋生，父母在家托媒人替他找个媳妇回来，孝敬父母，照看家乡，拜堂时以雄鸡代替新郎。要是新郎终老不归，则"新娘"徒承妻名，孤灯独宿守一辈子活寡，最后只好买儿女来抚育。

2. 定亲

相亲以后，双方开始商议女子的"身价银"。讲明由男方出多少"身价银"（一般以九为尾数，谐"久久长"），并交一部分作定金，叫"大注"。这就表明女子已有所属了。男方交了身价银后，便向女方索要嫁妆。过去有钱的人家，嫁妆差不多连新房的全套摆设（橱、柜、桌椅、被帐、冷衫、热衫及新娘日常起居用品）都包括在内。

男方除了给女方一定数的身价银外，还得另外给丈母娘"乳浆钱"，对她的养育之恩表示感谢。

姑娘在定亲之后，要为男方全家每人做一双布鞋，随嫁妆送上，叫"满家鞋脚"。这一方面显示女方的勤快、灵巧，另一方面也寓示全家和谐相亲的意义（"鞋"谐"谐"）。现在人不穿自制鞋了，便改用商店买回来的布鞋或皮鞋代替。

定亲以后，隔段时间男方要将"风水先生"排定的吉日良辰"送"给对方。送日子那天，男方得事先给女家每人准备一个红包，叫做"满家红"。此外还要准备一只活鸡做"带路鸡"，带到女家以后，对方再回送一只鸡"带路"，意为从此以后可以常来常往了。

3. 归门

归门也就是完婚，这是婚姻的最后定局。归门前一天的下午，男方先要办好"三牲三斋"或"五牲五斋"和相当数量的猪肉，派人到女家去敬祖宗，叫"送家神"。女家接到以后，给来人一个红包示谢，然后把所有的东西都拿到祠堂祖宗神位前祭拜，讲明缘由，再用来设宴招待族中亲友，在所送"家神"中，另有两块切成长条状外带一小块的猪肉，是特别送给丈母娘和媒人的，叫作"肚痛肉"和"媒人肉"。现在男女为自由恋爱，"媒人"只是一种形式，但仍然可以领到"媒人肉"。

武平婚嫁习俗

新娘出嫁那天要在里面穿一件"旧"衣裳，叫"带魂衫"。上轿时，由父母或兄长牵出门，这时新娘要哭嫁，做出很伤心不忍舍家而去的样子，而新娘的母亲（或家中长者）则手持一盆水，朝送嫁队伍泼去，意为"嫁出去的女儿泼出去的水"，这样做无非是要女儿从此孝敬公婆，侍候夫婿，就如同"覆水难收"，不能轻易离异。

送嫁队伍中由媒人在前面替新娘"径露水"，接着是新娘未成年的弟弟（胞弟或堂弟），扮演"阿舅"的角色，手里拖一束由柏树、松树扎成的"青"，叫作"拖青"。这里有两重含义，其一，替新娘将沿途"凶煞"拖掉，使新娘能平安到达夫家，盖以"青"谐"净"也；其二，松柏象征"百年好合""白头偕老"、爱情永笃。接着新娘后面是女傧相，其中有一人专门用花篮装着一只公鸡和一只母鸡，用一条九尺红绸带两端绑住双脚，这叫作"子婆鸡"。"子婆鸡"一定要大要壮，最好一带进洞房，放在床下当日就会下蛋最佳。其用意是希望女儿嫁出去以后，能像鸡一样百子千孙、儿孙满堂，而九尺红绸带以"九"谐"久"，寓长久之意。

新娘下轿时，新郎用红包从"小舅"手中赎过轿门钥匙，将轿门用脚"踢"开，新娘则往外对"踢"，互相不甘示弱。新娘走出轿门，将手中一包"新娘果子"（里边有花生、糖果、莲子、枣子等）抛给前来接亲看热闹的人，自己则同新郎一起入屋"拜堂"、进洞房。

中午设宴请客，以婆媳的"外家"为中心，他们分坐在正厅厨房来菜的第一、二张桌，称为上席，其他依次安席。在新娘母亲和媒人席上，还专门给她们放了两只大鸡腿，以示殊荣。宴席完后，由新娘、新郎给客人敬茶，被敬的客人则故意出一些难题刁难新娘，新娘也竭尽才智使每个人都接自己的"新娘茶"，因为喝过以后，客人必须在茶盘里放一个红包酬谢。这实际上也是一种喜庆的娱乐形式，双方斗智斗勇，尽情玩乐而已。

下午由新郎"送"丈母娘回家，这是新郎一生中唯一可以接受丈母娘馈赠红包的一次。聪明的女婿，会让丈母娘多转几个门出去，这样丈母娘每出一次门，都要给新郎一个红包。丈母娘也趁此机会给小两口道些吉利祝愿的话。

新娘过门后的第一次洗澡水和洗脸水，都由家中姑嫂代为准备，待新娘沐浴以后，则要在水桶或脸盆里放一个红包答谢，借此沟通彼此之间的感情，以便日后和睦相处。第二天起早，新娘还要偕婆婆到菜园里转一圈，俗谓这样便可以婆媳有缘（"园"谐"缘"），相敬如宾了。

闹房不属结婚仪式，或有或无。一般在宾客宴散以后，一些青年男女亲友进新房与新郎新娘逗乐，要新人说唱捧逗，如新郎抱新娘咬红花（红包）、新郎新娘合吃一颗糖果、唱歌、跳舞等。过去还有"坎压油堆"的陋习，就是一个个压到新娘身上。这种现象多少带有人类早期野蛮群婚的遗风，现已革除。过去有些地方因新房狭窄，闹房改在厅堂举行。闹房连续三天，这三天内不分大小，男女老幼均可参加。客家闹房，还受一种观念的支配，认为越闹越吉祥。客家人闹洞房的习俗中特别突出说四句，以吉祥、祝福、嬉戏的语言构成押韵四句词，贯穿着整个闹房过程，典雅、风趣。如：月光光，看新娘，新娘肚子圆叮当，今朝下种子，明年八月生出桂子满天香。这类既带嬉戏又含祝福的四句词常引人捧腹大笑。

四　武平客家丧葬礼俗

比起其他礼俗，丧葬礼俗来得更为庄严肃穆。客家人对于此，做得十分周到，甚至过于繁文缛节。葬务从厚，礼务从奢，丰其筵席，醉饱灵侧，鼓乐奠别等，一些地方至今旧俗犹存。

病人临终之际，便将事先做好的"寿衣"给病人穿上，称"着寿衣"。过去有"上六下四"之说，即上身穿六重衣服，下身穿四重裤子。

客家风俗重视送终。出门在外的晚辈千方百计赶回家，以求在临终前见最后一面，显得孝顺。人断气后，马上烧轿，焚纸，眷属、儿女悲哭喊叫，是为"送终"。

报丧：病人断气后即刻报丧。孝子往外祖母舅家及亲伯叔家报丧，在门前或附近路口还出讣告。

摆孝堂：在遗体前挂白布，摆香桌，放灵位牌或遗像。早晚哭灵，登记亲友送来的礼物或"代烛礼"，帐布按序挂在孝堂两旁。

落枕：移动遗体，在厅堂地上铺一白布，将遗体放在上面，头枕瓦，瓦上垫以布制三角枕，日夜派人守候；择日定时将遗体入棺叫"入材"。每天清晨和傍晚以及亲友来吊唁时，丧家女眷在帐内棺旁举哀。晚上亲友参加孝堂守灵，俗称"陪夜"。

发丧要择时，常在早晨。旧时在头一天要"闹丧"，通宵达旦，鼓乐喧天。发丧先举行祭奠，再起柩出殡。讲究排场，以显示儿女孝顺。

安葬：将灵柩放入墓地。墓地选择讲究"风水"。坟墓外观很似客家人的围龙屋，是客家人崇拜祖先的一种表现。埋葬后第三天，亲属穿孝衣到坟上哭拜祭奠，烧纸钱，谓"醮三朝"。

做七：人死后，每逢"七"日，要举行祭奠，俗称"做七"。一般只做"五七"。最后举行祭奠，焚化灵屋（纸屋），叫"完七"，以示丧事的结束。以后，周年举行祭礼，叫开小孝；三年举行祭礼，叫开大孝。开大孝时，门前、厅堂换上红联，一切恢复正常。现在有的地方简化为一个月或七七四十九天后"脱孝"。

客家之俗，安葬若干年后（常为十年），挖开墓穴，将遗骸用炭火烘烤，按人体结构屈肢装入特制的陶瓮内，谓"检金"，然后重新安葬（也称之为二次葬），这才是永久、真正的坟墓。客家人"二次葬"的形成，与其游耕经济所造成的流动生活息息相关。"二次葬"，是客家人最普遍采用的葬俗，山区多挖洞穴墓，平原地区多挖仰穴墓。其共同点是把先人的尸体埋葬三五年后尸化干净时，将骨骸拾起抹干净，按人体骨架结构，自下而上叠放入"金罂"（一种陶缸）内，"金罂"盖内写上死者世系姓名。有条件的将"金罂"葬入新坟，无条件造坟的，将"金罂"寄放在安全的山间岩洞中，或在山坎上挖一小龛寄放，如村中筑有集体"阴城"的，则寄放于"阴城"。客家人的祖墓是坐椅地堂式。这种坟墓是依山势或坡地而建成，前低后高、左右像靠椅扶手的形式，墓碑前一般有半圆形旱池叫坟堂。这种式样在客家地区流行的时间最长、范围最广，一些留至今日的宋、元、明古墓，大多属这类。

客家地区举目都是山野荒坡。传统的"风水阴宅理论"，长期以来影响着人们的精神世界。如风水先生在为某家的祖宗选择阴宅时，要是预言这一家族中会出读书人，人们会把它当作一种"精神支柱"。父母、亲戚们会对这一家族中的晚辈产生很高的期望，对教育的态度就会变得积极。然而有很多成功者，在他的事业成功以后，他对人和社会并不怀有感激之情，他只会感谢"祖宗风水"。失败者也并不记恨社会，他只是把失败的原因归结于"祖宗的风水不好"而死了心。人们把"风水"当作一种精神力量，这种宿命的思想有稳定社会的作用。旧时有些地方则把风水术当作宗族群体斗争的一个"策略"。有人利用人们崇拜祖先，以建造祖先陵墓作舆论，挑拨宗族与宗族之间的冲突、斗争，危害社会，这是有害的陋习。

对于非正常死亡的人，有一些特别的丧葬礼俗，如比较注重请僧道打醮念经、超度亡魂等。

五　武平民间服饰

1. 布鞋：都是自制的。男式叫"阿公鞋"，女式叫"阿婆鞋"，布底（用旧布糊成几十层的"布泊"），布面（普通人家用"家机布"，有的有钱人家用绸缎），鞋面颜色多为黑色。鞋式是宽口船形，不用鞋带，俗称"懒人鞋"。这种鞋今天仍然流行，市场有售，只是已换成胶底或塑料底，用机器制成。旧时，女装鞋还有"绣花鞋"，用绸缎或绒布为面，鞋面绣花或鞋头部镶花。多为富家仕女穿着。

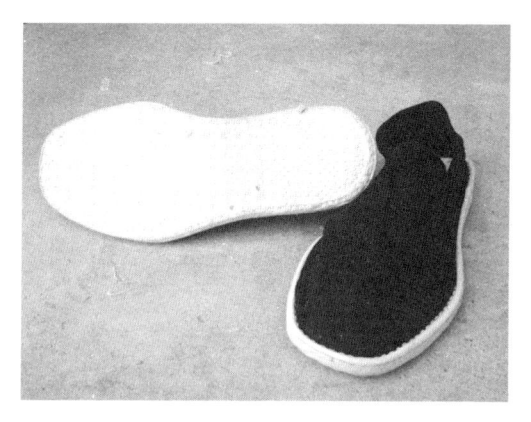

布鞋

2. 草鞋：草鞋有两种。一种是用干稻草编织的（俗称"秆草鞋"），用麻绳为"经"、草索为"纬"，编成"脚底形"。前头两边及后边"鞋跟"用绳带串起即可穿着，制作经济简便，一面穿旧了还可以"反底"再穿。这是劳动用鞋，几天穿一双。另一种是"布泊"底（后来改用"车轮胶底"），前头一个"鞋鼻"，左右各两个布"耳"，后边"布跟"（俗称"鞋"）都留有"眼"，用苎索扎好

草鞋

后，用布带串起，即可穿着。男女鞋样相同。旧时，多为劳动、挑担、走路时穿着。这种草鞋比"秆草鞋"耐穿。客家妇女大多会制作。现在，上述两种草鞋都已近乎绝迹，被胶鞋、皮鞋所代替。穿胶鞋是近代才兴起的，开始均是南洋进口的"力士鞋"，后来有"回力鞋""球鞋"等。皮鞋是更往后才兴起。这与全国各地差不多。

3. 棉鞋：又称"老人鞋""过冬鞋"，形款与阿婆鞋一样，里面用棉花为絮，供老人冬天穿着。多为富裕人家才有。有钱人或有官职的人还穿"靴"（俗称"官鞋"），与古装戏里的靴一个样式。穿鞋，除草鞋外，都须穿袜。古时有布袜、线纱袜两种。穿丝袜、尼龙袜是现代的事。冬天，有的老人穿羊毛袜。

4. 帽：客家人一般对帽子不太讲究，平常戴者少，这可能与南方天气温暖、空气清爽、少风沙有关。旧时，男的有"小官帽"（榄豉帽）、"风帽"、蒙面式"夜帽"，后来有南洋进口的"狗毡帽"（西洋礼帽）、"太阳帽"（硬壳礼帽）；女的有"布帽"，用绒布制成），羊毛帽，也有人戴"风帽"；小孩（幼儿）布帽是圆圈形，前面是头形（或称"猫头形"），有布绊套在颏下，也有将线纱织成布袋形，一头结扎成"花"。近几十年来，除小孩、幼儿帽仍基本保留旧式外，老、中青年的帽子几乎全部换了式样，而且区别不大。老

女帽

年人多戴棉帽、绒帽、风帽甚至皮帽；中青年人多戴陆军帽、时装风帽，而且男女无大区别。

5. 裙：客家裙分两种，一种是旧时妇女穿的，作为"衣着"的"百褶裙"，布质，很长（齐脚眼），后来越穿越短，只齐膝下，"五四"后定为"学生裙"，至今仍流行。有些变成了露膝的"超短裙"，只有年轻姑娘穿。衣裙还有一式"连衣裙"，上衣、裙连在一起，背后开半襟，装钮扣。这种裙过去多为少年、儿童穿着，后来青年妇女也穿。这两种衣裙本是旧时流传的，因近几十年来几乎绝迹，一"翻新"，人们把它当作"时装"，就像穿"旗袍"当作"时装"一样。

围身裙

另有一种裙，客家人叫"裙子""围裙"，是指"围身裙"。这种"裙子"是妇女用的，按各人胸围尺寸，用布制成。上边呈梯形，下边长方形。上钉一钮绊，扣在上衣头钮上，裙左右各钉上一条特制的"裙带"（带端有纱缨）扎在背上，把上身围紧。所以叫"围身裙"。裙边上用其他颜色的布缝一寸宽的边，配着衣服穿甚好看。

"围身裙"的作用有多种：一是装饰；二是可遮盖上衣，以免弄脏，亦可起束胸作用；三是可作"头帕"，包扎在头上，当帽子用；

四是可作手巾包东西。过去，在客家地区，每个妇女都有这种"裙子"。梅县西阳、白宫一带妇女的裙子特别讲究，一律用蓝布、镶白边，做工精致，当作"头帕"扎起时，就似一顶特制的帽子，很好看。

6. 帕：亦有两种，一种是手巾（汗巾），客家人称为"手帕"，这是每人都随身携带的，至今如此。另一种帕是指妇女用的"头巾"，俗称"东头帕"（即包头布）。旧时，客家妇女都用，近四五十年较少，但兴宁、五华、龙川等地较年老的客家妇女仍然使用。这种"头帕"不像"裙子"，不钉带子，只用方形布一块包扎在头上或只包扎在发髻上。

帕

7. 首饰：旧时妇女用物较讲究、多样，主要是头上饰物，古时妇女梳"高髻"，饰物一般有簪子、毛锸、耳扒，富家妇女还有簪花。一般妇女戴耳环或穿耳塞、戴手镯。手镯有纽丝手镯、龙头手镯、蒜苄手镯，多银质，富裕人家有金质的，还有玉石手镯。戴戒指则男女都有，一般都戴金戒指。项链较少人戴，即使有，也多放在箱里，平时少戴在身上。小孩子普遍要戴银手镯、银脚镯，镯圈上串几个小响铃，便于循铃声而找到孩子。

随着妇女发式的改变，用首饰的逐渐少了。清末民初，客家妇女由梳"高髻"改为梳"盘龙"（俗称"圆头"），梳妆简便多了，只把辫子扭起盘结在后脑，像龙盘起扎紧，插上一支"毛锸"就行了。其他饰物也就省去了。后来又改妆，妇女多剪短发，不必梳头，头饰就全免了。手镯、戒指也少有人戴，但还要戴耳环或穿耳塞。

簪子

8. 雨具：客家人的雨具，主要是雨伞、竹笠、凉帽、草帽、蓑衣、雨衣。雨伞，俗称"遮子"，有纸伞和布伞两种。纸伞，用竹为架，用纱纸蒙顶，用桐油漆，一律长柄。布伞，用铁木（或纯用铁）结构，用布蒙顶，有长柄、短柄两种。旧时多用纸伞，近代全被布伞取代。近十多年来又大多使用尼龙布面的雨伞，还有自动伞、折骨伞等。竹笠，旧时各地多是圆形尖顶式，民国后有圆形圆顶式，开始称为"童军笠"，后称"学生笠"，至今流行。

纸伞

9. 凉帽：有两种，一种是用竹篾编织成圆圈，中间穿孔，周围用布条缝挂，戴在头上露出发髻，发髻上用毛锸或竹片横插，使帽稳定。另一种是在竹笠周围缝挂布条。布多是疏纹的，以便通风。闽西南客家妇女戴的多是竹笠加布条式的凉帽。草帽，是用麦秆编织的圆顶竹笠形的帽子，故称草帽。主要用于晴天遮太阳。下雨天不适用，被雨淋后的草帽易发霉。这种草帽至今仍流行。

10. 蓑衣：有两种，一种是用棕毛编制的，披在背上，既能挡风雨又很暖和；另一种是用山上的箬竹编制，优点是较轻便，但不如棕蓑衣耐用、暖和。

蓑衣

六　武平人建新房习俗

武平人建新房十分慎重。首先要宴请"地理先生"（即风水先生）看看方位，选个黄道吉日开工，并给其发个大红包，以示感谢。动工之日，热闹非凡，要用红烛高香，杀鸡祭告土地公公。礼毕，主人先动工开基，然后泥水师傅开始挖墙脚。砌脚时又要燃烛烧香放鞭炮，放第一个石头时要在石头底下放一个"花边"即银元（现在用硬币），这时师傅念口诀："万年基石从今起，粮丁兴旺万年兴。"房子封顶时，主人要捧一盘喜糖、莲子、"毫子"（铜币或银币，今用硬币）、鞭炮等交给师傅。师傅在屋顶高喊："大吉大利大吉昌，荣华富贵万代长。"然后燃放着鞭炮在屋顶周围走一圈，预示喜事连连。并撒下喜糖、毫子、莲子等，引来很多人前来接喜糖，个个兴高采烈，喜气洋洋。这时亲朋好友也会送来鞭炮等贺礼，表示祝贺。

七　武平人乔迁习俗

武平人房屋竣工迁居前，要先进行"出煞"（一种民间驱邪仪式）。"出煞"在深夜（晚上 10～12 点）进行，整个新宅都要点灯，主人请来道士在新家烧符念咒，驱赶鬼妖。出煞时，在厅中要割公鸡（有的杀猪），把牲畜血洒到屋里的每个角落，然后几个后生助威，跟着道士吆喝不断，浩浩荡荡冲出门去，意思是把"鬼"送走了。

迁居入屋时，还要"呼龙"。所谓"呼龙"，就是道士摆起香案，大呼口诀，让"紫气"入宅，这叫"入福"。入宅时，全家大小都要拿着一件以上的物品，不能空手入宅。男主人捧着谷斗，斗内装上墨斗、角尺、秤子、黄历、宝剑、算盘（现用电子计算器）等，其他人口袋装着大红包，手拿其他用品（如鸡嫲带子、厨具，小孩还要背上书包）排队进屋。进屋后把谷斗放在厅中，还要插上带叶的茶树，树上挂上大小红包，并在谷斗旁摆起香案供香，最后入屋的人拿一枝杉（客家话叫 càn）树枝，表示"杉子""杉孙"，谐音开枝散叶，子孙满堂，人丁兴旺。女主人屋后，在锅内油炸六块豆腐，表示六六大顺，然后煮一碗长寿面，大家欢天喜地，趁热而吃，表示全家身体健康，久久长寿。另外，鞭炮要从出发的老屋开始一直燃放到新屋。新屋还要安排人放鞭炮接应。这时，新居门额上挂上"华堂生辉"大红布帘，迁居仪式就算结束。

八　武平猜拳习俗

武平人好客，每逢节日或亲朋好友到来，都喜欢在家中设宴，热情款待。酒席上为增添酒兴和热闹气氛，都有划拳助兴的习俗。

酒席猜拳

划拳讲究规则，以猜中双方所出的手指合计数的为胜方，输者喝酒，若双方都未猜中，则要继续猜。出手指也有讲究，如出"一"时，大拇指不能向上翘而要向下，表示谦虚；出"二"时，如用大拇指与食指表示，出手时也要拇指向下，以示礼貌；出"三"时，不能大拇指、食指、中指一起出，应出中指、无名指和小指。划拳开始，酒令要有节奏，如猜一到十时说"拳福寿，一定中""拳福寿，二相好""拳福寿，三元及第""拳福寿，四季发财""拳福寿，五子登科""拳福寿，六六大顺""拳福寿，七个巧""拳福寿，八福寿""拳福寿，九九长""拳福寿，满堂红"。如果一人与同桌的每个人轮流猜拳，谓之"打通关"。酒令的花样很多，有猜数字的，也有猜双单的，可因人而异，随时变换。总之，以娱乐为主，增加酒兴，直至尽欢尽醉。

九　武平人入座习俗

武平人好客，宴席很多，赴宴人必须懂得宾主入座的规矩，否则，会闹笑话。当然，大型宴席，会请司仪引导入座。如果没有司仪的一般宴席，你心中应该有个数。

入座的习俗，一般如下。

1. 若所请辈分有高低，则按"长幼有序"的原则，辈分低的应逊让在后；

2. 若所请关系有亲疏，则按"亲疏有别"的原则，疏者应逊让在后；

3. 若所请都是平辈，则主人应坐第一席亲自把盏；

4. 若长辈请晚辈，则晚辈亦应逊让在后；

5. 按客家地区的一般习俗：凡寿诞宴则由寿星本人入首席首座；凡婚嫁宴则主送嫁人中新娘的哥哥或弟弟入首席首座；凡新娘回门宴则由女婿入首席（若外氏有生母或养母者，则以养母为尊）；凡丧宴分两种情况，若丧者为男，则由族长入首席首座，若丧者为女，则由外氏人入首席首座；若请工匠宴，则由铁匠入首席首座（因为泥匠、木匠的工具均由铁匠所制）；凡毕业宴，则由学生的启蒙老师入首席首座；凡其他喜宴，则由地方官或教师或旅长或士绅入首席首座。如此等等，据具体情况，分别确定。

十　武平人传统行为规范禁忌

武平人很讲究文明。但在日常生活方面也有存在不文明习惯和行为的表现。虽然有些内容存在不少封建糟粕和迷信，但经研究发现许多是有原始科学道理的，值得今天人们借鉴。

1. 忌用牛肉、狗肉祭祀，因为牛耕田有功，狗守门有功；

2. 忌用吃过的东西祭祀，否则，认为心不诚；

3. 忌孕妇参加婚礼、葬礼、祭祀活动，若她们参加，则视为不吉利，对孕妇本人也极不利；

4. 忌砍伐伯公树，否则会有遭灾之祸；

5. 忌同姓五服内的人结婚；

6. 忌孕妇夜间外出，怕胎儿抵挡不住夜间出没的鬼煞邪气；

7. 妇女生小孩时，忌外人入内，丈夫要入产房，必须用燃着的香熏过，方可入内，认为香气可避邪气和驱除其身上的污秽之毒；

8. 忌孕妇吃猪嫲肉，因猪嫲肉有毒，怕传给婴儿；

9. 刚生婴儿的妇女，忌被阳光晒着，忌被风吹着，若有急事出房门时，必须裹额、裹头帕；

10. 忌吃饭时用筷子敲饭碗，认为这是不文明的习惯，只有乞讨者才是这样的；

11. 忌吃饭时把筷子插进碗中央，因为只有祭亡灵时，才在饭中垂直插一双筷子；

12. 忌在吃饭时擤鼻涕、吐痰、放屁，否则，认为这是很大的失礼，是不文明的表现；

13. 忌吃自死的牲畜，因为容易中毒；

14. 忌站着、走着吃饭，因为乞讨者才这样吃饭；

15. 忌病人食猪嫲肉、雄鸡肉，认为这些食物会使伤口、病情加重；

16. 宴席上，忌年轻人先动筷，必须先请同桌的长者开筷，以示尊敬长辈，也忌在菜碗里乱翻挟菜，认为这是不文明表现；

17. 忌下午去看望病人，认为下午属阴，看后只能使病人病情加重；

18. 忌用单手接送他人送来的东西，否则，认为不礼貌；

19. 做客时，必须让在场的辈分最高或年长者先坐且坐上首，切忌乱坐，否则，被认为不尊老，没规矩；

20. 忌在打雷时从事生产劳动，在山上闻雷响，必须赶快下山或回家；

21. 忌晚辈直呼长辈名字，应称伯、叔、哥及伯母、叔母、嫂等，否则，被认为不礼貌，没有规矩；

22. 参加客家人举办的喜庆酒宴，散席时向主人道谢，要说："吃得酒醉饭饱"或"又醉又饱"，切记不可犯了客家人的忌讳，说是"又饱又醉或饭饱酒醉"，这样会认为是嫌主人的酒淡，灌饱肚皮，没有面子。

第五节　家训家规

一　钟氏家训

（一）

人生在世	一惟忠义	威武不屈	二敬爷娘	体弱多病
三亲兄弟	父慈子孝	四睦邻居	借钱借物	五要勤俭
为富要仁	六勤学习	今日桃李	七讲卫生	养花种草
八守纪律	若执法者	九做善事	公益慈善	十重祭祀
清明扫墓	立身为本	报国尽忠	忠奸要分	孝顺尽心
不能弃嫌	手足情深	夫贵妻贤	邻胜远亲	及时归还
勤能度贫	贫而志坚	习长才能	明日栋梁	病由脏生
空气新鲜	遵纪良民	天平要平	从小做起	出力捐钱
饮水思源	秋日拜祖	家训十条	从戎卫国	江山永固
生男育女	赡养父母	姑嫂妯娌	家和业兴	待人忠厚
若有危难	俭能足食	奢侈如梦	耐得寒窗	报国为民

习惯要好　有病要医　学法依法　积极纳税　助残扶孤
兴学助教　永怀祖德　财丁两旺　铭记心间　骁勇善战
国泰民安　恩重如山　益寿延年　谦让心宽　世代相传
信誉是金　相帮尽心　节流开源　切莫效行　奋发上进
前程无量　洁身康宁　长寿平安　事能顺心　国力强盛
多献爱心　桃李满园　淳风要传　富贵绵延

（二）

要好儿孙须积德，欲高门第在读书。

忍让便会有艺术，气和才爱多琢磨。

二　刘氏家规

求学规

学之道　在于勤　贵专注　重严谨　览群书　通古今　恒心在　功自成

从政规

执法当严　不徇私情　廉洁自律　莫贪钱银　防微杜渐　养德修身　忠于职守　勤政为民

从军规

男儿当报国　适龄宜从军　胸怀满天下　壮志堪凌云　运筹帷幄中　千里能决胜

从商规

从商之道　诚信第一　质量可靠　重视信誉　价格公道　童叟

无欺　科学管理　成功有期

男儿规

怕贫休浪荡　爱富莫闲游　欲求身富贵　须向苦中求

媳妇规

入了刘家门　即是刘家人　长辈要尊敬　公婆要孝顺　夫妻要恩爱　做事一条心　妯娌要和睦　亲朋不能轻

女儿规

刘家女　有修养　知感恩　孝尊长　敬妯娌　睦村坊　家和谐　业兴旺

三　林氏家训家规

敬尊长　敬他人之父，人亦敬其父；敬他人之兄，人亦敬其兄。非特名分尊于我者为长，即年齿长于我者，皆长也。有问必答，隅坐随行，未出不敢先，既出不敢后。此所谓敬长之义也。

正心术　为善降之百祥，不善降之百殃。善恶两途任人所行，未有不从心术中得来者哉。一念之善，尊宰相之荣；一念之善，中状元之选。心术不正，不受阳诛，必遭阴谴，岂细故哉！有则改之，无则加勉。

端人品　人品者，立身之攸关也。务正业以禁游荡，近君子以远小人，谨口过以戒讼非，除骄傲以耻谄媚。怀德怀刑乐善不倦，乡党推为端人，父母亦乐有贤子也。

勤读书　天下事利害常相伴，惟读书则有利而无害，不问贵贱、老幼、贫富，读一卷便有一卷之益，读一日便受一日之益，读书固能变化气质而循良善,即资性愚鲁便不为士,亦觉高人一等。其拾青紫,取荣名,又进一层焉。格言:"欲高门第须为善,要好儿孙必读书。"

交朋友 友本取信,莫为滥交。既订金兰之好,当尽友谊之情。在善相劝,有过相规,患难可共。

尊师长 天产栋梁,必需斧凿。师之教子岂异斧凿哉!诗书谁传我,学问谁教我,是非谁正我,功名谁成我,舍师其谁与归?

笃勤俭 读书勤以口诵,种田勤以耕耘,妇女勤以纺织,子弟勤以孝悌。勤乃俭之本,俭乃勤之根,勤俭二字为传家之珍。

四 王氏守训

——立从品端志趋,凡子孙初知章句,便教之以爱亲敬长、忠君信友、庄敬持身,谦恭处己,上不愧天,下不怍人,志气向上,毋为下流。有能游泮水、登科第,以有光于吾门,宜加优奖;寒食长至祭祀,除有得食外,特加席,以敬其贤。如有游手好闲,不务生理,嫖赌偷窃,初则尊长族人到家劝勉,如再不悛者,尊长族人具呈送官,族人亦当从公,不得怀挟私仇、伤害有理,违者犯罪。

——婚礼乃人伦之本,自当重之。但今大礼渐废,然族中伦序不可紊。昔胡安定先生曰:娶妇必须不若吾家者,则妇事舅姑必执妇道,嫁女必须胜吾家者,则女人之事必敬、必戒。司马温公曰:议婚,尤当察其婿与妇之性行与家法如何,勿苟慕其富贵。妇者,家之所由盛衰也。倘慕一时之富贵而娶之,彼挟其富贵,鲜有不轻其夫而傲其舅姑者。养成娇妒之性,异日为患宁有报也。

——兄弟,在父母为分形之人,在祖宗为连气之人,乃人伦之至重,骨肉之至亲也。诗曰:凡今之人莫如兄弟。当其初,父母左提右挈，前襟后裾，食侧其案，衣则同服，虽有悖乱之人，断无不相离也。及其壮也。各娶其妻，虽笃厚之人，不能不少衰也。或有争财夺产，镏诛暴戾，其则偏爱私藏，分门剖户，患若寇仇。独不思，易得者田地，难得者兄弟。谚有云："兄弟如手足，缺一不可赎。"当体义母之德，祖宗之源也。务宜亲厚，无致阋墙，兄爱弟敬，式好无尤，各尽其礼而已。

——子孙当各务一业，士农工商，各因其才器而使之。如天资聪俊，必使游庠，采博圣经，以为祖先光宠。如庸下者之勤耕本业，或工或商，打点门户，毋使群聚游戏，旷废其业，以为乡党邻里讪诮。凡若此者，父母之教不严，族长笞戒不加致之也，异日败家荡产，贻笑前人，不可忍哉。

五　蓝氏家规

1. 正家之道，必先于正己。《书》曰："尔身克正，罔敢不正。"《传》曰："未有己不正而能正人者也。"故凡有祖父、史长之责者，须先自守礼法，以御群众一切戏言、戏动、亵狎、非仪，宜皆自凛。庶几，言无不听，听无不从者，家不期正而自正矣。

2. 孝悌，为百行之源，正家者最先之急务也。故凡有父母在堂者，须当服劳奉养。生则至敬，死则至哀，葬则尽礼，祭则尽诚，循其分之所当为，斯为克尽子道。

3. 礼义者，所以维持人心，主张世道。故《相鼠》之诗曰："人而无仪，不死何为？"又曰"人而无礼，胡不遄死"，其刺严矣。我族子姓宜悉谨行是望。

4. 名分者，纲常伦理之所攸系人心者也。孔子曰："为政必先正名。"凡一家中，称谓有定名，坐立有定分，断不可或有越乱。

5. 妇人者，服于人者也。无专制之义，有"三从"之道。大凡家中不和，多因此辈而生。故家长，宜各戒其妇女，以尽坤顺之仪。

6. 主人之于童仆，近之不逊，远之则怨，宜庄以莅之，慈以畜之。庶无不逊与怨之嫌。

7. 教养，人生之所必须。凡有子弟，始给之衣食以养其生，继就之外傅，以引其才。庶几，人才可蔚起。

8. 盗贼，为宗族之害。若本支有此，宜公逐出境。

9. 奸情，大乖伦理，倘有此等，照家法，公逐不许入祠。

10. 冠者，成人之道，他日之事业，必由此始，上古原有定礼。宜一一遵而行之。

11. 婚姻，上承祖宗，下启子孙。必须正当门户，娶淑女，择佳婿。

12. 丧礼，人之大事。哀戚为先，丰俭称家。

13. 祭祀，系报本追远之道。宜尽诚尽礼。因时举事，切不可怠慢苟简。

14. 山林树木，物各有主，不得混砍。其有关于风水者，犹宜慎之。或自己山林有关他人风水者，亦任其剪伐，但不得故意过砍。

15. 田园原系各家生业，耕种艰辛。未熟，不得践踏；已熟，毋得盗窃。

16. 坟墓，各有定主。不可听信堪舆之言，诡谋侵占。但本姓山岗，无分彼此，任从开窨，只不得有碍老坟。

17. 钱粮重件，务宜年清年款，勉为良民。倘使逾限不纳，不惟负国欺官，而且累己害人。

18. 宾客往来，交际之常。人情各有厚薄，不拘一格。

19. 蒸尝，祭扫之所系也。宜世守勿替。倘有因贫困而议分，挟嫌隙而欲拆，使先人血食一旦而斩，忍心害理，莫此为甚，情实可憎，众所共殛。

六　李氏家训

先大人曰：圣人教人孝弟忠信礼义廉耻八字。金针论、孟子书、反复详尽，读者当躬行实践，自有理会也。今此四子十则系余平生行谊，所谨持而弗懈者，爰以此为题而又衍作歌词十首指点明晰，俾汝曹录为座右之铭，便于熟读记忆，毋徒视为具文，则立身行己，庶不流于匪僻矣！

畏字宜守　冰兢持法度，俨若帝天临。宣圣有明训，常存三畏心。

婪事非良　逐鹿徒惶汗，多因好喜功。人生不满百，宁静宝尔躬。

勿道人短　彼作亏心事，多方掩护遮。从旁攻讦摘，致玷终身瑕。

莫炫己长　多才完己艺，岂可自矜能。倘或持骄吝，其余反见憎。

知过必改　人非圣与贤，过失孰能无。一旦幡然悟，蔓根悉拔刳。

得恩休忘　德须报以德，恩怨两相明。漂母王孙饭，淮阴祠宇营。

俭持家政　量入以为出，菜根滋味多。葛绤勤薄擀，美著周南歌。

勤要有常　进锐退常速，有初鲜克终。悯苗莫助长，耕读一般同。

恕以度物　人所不能为，休将苛刻施。设身处其地，明蔽自知之。

谦而端方　谦卦六爻吉，尊光得自由。夏畦曾见鄙，谄媚实堪羞。

癸亥蒲夏族众再举重修家谱,楙有裁定编次之役。菊秋将竣,因念祖先伯仲多有列传,鳞叠繁页,而先大人未曾作传,第思摭拾唾余,恐非实录真迹,先君遗训十则歌章,原以捭楙之恪守,所触目而警心者,今付剞劂次列传谱,得请教于伯叔昆季诸君子,而或可以共珍焉。是严楙之厚幸也夫。

乾隆癸亥重九日不肖男楙薰沐谨识

七　陈氏家训

1. 凡持身之要,必自孝悌,孝悌为仁之本,处家不孝悌,则乖戾之气盈门,纵然富贵,亦不长久,孝悌乃自然之富贵也。所以,古圣贤开章不离此两字,后之人安得不敬而佩之?

2. 凡子弟,必教其读书,庶不致目不识丁,为人欺弄。至十五六岁,看其可造,当委曲作养,择师而造就之,使其才成,可以光大门间,不可慨视。古云:"识斯文者重斯文,敬斯文者得斯文。"能如是,则书香绵远,不失堂堂大族之风。

3. 凡耕种之法,不徒劳动而已,尤须及时春耕夏耘,不可缓也;秋收冬藏,值天时也。日出而作,日入而息。皇租国课,早早输纳。此农家之所以自乐而升平也。

4. 凡睦族之道,贵乎和逊。纵有盖邑之富贵,过人之聪明,不可自满。如宗族有德者尊之,有齿者敬之,有善则扬之,有恶则隐之。至死丧急难及贫乏不能自支者,必周给之。且排难解纷,济弱扶倾,尤当尽心竭力而为之,庶可以对祖先矣。倘有无知妄作者,必呵责之,责而不听,治以违祖诫之罪。

5. 凡事须让人一着,不可一网打尽,庶使人敬我,事亦自安而少祸。行事不可经行自遂,必三思之,其无害于义理者即行之,否则决不可行。若剧行之，必悖理也，悖天理，则欺天矣。人而欺天，罪莫大焉。

6. 凡事亲之道，晨昏定省，当思各尽其礼，不可徒养口体，贵能望色承颜，怡声下气，则菽水承欢，而乐在其中矣。不然，虽日供甘旨，犹为不孝也。

7. 凡祀祖之仪，必三日斋，七日戒，然后登坛拜扫；及其祭也，正色肃容，馨其诚款，如见其容，如闻其声，故曰祭如在。盖有其诚，即有其神，可不敬乎？

八　谢氏家训

孝父母

人无父母不生，生而教养成人，宜思无极；故为人子者，居常则左右就养，过则从容几谏，病则侍奉汤药，残则经营祭葬。在家则婉容愉色，奉命唯谨，出仕则移孝，作忠显亲扬名，方尽子职。若违逆执拗，惰行辱亲，听妻几言，结仇怨怼，此不孝之罪，上触天威，下犯国法，宗族不容也。

友兄弟

兄弟为分开运气之人，无论同胞异乳，皆当亲爱，即支子、庶子皆属一体，必兄爱弟、弟敬兄，虽析居分家，无别你我，斯合友恭之道。所有因财产而引起阋墙，听教唆而祸延箕豆，同室操戈视如仇敌者续枨棣，脊令诸侍当感愧天地矣。

敬长上

长上不一，有在官在家之长上，不论名爵一端，凡年龄先我者皆是也，务宜种谓各正，隅坐随行，揖让谦恭罔敢戏娱。倘干名犯分，目无尊长，或以贤智先人，而凌前辈，或以气血自恃，而侮慢高年，或矜富贵，或夸门第，皆为狂悖之行，毋得姑纵。

和邻里

同乡共井，相见比邻，虽不若家庭骨肉之亲，然亦当和睦相倘，故必出入相友，守望相助，疾病相扶持，有无相济。若势利相投，贫富相欺，强弱相凌，大小相拼，或因微资起争讼，或因小忿成仇杀，此为恶习，慎之！戒之！

安本业

士农工商，皆为人生职业，可以承先，可以裕后，故凡兄弟之于子弟，必因才质相近者教之，俾人各有其职，庶不致为无业游民，其有绰白图奸，游荡不立，其父兄尤当敞戒，否则穷老失妇嗟呵及矣！

明学术

学校林立，然学无异，而所以学者异焉。以义理言之，中学纯而西学杂；以功用论之，西学实而中学虚。不有西学，何以与列邦相驰逐；不有中学，何以去存国粹。偏于中者愚，偏于西者躁。惟以中学为体、西学为用，有兼营而无缺点。轻家鸡、爱野鹜之俏，何自来哉！如此，则按时而学术克广，斯人材成焉。

尚勤俭

业精于勤，而荒于嬉。古之箴言。勤耕苦读，致富成名。戒骄戒躁，和气待人，庶乎近矣。自古以来，杰富名流，儒家创作，无不勤躁苦练，而后成功立业。即使庶民百姓，士农工商，首在于勤。四时种垦，鸡鸣凤兴；劳心苦力，戴月披星。五谷杂熟，家户充盈，私债了楚，国课宜清。亲朋往来，鸡黍相迎。

明趋向

制度可改，风俗可移，爱亲敬长，实为天经地义，亘万古不可移。今之自由云者，自由于法律范围之内，非谓非议可谓，非礼可动也，今之平等云者，非为少可凌长也，卑可犯尊也。人无论智愚，凡分所当为，与理所当为之事，黾勉为之；唯冶游赌博，逞凶斗狠、纵酒嗜烟、足以败名丧节，杀身之家，于有此辈，父兄急加惩戒，毋俾不顾廉耻，流为枭獍，殆害族姓，至于渎伦伤化鼠窃狗偷，上辱宗祖，下玷家声，亦法律之所不容。

慎婚嫁

夫妇为伦之始，治化之源。故儿女婚嫁，必须慎重，所谓嫁女择佳婿，毋索重聘，娶媳求淑女，勿计厚奁。虽然时代变更，趋向婚姻自由，为家长者，仍宜侧面辅导，切勿罔闻，勿使走入迷途。

勤祭扫

坟茔为先世体魄所藏，必时期祭扫，故清祭墓，无论年之老幼，路之远近，总须躬诣墓所，各致其诚，庶几神歆。

慎交友

交友以信，夫子之教。无如今人外结口头，内生荆棘，甚至凶终陈末，原其始交之际，未经审慎故也，殊不知，友以义合，必交品概端方之人，才得劝善规过，肝胆相照，缓急有益。若口是心非，则误人不浅。交际往来，一入坏人圈套，为所引诱，则败名丧节，倾家荡产，慎之！戒之！

重忍耐

夫子曰：一朝之忿，忘亲及身，诚由于不忍也。诚观举世，多少暴烈之徒，不忍不耐，浅则祸及一身，深则倾家荡产，害及儿孙。昔张公艺九世同居，江州陈氏八百口共食，皆由于能忍。夫万事当前，忍则大可化小，小可化无，不至逞凶构讼，亦不至事后追悔。吾愿族房子孙，若非切已大仇，凡日常小事，忍耐为上。泛应酬酢之间，不已天空地阔哉！

戒溺爱

大抵子弟之率不谨，皆由父兄之教不先。吾族家训，千言万语，俱系责成子弟迁善改过，不如子弟之造就，责在父兄。无论贫富，父兄当知诫子勉弟，示以周行。倘有过犯，家法、国法俱可惩治。若姑息养奸，贻累难免矣。

九　赖氏家训

（一）

一、不孝父母，敬神无益；　二、为人不正，风水无益；

三、不忍不耐，修善无益；　四、兄弟不和，交友无益；

五、不习诗书，成名无益；　六、生不奉养，死祭无益；

七、不明财帛，布施无益；　八、儿孙不肖，创业无益；

九、不守元气，食药无益；　十、淫人妻女，食斋无益。

（二）

人生之初，性本纯良。社会繁杂，多面影像，成长成人，各式各样。立身传世，重在修养。眼看四方，耳听八方，美丑善恶，要分清爽。好人诚待，彼此忠良，人敬一尺，我敬一丈。忠孝二全，家国至上，公私利益，以公为上。急人所急，想人所想，助人为乐，品德高尚。

十 何氏家训

训 孝

自古司徒掌教，首在明伦，而明伦之教，必以孝行为先。帝王统天下为一家，故以孝治天下，而其教为甚宏。庶民联一族为一家，故当孝训一族，而其教可遍及圣经，贤传言孝者，众人所熟听。考先代颖考公，秉性淳厚，以至孝闻，身为宰辅，尊养并至。南北朝，琦公事母捧檄逮存，终养后即隐居不仕。二公之孝思，可谓笃而且切矣！凡我同族讲孝者，当以是为标准。

训 悌

五典之中，立爱自亲始，而立敬必自长始。故友于之化，施于有政。知悌弟之道，而后长幼之伦，秩然有序，悖逆之气，涣然而消，所谓兄弟既翕，和乐且耽者也。稽元前代点公、胤公，情同手足，友爱性成。南北朝时，昆季同徵，兄已托疾而不起，弟亦辞职而隐居，似此，兄难为兄，弟难为弟，故得有大山小山之美称焉。凡我同族言悌者，当以此为景行。

训 忠

尽己为忠，中心为忠，忠之时，义大矣哉。故不忠为省身之首务，效忠乃匡国之要图，圣贤之明训，既详言于典籍矣。若晋之次道公社稷为怀；明之相刘公，城颓尽节。吾族之光，于史册者实不乏人。果知忠之为道，凡于应事物之际，尽其心而竭其力，质诸己而可对诸人，庶俯仰无惭，影衾不怍矣。

训 信

有诸己之谓信，神圣之始基也。昔孔子以轧軏，喻信之不可无，信可行之蛮貊，不信则难行于州里，圣贤问答，亦綦详矣。溯庐江子思公，西城栖凤公，著书立说，无不以信为指归；即参西铭近思录，亦以信为根底，则信实为家传之宝，后人切勿放弃焉。

训 礼

人禽之别，礼教攸关。凡在百行，安可无礼。大而见宾承祭，小而辑让周旋，礼固不可不学也。人不知礼则上下无分，尊卑莫辨，相鼠之讥，何以能免。在昔，吾祖叔度公，职列大夫，清身洁己，礼法甚严，吴郡太守，深为赞赏；无忌公临危不苟，握节以殉。二公动必以礼，常变不渝，故得名垂千古。凡兹后裔，其于持身接物，尤当循规蹈矩，无忝于先人之礼节为。庶乎可矣。

训 义

以义制事，动合时宜。见义不为，实曰无勇。圣贤立身行己，可舍生取义，断不至响利而背义。故不义之行，人所深恶；好义之士，众所咸钦。如《三国》时，有祖进公，仗义以诛阉宦；明时巨川公，守义以辞请谒。惟其知义之为义，乃能勇赴义也。吾愿后之人，以贼义为戒，而以前人之重义者，为法可也。

训 廉

语云"贪夫殉财，烈士殉名"。故为富不仁，贻讥阳虎；见得思义，特重子张。临时不苟谓不廉，廉者察也，察其所当取而取之，是谓义，然后无伤于廉也。若不辨礼义，利令智昏，虽千驷万钟，名节安在！吾祖敬容、敬叔仕宦俱以廉称；并公、远公，史册皆以廉纪。清白传家，贻厥后人，庶几绍厥苏徵，绳其祖武。

训 耻

孟子云："人不可以无耻。人而无耻，则凡卑污，苟且，鲁莽灭裂之时，何所不为。"世间凡趋炎赴势，谄富欺贫，败名丧节，昧已瞒心，乃天下之最可耻者也！知其可耻而毅然除之，人格自高，人纲自正。考明时乔新公，以及厚公俱耻附权贵，独立不群，故能清操拔俗，丕振家声。知耻近乎勇，维兹后进，尚其敬承先德，以迪前光。

第六节　人物春秋

一　刘隆

刘隆，字守庸，号伯盛。武平湘店湘湖村人。明洪武十年（1377年）生。父刘德川（后诰封山西按察司佥事），母谢氏（后诰封为夫人）。刘隆自幼好学勤读，聪敏过人。22岁游泮庠生，26岁参加乡试中壬午科举人，28岁赴京会试、殿试，登甲申科曾棨榜进士。明成祖时，初任江西南昌府推官，再任广西太平府推官，特擢河南道监察御史，复命钦差浙江巡按御史。仁宗时，仍诰命在道管事。宣宗时，擢山西按察司佥事。英宗时，加州大理寺卿，总督边储。刘隆历事四帝，为官二十一载，政绩辉煌。于明正统十四年（1449年）卒，享年73岁，葬于吴潭东坑口赤土岗，号曰猴狲地。

刘　隆

民间传说，有一天，刘隆的父亲叫刘隆前往三峰里田塅牧鸭，刘隆偷闲嬉戏，就吩咐"伯公神"说："你要看管好鸭，倘有差错，归罪于你!"言毕,回身走了。傍晚,刘隆过来笼鸭,点点算算,鸭子少了一只,便要处罚"伯公神"。他把安奉"伯公神"的石块用绳缚之,悬挂于松树枝上。

是夜,刘隆的父亲梦见"伯公神"前来恳求说:"吾将缢死,快释我缚,你鸭一只在大田角头夹地窖里,无法起来。"翌晨,隆父前往观看,鸭子果在其中,即往松树边,把安奉"伯公神"的石头解下安放原处,并下跪祷告许愿,若他年刘隆有荣达之日,当置庙祀奉。刘隆中进士当官后,遂履行诺言。该庙迄今尚存。

二　刘光第

刘光第(1859~1898年),字裴村。祖籍武平湘坑湖(今湘店乡湘湖村),后迁四川省,生于富顺县。清光绪九年(1883年)癸未科进士,授刑部主事。他曾教授乡里,提倡实学。光绪二十四年(1898年)三、四月间,参加康有为组织的保国会。同年由湖南巡抚陈宝箴推荐,七月二十日光绪皇帝下旨赏给四品卿衔,任军机章京,参预新政。刘光第为官清廉,不媚权贵,当时,湖南守旧派曾廉上疏请杀康有为、梁启超,深文罗织,谓为叛逆。他和谭嗣同逐条详加驳斥,力保康、梁无罪。慈禧太后发动戊戌政变时,刘光第与谭嗣同等被捕遇害。临刑,指斥清政府未讯而诛,叹息:"吾属死,正气尽!"史称"戊戌六君子"之一。

三 王琼

王琼（1445~1526年），字良玉。武平县城西门坊人。明成化三年，考选为岁贡。入京城国子监读书，授南京兵马司指挥。明弘治十一年（1498年），升为兵部主事，参赞巡抚金泽军务。见县城墙垣年久失修，曾两次上书朝廷，奏请扩筑县城。奏准，奉旨扩筑武平县城，并将土城改为砖城。还捐资白银八百两。县城墙于弘治十三年六月动工，十五年十月竣工。又捐出私宅给县衙建孔庙，作为兴学育才的学宫。此后，晋升兵部员外郎、钦差、提督江广福军务。供职多年，告老还乡，病逝在家，享年82岁。

王 琼

四 林宝树

林宝树（1673~1734年），字光阶，号梁峰。武东袁畲村人。清康熙十二年（1673年）生。23岁，参加汀州府试考中秀才。康熙三十八年中举人，吏部授于奉天海城（今辽宁省）知县，因路遥交通不便，辞官未赴。后潜心著述，著作甚丰。代表作有《一年使用杂字》（俗称《元初一》）、《梁峰诗文集》、《四书大全摘抄》、《灵洞石赋》、《募建陈大士书院序》等，尤以《元初一》广为流传，是闽、粤、赣边客家方言的通用工具书，属通俗

林宝树

易懂、易记易背的启蒙读物。民间有"可失千两金,莫失杂字本"的说法。林宝树于雍正十二年(1734年)卒,享年62岁。

五 李灿

李灿,字明文,号珠园。武平北门(今平川镇红东村寨背窝里)人。系乾隆年间客家著名画家。人称"画仙"。《武平县志》载:"李灿,字珠园,在城人,乾隆时以善画闻。汀人数名画,必首推上官周、黄慎与灿。至新罗山人华嵒,流寓杭州,故鲜及焉。尝游江、浙、齐、豫,论者谓其画,山林气太重;而乡人则传其尝遇仙,赠以诗,心思日异,艺术益精。不知乃游历已广,得山水交游之助然也。灿少读书,不乐仕进,能诗,画成间自题其上,书法亦苍老……"代表作有《高士观瀑》《渔樵问答》《九狮图》《三仙图》《赌趣图》《牧牛图》《建安七子》等。

李灿　　　　　李灿　画

六　练廷相

练廷相，岩前人，国学生，素娴武略。居处毗邻闽粤界上的寇穴，常有寇患乡里，廷相组织民众保卫家园，乡人为之崇敬。明嘉靖三十六年（1557年），广东寇事起，进犯岩前。武平知县徐甫宰檄令廷相率乡勇征剿，获胜，立了战功。巡道王时槐仍以冠带功生，令守南安寨（在岩前里）。翌年冬，倭寇犯闽海，廷相奉调赴漳泉征倭，获胜，立功受赏。随后，率部驻南安。一日，倭寇突然蜂集来袭，廷相率众力战，终因孤军无援，矢尽粮绝，伤亡惨重，廷相也战死沙场。福建抚院嘉其忠义，奏请建昭忠祠于县城南郊。知县徐甫宰亲题"世忠"门额匾刻，并定春、秋两祀。

七　陈际泰

陈际泰，号大士。祖籍江西临川。父流寓武平象洞，际泰生长于象洞。因家贫，不能从师，但自幼聪颖好学，感动私塾先生冯凤南，先生要他到洋贝私塾馆当勤杂工。从此，工余用功攻读，博览群书且文笔通畅。先生看到他的才能，尽心指点，很快超过学童。因福建无录取名额，先生要他回原籍赴考。回江西不久，考中秀才。崇祯三年（1630年）庚午乡试中举人，甲戌会试中进士。在临川，与当时名士艾南英、罗万藻、章业纯等以文章名世。际泰被誉为"不减七步八叉"（七步指曹植，八叉指温庭筠），先后著有《易经说意》《周易翼简捷解》《五经读》《四书读》。

陈际泰饮水思源，在江西名位显达后，仍念念不忘出生地武平象洞山村，他给临川进士冯漳南的信中说："象洞为弟胞衣堕地之所，母族妻族以及友生皆在焉"，并视为"故国故乡"。卒后，其曾孙凝容、朝容，不忘祖训，跋山涉水，不远千里从江西临川来到象洞寻找际泰故居，并建祠以祀。深情厚意着实感人。

八　李梦苾

李梦苾，字非珠，县城西花园里人。生于清康熙末年。为清乾隆六年（1741年）辛酉科举人。他曾赴京会试，但因病未能完卷而落第。他是武平当时有名的才子。诗词、文章都很好。著有《西峰诗文集》《平川竹枝词》《西汉独见》等，但大部分已佚，只留存一部分，备受称赞，有的已载入《武平县志》。如《灵洞仙山》：

灵洞洞灵景不凡，玲珑怪石玉连环。
烟封谷口雨非雨，云断峰腰山复山。
归路忽闻清磬响，回头却羡老僧闲。
斜阳夕照仙居美，忽绕余霞屋半间。

九　王启图

王启图（1814~1884年），字慎斋，武平县城西门外享堂上人。清朝嘉庆十九年（1814年）生。清道光十七年中举人，清道光二十年（1840年）中进士。钦点吏部主事文选司。次年，因其兄启文赴京会试时被人所陷，受株连被革职回家，含冤见弃二十年。回乡后，一度应聘主讲诏安书院。咸丰十一年（1861年）复入都职，同治八年（1869年）辞职回故里，不复入都。晚年受聘主讲长汀龙山书院，以行端学粹，乐育

王启图

英才多人，博得长汀人士好评。在家乡热爱公益事业，道光八年（1828年）和兄启洲，遵从母命，将其母寿诞贺金悉数捐赠重建武所永安桥。同治十三年（1874年）在武平县城倡议和主持创建规模宏大、可容千人的考棚，供科举考试之用。他善文工诗，著有《励心堂诗文集》传世。于清光绪十年（1884年）卒，享年71岁。

十　李树棠

李树棠，字怡樵，县城北门坊人。幼年丧父，成为孤儿。靠亲朋接济度日。咸丰七年（1857年），太平军攻陷县城。李树棠被俘，随军至湖南。时遇清军李祥和部，两军隔江对峙，这时李树棠与一群小孩在江中游泳，后被清军救起，送入李祥和帐中。李祥和见他聪明伶俐，收为义子，送他上学读书。由于树棠天资聪颖，勤奋好学，进步很快。16岁时，因他精确预算督修黄河工程款，成了知名人士。在李祥和的关照下，很快成为县丞，再保升知县，进而继李祥和湘军第七旗统领。他文武双全，战功卓著，左宗棠以"儒将英风"匾奖之。同治十年，树棠以道员分省补用，协办陕甘军务。光绪八年，随钦差往新疆伊犁，会同沙俄官员勘立中俄国界碑。后归至塔尔巴哈台，病卒，年仅38岁。短短几十年，演绎了他的传奇人生。

十一　萧其章

萧其章，字焕东，十方黎畲人。生于清朝光绪十一年（1885年）。1909年，萧其章在汀州中学就读，接受进步思想，民国三年（1914年）东渡日本，入明治大学法律系。1914年，在日本加入孙中山创立的中华革命党。其时袁世凯盗国称帝之谋日著，不久，奉孙中山之命回闽谋划讨袁武装起义，在福州草拟《讨袁榜文》，谋刺福建督军兼省长李厚基。

后事泄被捕于福州，审问时义正词严，威武不屈，后慷慨就义，视死如归，并高呼："誓讨国贼，再造共和！打倒卖国贼袁世凯！"不久，滇黔起义，全国响应，袁世凯做了83天的皇帝梦，便一命呜呼了。孙中山任中华民国大总统后，追认萧其章为烈士，在福州西湖金鸣岭上修建烈士墓。民国六年4月18日，福州各界代表在福州召开萧其章、余子雍烈士追悼大会，孙中山亲书"杀身成仁"挽词。十年后，武平县在乌石崀星光山顶上建"双烈"亭，纪念萧其章和钟文烈士。

十二 谢秉琼

谢秉琼，又名思莹，号惠珍。生于1899年。武平县万安镇下镇村人。先后就学于上杭中学、福建甲种工业学校、上海自治讲习所和上海大学。1924年在上海大学加入中国共产党，是闽西最早的共产党员，翌年赴广州任国民政府劳工部秘书、中共福建会馆支部书记。

谢秉琼

同年12月，他在中山大学法学院召集闽西籍进步人士会议，创办《汀雷》杂志，并任主编。1926年3月创刊号发行，他撰写发刊辞。《汀雷》共印9期，每期1000份左右，寄发闽西各县和全国各地，对唤醒沉睡的民众、传播革命思想具有不可低估的作用。他还任北伐军总政治部《战地新闻》总编辑。

1926年，他受中共两广区委派遣回闽后，一面开展党的工作，一面协助策动北洋军阀曹万顺反正。他还主持长汀、上杭、武平、永定4县国民党党部与民众团体代表联席会，成立汀杭武永政治督察署，并任监察专员。翌年改任汀属八县政治监察署专员，3月创办汀属八县社会运动人员养成所，并任所长。养成所在上杭北门开学之时，学员 164 人，都是汀属各县选派来的共产党员、青年团员和进步分子。它仿效广州农民讲习所及海丰农民运动讲习所的学习内容，对学员进行培训，为期一个多月。这期间，秉琼指导汀属各县建立共产党、国民党组织，发展农会、工会、学生会、商民协会和妇女会等群众团体，开展反帝、反封建反对军阀残余势力的斗争。1927 年 3 月，监察署发动上杭城郊数千农民驱逐反正后驻扎上杭而无恶不作的卢明凤、田德胜两个营，在国民革命军第一游击司令部蓝玉田的支持下，卢、田两营狼狈逃窜。

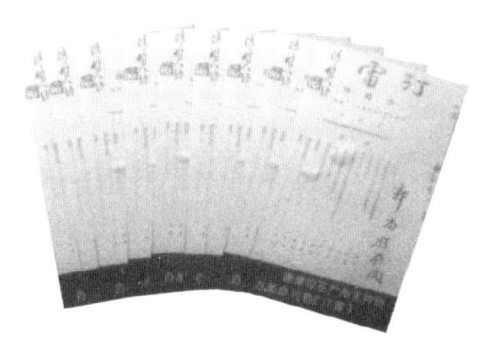

《汀雷》杂志

同年 5 月 7 日，上杭国民党右派发动暴力清党，封闭革命人士成立的所有团体，捕杀共产党员和国民党左派。当晚，秉琼带监察署主任林心尧逃到武平万安下镇躲避，翌日晚林心尧被逮捕（后遭杀害），他则侥幸脱险逃出。

秉琼先是经长汀逃到武汉，后又来到漳州，出任龙溪县《漳潮日报》总编辑。1930 年 4 月，因心力交瘁逝于厦门鼓浪屿救世医院，时年 32 岁。

十三　修焕璜

修焕璜（1905~1959 年），武平城关人。1926 年春在广州中山大学读书时加入共青团，数月后转入中国共产党。为传播革命新思潮，促进农民运动，积极撰写稿件，协助办好进步刊物《汀雷》，并积极参加其他革命活动。同年冬，北伐军入闽，奉命回武平活动，进入国民党武平县党部，任委员，还任县农民协会委员。同时，与谢秉琼等人组建武平共产党小组（共12人），任负责人。1927年5月7日，上杭国民党右派发动清党事件，革命进入低潮，因避难月余，与党组织失去联系。8月复读中山大学。毕业后任武平中学教员。1928年冬，曾接待过来武平检查工作的中共福建临时省委书记罗明，并赠路费及派员护送出城。后曾任武平县国民党县党部指导员。1949年5月在任上杭古蛟中学校长时参加闽西起义，任闽西义勇军临时行动委员会总务副处长。新中国成立后在武平中学任教。后因历史问题被捕判刑，1959年病故。党的十一届三中全会后，平反落实为"起义人员"。

十四　钟武

钟武（1905~1951年），武平象洞沾阳人。1922年考入厦门集美师范。就读期间积极参加校内外的革命活动。1926年加入中国共产党。1927年7月集美师范毕业后曾任厦门市成衣工会书记。不久受中共闽南临时委员会的派遣，回到武平恢复和发展党组织。同年10月，中共武平特别支部成立，任书记。随后，在武平中学任教作掩护开展革命工作。1928年春后，党的中心工作转向农村，大部分党员被派往农村山区开辟工作，遂与党组织脱离关系。后曾任国民党救乡团政治指导员、武平县国民政府教育局督学。1934年加入国民党。1943年调任龙岩县国民党县党部书记。1947年任湖北省田粮处驻武昌督导等职。1948年7月后在上杭古蛟中学任教，8月辞职回家。1951年病故。

十五　练文澜

练文澜（1910～1974年），武平象洞洋贝人。1926年冬在上杭县立中学读书时加入中国共产党。1927年曾任武平县农民协会筹备委员会委员和农民协会负责人。后又任中共武平县特别支部负责人。1928年冬任中共武平临时县委书记。1929年6月任中共武平县委书记。不久，被选为中共闽西特委执委。1930年1月后调任莆（田）仙（游）巡视员、共青团福州市委书记、中共连江中心县委书记、莆仙特派员等职。后被捕，在福州叛变自首。后来先后任连江、长汀、永定、厦门等国民党政府科员、秘书等职和闽西日报社社长。1941年5月至1949年4月先后担任上杭、宁化、龙岩、武平县国民政府县长。1949年5月参加闽西起义，并任临时行动委员会秘书长、中国人民解放军闽西义勇军政治部主任。1955年3月后调任龙岩一中总务主任和龙岩县政协委员。1974年7月病故。

练文澜

十六　练宝桢

练宝桢（1906～1931年），武平象洞洋贝人。1927年冬加入中国共产党。1928年冬，任中共武平临时县委委员。1929年春，组织和领导象洞洋贝、光采等地农民开展平粜分谷的斗争；6月任中共武平县委委员；9月7日，组织象洞区农民武装暴动，任总指挥，随后任象洞区革命委员会主席；10月，担任武平县苏维埃政府主席；同年冬，率象洞农民赤卫军骨干100多人编入红四军第四纵队。1930年3月奉命回武平活动，组建武南游击队，并在闽西第一次工农兵代表大会上当选为闽西苏维埃政府候补委员；6月，继任武平县苏维埃政府主席，随后历任中共武北特区委书记、中共稔田区委书记、中共杭武县委委员、杭武县苏维埃政府执行委员。1931年秋在整肃"社会民主党"事件中被错杀，新中国成立后被追认为革命烈士。

练宝桢

十七　朱发古

朱发古（又名朱宗炎，1899～1930年），武平武东张畲人。1928年8月加入中国共产党。1929年春，组织30多名农民成立赤卫队，打击地方土豪劣绅；9月，带队伍回六甲，成立六甲区革命委员会，任革委会主任兼区赤卫队队长。尔后，配合红四军进入武平县城，在第一次县工农兵代表大会上被选为县苏维埃政府委员兼县赤卫大队大队长。之后，朱发古带领县赤卫大队在武西一带开展游击战争。1930年6月，配合红四军主力在中山作战。在第二次全县工农兵代表大会上，再次被选为县苏维埃政府委员兼县赤卫大队大队长。1930年冬被国民党军队逮捕后英勇就义，年仅31岁。

朱发古

十八　刘克谟

刘克谟（1894~1931年），武平县湘店湘洋人。1913年留学日本时参加孙中山创建的中华革命党。1915年受组织派遣回福建活动。大革命时期，主动接受共产党的主张，拥护国共合作，于1926年在上海加入中国共产党。"四一二"反革命政变后，回家乡组织革命活动，传播革命思想。是年冬，接受地下党的指示，自筹资金以建货栈的名义在湘店的店下设立党的联络点，沟通长汀、上杭、武平三县的地下交通线，联络革命力量。1928年创办工农夜校，宣传革命思想。1929年春组织农民协会。同年12月，组织发动湘洋、尧山等地农民参加小澜农民暴动，任副总指挥。1930年春，任闽西苏维埃政府候补委员。之后奉命在店下关河潭创办列宁学校，任校长兼政治教员，培养区、乡革命骨干。1931年春，在整肃"社会民主党"事件中被错杀。新中国成立后被追认为革命烈士。

刘克谟

十九　李长明

李长明（1903~1931年），武平桃溪亭头人。中学毕业后投身革命运动并加入中国共产党。第一次国共合作期间任闽西农民革命军新编游击队副官，并组织农民协会开展减租减息运动。1927年上杭县国民党右派实行"清党"后回乡组建中共领导的农民武装，开展革命斗争。1928年初，受党组织派

李长明

遣打入国民党钟绍葵部队，任武平县保安队副官，开展秘密工作。在策反国民党地方武装时暴露身份，旋即撤离。1929年春组建亭头农民协会；7月，出席中共闽西第一次代表大会；12月，任小澜农民武装暴动副总指挥。1930年3月，在闽西第一次工农兵代表大会上当选为闽西苏维埃政府执行委员。1931年任杭武县苏维埃政府执委、武北区苏维埃政府主席；同年秋，在整肃"社会民主党"事件中被错杀。新中国成立后，被追认为革命烈士。

二十　张涤心

张涤心（1908~1931年），武平湘店七里人。1926年在广东海陆丰参加彭湃主办的农民运动讲习所，并在此加入中国共产党。学习结束后，回到武北组织农民协会，并创办小澜育英学校和农工夜校，宣传革命思想。1929年组织小澜农民武装暴动，任总指挥。历任中共武平临时县委委员、中共武北区委书记、中共武北特区委书记、红军武北四支队政委、闽西苏维埃政府第一届候补委员、第二届执行委员、中共杭武县委委员、杭武苏维埃政府执委、中共杭武第八区委书记等职。1931年秋在整肃"社会民主党"事件中被错杀。新中国成立后被追认为革命烈士。

张涤心

二十一　聂祖堂

聂祖堂（又名聂云虎，1908~1934年），武平十方处明人。1928年冬加入中国共产党。在十方秘密发展农会和组织"青年文化促进会"。以教书为掩护，组建中共十方白区工作队，领导十方地区的革命斗争。1932年以后，历任武东区苏维埃政府主席兼游击队长、中共武平县委委员兼组织部部长、福建军区武平独立二团团长、岩永杭武军分区政委兼政治部主任、福建军区第一作战分区政委兼政治部主任、红军独立第十师副师长、红军十师二团团长等职。1934年12月17日，率部队在武北小湘坑战斗中牺牲。

聂祖堂

二十二　陈丹林

陈丹林（又名陈金辉，1908～1932年），武平象洞联坊人，1928年在上杭县琴岗中学读书时加入中国共产党。后回家乡与练宝桢等发展党员和组织农会，开展革命活动。先后在洋贝、大平坑、东寨、岗背、官坑、联坊等地建立6个党支部。1929年1月，任中共象洞区委书记；9月，任象洞苏维埃政府副主席。不久，带领100多名农民暴动队员编入红四军第四纵

陈丹林

队。1930年调任红军十二军一〇一团任政委，转战赣南、闽西等地。1932年，在平和县铜皮岭战斗中牺牲，年仅25岁。

二十三　刘亚楼

开国上将刘亚楼（原名刘振东，1910～1965年），1910年3月

12日出生，武平县湘店村人。1929年加入中国共产党，同年参加中国工农红军。

土地革命时期，历任闽西游击队排长，红四军随营学校学员班长，红十二军连长、营长兼政治委员，红四军第三纵队八支队政治委员，第十二师三十五团政治委员，第十一师政治委员，红一军团第二师政治委员，第一师师长，陕甘支队第二纵队副司令员、红一军团第二师师长。参加了长征。抗日战争时期，任中国人民抗日军政大学训练部部长、教育长。1939年赴苏联入伏龙芝军事学院学习。1945年回国，解放战争时期，任东北民主联军、东北野战军、东北军区参谋长，第四野战军十四兵团司令员，中国人民解放军空军司令员。

中华人民共和国成立后，任中国人民解放军空军司令员、国防部副部长兼国防部第五研究院院长、国防科委副主任。

1955年被授予上将军衔。是第一、二、三届国防委员会委员，第一届全国人民代表大会代表，中国共产党第八届中央委员。荣获一级八一勋章、一级独立自由勋章、一级解放勋章。

1965年5月7日，刘亚楼上将在上海病逝，年仅55岁。

二十四　林默涵

林默涵（1913～2008年），原名林烈，1913年1月10日生。武平武东川坊村人。系中国共产党优秀党员，久经考验的共产主义战士，中国当代著名马克思主义文艺理论家、艺术教育家。

1929年参加中国共产主义青年团，积极投身革命活动。1932年东渡日本留学，"一二·九"运动爆发后毅然回国，开始用默涵笔名发表文章。1938年8月到延安入马列学院学习，同年加入中国共产党。1942年参加延安文艺座谈会。抗日战争和解放战争时期，先后在中共中央主办的《解放日报》重庆《新华日报》、《群众》周刊等报刊担任编辑和领导工作。中华人民共和国成立后，任中宣部副部长兼文化部副部长，中国文联党组书记、执行副主席。第三届全国人大代表、全国政协第五届委员会委员。全国政协第六届、七届全国委员会常委。中国作协名誉副主席、顾问。

林默涵

主要著作有《狮和龙》《在激变中》《林默涵文论集》，专论《更高地举起毛泽东文艺思想的旗帜》，并发表了大量的评论和杂文等，为我国社会主义文化艺术事业的繁荣和发展做出了重要贡献。

二十五 林伟

林伟（1914～1979年），少将，武东川坊村人。1931年参加工农赤卫队，同年9月参加中国工农红军，1935年9月加入中国共产党。土地革命战争时期，历任武平游击队独立支队书记员，红十二军第三十五师一〇五团宣传队队长，红一军团三师司令部参谋处书记、译电员，红九军团司令部参谋处测绘员，红三十二军政治部秘书科股长。参加了中央苏区第四次、五次反"围剿"作战和二万五千里长征。到达陕北后，任中央军委卫生学校秘书科秘书、红军

林 伟

前敌总指挥部参谋处书记。抗日战争时期，任八路军前敌总指挥部作战参谋。1939年进入中国人民抗日军政大学学习，兼任军政大学军事教员训练队指导员。毕业后，历任八路军总部参谋处作战股长、通信科副科长。1943年进入中共华北中央局党校学习，参加了百团大战等战役。解放战争时期，任晋冀鲁豫军区通信局政委兼政治处主任、晋冀鲁豫军区通信学校（即今西安电子科技大学）政委、通信局局长兼政委，奉命在邯郸地区组建广播电台，出色地完成了接替陕北广播电台的任务。1948年任华北军区司令部通信处政委兼政治部主任、通信处处长兼政委，参加了上党战役等。中华人民共和国成立后，任中国人民解放军通信兵第九团团长兼政委。1952年进入解放军军事学院海军系二期学习。毕业后历任海军通信学校校长、解放军总参谋部通信兵部副主任，当选为第五届全国政协委员。1955年授予少将军衔，荣获三级八一勋章、二级独立自由勋章、二级解放勋章。1979年1月17日因病在北京逝世，享年65岁。

二十六　罗斌

罗斌（1914~1967年），少将，湘店乡店下村人。1930年参加红军游击队。1932年加入中国共产主义青年团，同年进入瑞金红军学校政治营学习，并由共青团员转为中国共产党员。土地革命战争时期，任武平县模范队队长，工人师教导团连指导员、赣南南雄南山游击队政委、游击队队长。红军主力长征后，在赣南地区坚持三年游击战争。抗日战争时期，任新四军第一支队第二团第六连指导员、第二团第一营副营长、营政委、团政治处调查股股长，苏北指

罗　斌

挥部第二纵队军法处主任,新四军第一师第二旅政治部保卫科科长。1942年进入中共华中党校第三期学习。后任新四军第一师政治部保卫部保卫科科长、第一师教导团政治处主任,苏浙军区政治部保卫科科长。解放战争时期,任华中军区兼华中野战军政治部保卫部副部长、华中军区前方指挥所政治部保卫部副部长、福建军区第二军分区副政委。中华人民共和国成立后,任公安部队后勤部副政治委员、中国人民解放军总参谋部警备部队后勤部副政治委员、北京密云钢铁厂党委副书记、人民武装警察部队后勤部副政治委员兼公安部队后勤部政治部主任。1955年授予大校军衔,1962年晋升为少将。荣获三级八一勋章、二级独立自由勋章、二级解放勋章。"文革"中遭受林彪反革命集团的残酷迫害,不幸逝世。

二十七 蓝文兆

蓝文兆(1919~2001年),少将,桃溪新贡村人。1932年参加中国工农红军,1933年加入中国共产主义青年团,次年转入中国共产党。抗日战争时期,任八路军一一五师三四三旅六八六团政治处宣传队队长、宣教股长,鲁南军区政治部宣教科科长。解放战争时期,任热河军区独立二旅五团政治委员,第十六旅四十八团政治

蓝文兆

委员,东北民主联军第八纵队二十三师六十八团政治委员,师政治部副主任、主任。中华人民共和国成立后,任第十二兵团师副政治委员、政治委员,中国人民志愿军师长兼政治委员,中国人民解放军师长,防化学兵部参谋长,解放军总参谋部军务动员部部长,解放军炮兵政治委员,兰州军区副政治委员、顾问。1964年晋升为少

将军衔。

二十八　廖步云

廖步云（1914～2008年），少将，武东丰田村人。1931年参加中国工农红军，1933年加入中国共产主义青年团，1934年转入中国共产党。土地革命战争时期，他历任宣传员、文书、指导员、团政治处技术书记等职，参加了南雄、水口战役和第五次反"围剿"及长征。抗日战争时期，他历任营指导员、文书，支队政治部技术书记、干事，团教导员，清太徐大队大队长兼政委、副支队长、支队长、团政委等职，参加了平型关、广阳、老爷岭和反"扫荡"、反"蚕食"等战役。解放战争时期，他历任团政委、十二兵团兼湖南军区政治部副秘书长等职，参加了马林、北云支、西龙村、孟洪、山庄头、庙尖山、虎峪及太原会战等战役。新中国成立后，他历任湖南军区郴县分区副政委、湖南军区政治部副主任、重庆步兵学校政委、西藏昌都军分区第二政委、西藏军区副政委、四川省军区政委、成都军区后勤部顾问等职，参加了湖南剿匪等战役，为部队革命化、现代化、正规化建设作出了贡献。1955年被授予大校军衔，1964年晋升为少将军衔，曾荣获三级八一勋章、三级独立自由勋章、三级解放勋章和一级红星功勋荣誉章。2008年12月29日，因病医治无效，在成都逝世，享年95岁。

第五章 历史地理

第一节　区域沿革

一　建置变化

武平建置经历了四个阶段的变化。

（1）唐初以前，武平为里建状态。（参考顾颉刚《国史讲话》）

（2）唐开元二十四年（736年），置汀州，在武平分设二镇：南安镇（今平川镇）、武平镇（今中山镇）。

（3）南唐保大四年（946年），并南安、武平二镇为场，称武平场，场治在武溪源（今中山镇）。

（4）宋淳化五年（994年），升武平场为武平县，县治由武溪源迁平川。之后，元、明、清、民国、中华人民共和国亦然。

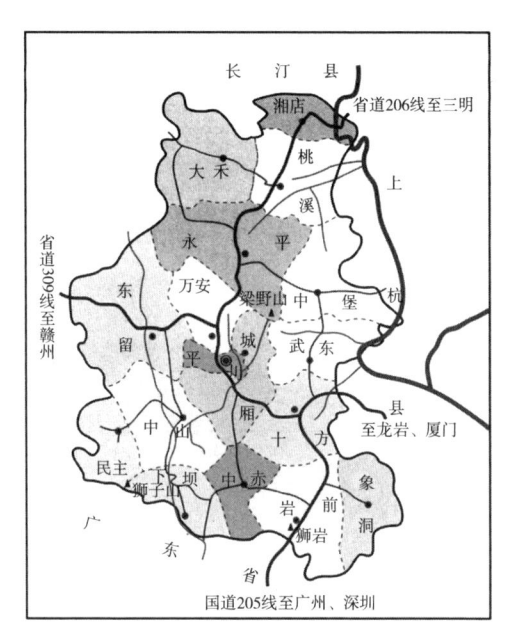

武平县政区图

二 域内建置演变

（1）宋朝立县后，武平县域内初设为5个乡，后划为7个乡。统17里13保。建制是：设乡，乡以下设里，里以下设保。

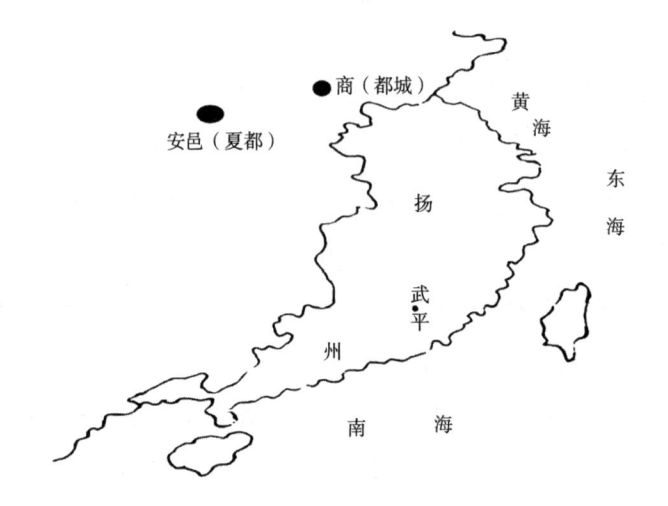

其建置如下：

区 域	乡 建	下辖里建
县东	顺义	永丰、千秋、大顺
县西	和顺	东流、留田、邱田、顺明
县南	禾平	归平、招仁、安乐、石塘
县北	永宁	（不设里、设七保）湘坑、七里、露溪、亭头、象村、大禾、昭信
县东南	安丰	（不设里、设六保）新思、竹鉴、丰田、高梧、睦群上、睦群下
县西南	清平	长泰、留村、河头
邑中部	设一乡，下辖3里，名称无考		

（2）明朝，武平县城内，洪武十四年（1381年）设7个里，下辖13图；至景泰年间下辖19图；至正德十年（1515年）增设岩前1图（后改设里）。建制是：设里（改乡为里），里以下设图，图以下设乡。

正德十年建置是8个里，辖20图151个乡。

建置情况如下：

区　　域	里建	原建制	下辖图、乡
县东南，今十方、中堡一带	高泰	高梧保	4图17乡
县南，今中山一带	丰顺平	永丰里	3图16乡
县北，今万安北部、永平一带	信顺团	招信保	3图20乡
县北，今永平北、大禾、桃溪、湘店一带	大湘亭	大禾保	2图20乡
县东，今十方、武东、中堡一带	归郡	大顺里	3图29乡
县西，今东留一带	邱留东	东留里	3图21乡
县东南，今象洞一带	盈塘	旧石塘里	1图16乡
县南，今岩前一带	岩前	（增设）	1图12乡

（3）民国时期，县域内建置变动有4次。第一次，民国初，全县划为17个区；第二次，民国二十四年（1935年），全县划为10个区，下辖69个联保，300个保，3037个甲；第三次，民国二十九年（1940年），全县划为4个区，下辖21个乡（镇）、260个保，2609个甲；第四次，民国三十一年（1942年），全县划分为19个乡（镇），下辖258个保。

民国三十一年的建制是：设乡（镇），乡（镇）以下设保。其建置如下：

乡　建	辖　保	乡　建	辖　保
城厢镇	29	六甲乡	10
东留乡	16	中正乡	14
中山乡	15	上中乡	16
和平乡	8	桃溪乡	13
下坝乡	11	小澜乡	6
万成乡	14	湘店乡	9
十方镇	19	永平乡	7
象洞乡	15	昭信乡	6
岩前镇	30	大禾乡	8
高梧乡	12		

（4）中华人民共和国时期，县域内建置变动有 13 次。

大的变动有。

① 1950 年，全县划为 13 个区，下辖 2 个镇和 110 个村。建制是：设区，区以下设镇或村。

其建置情况如下：

区 建	辖镇村	区 建	辖镇村
第一区（城厢）	1 镇 14 村	第八区（中正）	10 村
第二区（东留）	7 村	第九区（中堡）	10 村
第三区（中山）	10 村	第十区（永平）	8 村
第四区（下坝）	8 村	第十一区（桃澜）	7 村
第五区（岩前）	1 镇 11 村	第十二区（大禾）	6 村
第六区（象洞）	11 村	第十三区（湘店）	3 村
第七区（十方）	5 村		

② 1958 年 11 月，全县划分为 16 个人民公社，实行政社合一的政体。建制是：设人民公社（简称"公社"），公社以下设生产大队（简称"大队"），大队以下设生产小队（简称"生产队"）。

其建置情况如下：

人民公社名称	辖原乡镇	人民公社名称	辖原乡镇
卫星	城关、万安、汾忠	红旗	十方、高梧
东留	大明、桂坑、大阳、龙溪	和平	六甲
中山	中山、龙济	东风	丰田
民主	民主、林畲	五星	中堡、悦洋、林助
红专	下坝	火箭	永平、帽村、昭信
中赤	中赤	十月	桃溪、小澜
红星	岩前、上坊	湘店	湘店
象洞	象洞	东方红	大禾

③ 1965 年，全县划分为 16 个公社，下辖 195 个大队。建制是：设公社，公社以下设大队，大队以下设生产队。

其建置情况如下：

公社名称	辖大队	公社名称	辖大队
城关	七坊、红东、兴南、城南、钢铁、南通、兴东、凹坑、长居、汾水、金桥、文溪、礤文、园丁、尧禄、东岗、云礤	象洞	光采、洋贝、官坑、东寨、沽洋、联坊、富岭、新岗、中墩、芹礤
万安	五里、上镇、下镇、贤溪、捷文、小密	十方	叶坑、鲜水、集贤、培李、梅坑、处明、和平、中和、来福、白土、三坊、十方、黎畲、高梧、熊新、彭寨、乐畲
东留	苏湖、永福、新中、桂坑、蓝畲、背寨、龙溪、泥洋、大联、新福、中坊、小溪、黄坊、大明、封侯、新联、大阳、南坊	武东	安丰、丰田、五坊、三坊、三峙、炉坑、陈埔、东兴、张畲、六甲、东文、袁畲、袁田、美和、上畲、远明、四维、黄埔
中山	三联、龙济、卦坑、阳明、新城、城中、老城、上峰、上岭、武溪、太平	中堡	悦洋、芳洋、联四、远富、朱坊、中堡、田坑、大绩、大坪、罗助、互助、梧地、林坊、章丰、新湖、新化
民主	民主、岭下、高书、高横、林荣、坪畲	永平	田背、杭背、岗背、孔下、梁山、帽村、昭信、恬下、钩坑、瑞湖、中湍、唐屋
下坝	贵阳、露冕、福兴、下坝、大田、大成、石营、美溪、园丰	桃溪	桃溪、新礤、亭头、新田、江坑、鲁溪、新贡、湘坑、洋畲、湘里、小澜、新华、新澜
中赤	上赤、中赤、万营、壮畲、下营、育平、平沿	湘店	店下、七里、湘洋、尧山、三和、湘湖
岩前	灵岩、大布、将军、东峰、迳田、上墩、伏虎、三河、宁洋、和安、洋坑、龙井、双坊、丰贵、澄邦、杨梅	大禾	大禾、大礤、湘村、源头、龙坑、邓坑、上梧、上湖、贤坑、帽布、坪坑、山头、大沛

④ 1986 年 10 月，撤销人民公社、生产大队、生产队建置，按原建置改称为乡（镇）人民政府，村（居）民委员会。建制是：设乡或镇，乡（镇）以下设行政村（或居委会），行政村以下设村民小组（即自然村）。

至 2014 年，全县区划为 11 个镇和 6 个乡，214 个村民委员会和 5 个居民委员会。

第二节　域治变动

一　区域隶属

（1）夏朝、商朝时属扬州之域。

（2）西周时属七闽地。

（3）东周时为越国地。

（4）秦朝时隶属闽中郡。

（5）汉朝时属闽越国。其间高祖十二年（前195年）至文帝五年（前175年）之前，分封给南武侯织，为南海国之域。武平为南海国政治中心，都城可能在武平境内。南海国灭亡后，武平之域仍属闽越国。武帝平闽越后，寻立治县，武平属之，为里建。

西周时期武平域治隶属图

（6）三国时属吴国建安郡。

（7）晋朝时隶属晋安郡。其间晋太康三年（282年）被划为新罗县地。

（8）隋朝时隶属建安郡。

（9）唐朝时属福建观察使。其间：开元二十四年（736年）始置汀州，划为汀州地；天宝元年（742年）改汀州为临汀郡，沿隶之。

（10）五代时属闽国，隶属汀州。

（11）宋朝时属福建路，隶属汀州。

东周时期武平域治隶属图

秦朝武平域治隶属图

西汉时期武平域治隶属图

晋朝武平域治隶属图

（12）元朝时隶属福建行中书省。其间：至元十五年（1278年）汀州改为路，武平隶之；至元十八年（1281年），为元世祖忽必烈女儿囊家真的封地；至元十九年（1282年），福建、江西二行省合并，置福建宣慰使司，武平隶属之。

（13）明朝时属福建承宣布政使司。其间洪武元年（1368年），汀州改路为府，武平隶属之。

（14）清朝时属福建省。武平仍隶属汀州府。

（15）民国时期隶属福建省。其间：民国二年（1913年），废除州府制，以省统道，以道统县，武平隶属汀漳道；民国十五年

隋朝武平域治隶属图 　　　　唐朝武平县域治隶属图

五代时期武平域治隶属图 　　　宋朝武平域治隶属图

（1926年），废道，以省统县，武平直属福建省；民国二十三年（1934年），福建省划为八个行政督察区，武平隶属第八行政督察区。不久，第八区改称第七区，武平隶属第七行政督察区。

（16）中华人民共和国时期，属福建省。其间：新中国成立初，福建省下设八个专区，武平隶属第八专区；1950年4月，第八专区改称龙岩专区，武平隶属之；1970年7月，龙岩专区改称龙岩地区，武平隶属之；1997年5月，龙岩地区撤区设市，称龙岩市，武平隶属之。

元朝武平域治隶属图　　　　明朝武平域治隶属图

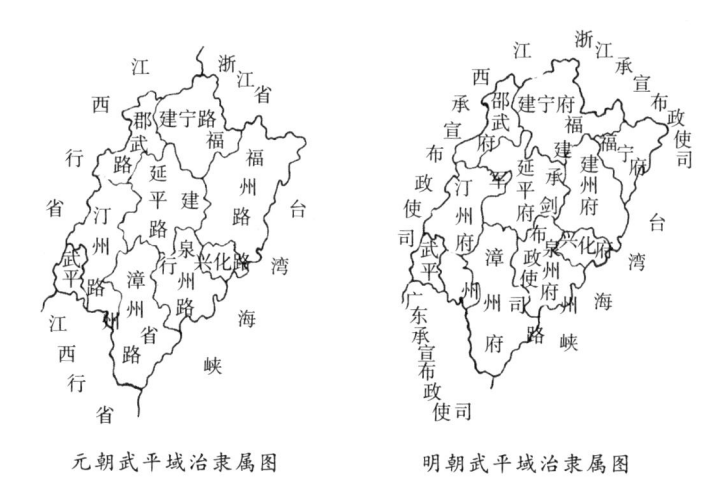

二　域治变化

"武平"名称始出于唐朝。唐开元二十四年（736年），"始置汀州。置州之后，复以本州西南地析为二镇，曰南安镇（按：今平川镇），曰武平镇（按：今中山镇），邑名始此"。（清康熙《武平县志》）

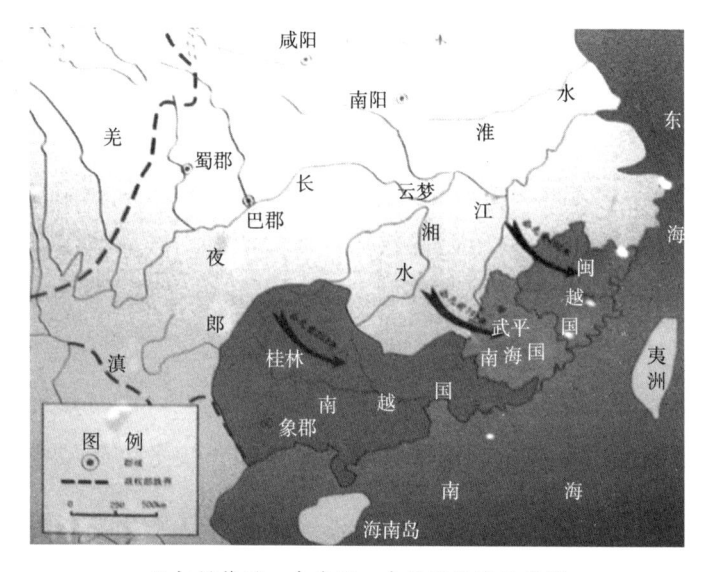

汉初闽越国、南海国、南越国疆域示意图

（1）夏、商时，武平属扬州地。其时，扬州辖今江苏、安徽、上海、浙江、福建、广东、广西、江西等八省一市。武平无明确的地域分野。

（2）秦朝时，福建区划为闽中郡。与今武平接壤的江西省赣州东部地域为闽中郡区域。因此，武平区域包括了赣东部分地域。

唐开元二十四年（736年）设置汀州、领新罗、黄连、长汀三县，在州西南（今武平）设南安、武平二镇，隶属长汀。武平邑名始此。

（3）汉朝时，福建省为闽越王国。其间高祖十二年（前195年），现今武平全境，连同今长汀，江西省赣州部分地域，广东省梅州、潮州部分地域分封给南武侯织，称为南海国。都城可能在武平境内。其时，武平区域如上所述。汉文帝五年（前175年）之前，南海国灭亡，其地又为闽越国所属。

（4）唐朝时设立武平镇，"武平"邑名始此。唐时镇为军事守戍建置兼理地方赋役，其范围并不大。因此，武平镇疆域应大致在今中山镇及以南一带。

（5）南唐时并南安、武平二镇为场，称为武平场。"场之设置，其制不详"（丘复《南武赘谭》），如因理铁税而相关，其区域大致为今平川镇、城厢镇、万安镇、东留镇、中山镇、岩前镇、十方镇、武东镇、永平镇等九镇之范围。

五代时期南唐保大四年（946年），并南安、武平二镇为场，称武平场，场治在武溪源（今中山镇）

（6）宋朝时设县，称武平县（此名称延续至今）。其疆域大致如现今武平县地域。

（7）明朝嘉靖四十一年（1562年）五月析武平西南部分地域给江西赣州府立平远县（今广东省平远县）。翌年正月其地划还武平。

明嘉靖四十一年五月武平县域图　　从明朝嘉靖四十二年（1563年）起至今，武平区域疆界基本上无变化

此后，武平县区域疆界基本无变化。

第三节　族群演变

一　原始社会时期，武平就有原住居民在繁衍、生产、生活

2010年11月在岩前丰贵村猪仔笼洞发现距今六七万年至三万年前的晚期智人牙齿化石。1937年以来，陆续在武平全县各处发现48处距今6000多年前的新石器时期文化积层遗址，其中20处遗址文化积层叠加至夏商，或至周，或至秦汉。说明：原始社会旧石器时代中期开始至中石器时期、新石器时期的整个连贯阶段，武平都有人类在繁衍生活，其原住居民为武平猪仔笼洞人。

其族群演变分为两个阶段。

1. 旧石器时期中后期至中石器时期，武平的原住居民为猪仔笼洞人。

2. 新石器时期，武平的居民属海岱民族（或称东夷人）。

蒙文通《古史甄微》将各地居民相应分为河洛民族、海岱民族和江汉民族三部分，徐旭生《中国古史的传说时代》将各地居民划分为华夏、东夷、苗蛮三部分。武平居民应属于海岱部分，也即东夷部分。卜宪群《中国通史》指出，传说东夷始祖为皋陶。

二　夏商至魏晋时期，武平的居民为越族

此时期，武平的文化进程紧随中原华夏族文化的文明发展，尤其是农业和冶铁业发展较快。范文澜《中国通史》指出："中国东南方广大地区的越族，远在夏朝与华夏文化就有接触了。"

其间，武平的民系有过四个阶段的变化。

1. 夏、商时，武平属扬州之域，其居民被称为"岛夷"。

《山海经》认为："闽在海中。"《尚书》："淮、海惟扬州……岛夷卉服。"

2. 西周至秦，武平先后为七闽地、越国地、闽中郡，其居民被称为"闽人"。

《周礼》："职方氏掌天下之图，以掌天下之地也，辨其邦国、都、鄙、四夷、八蛮、七闽、九貉、五戎、六狄之人民，与其财用、九谷、六畜之数要，周知其利害。"

3. 汉时，武平属闽越国，其居民被统称为"闽越人"。

战国末，越国人纷纷向闽、粤、川等地迁徙，进入闽地的被称为"闽越"族群，为百越一支，与当地古越族人杂处交融，渐成同一民系。"汉五年，复立无诸为闽越王，王闽中故地，都东冶。"（《史记》）于是，闽地居民统称"闽越人"。

4. 魏晋时，武平居民被称为"山越人"。

汉时，"东越狭多阻，闽越悍，数反复。［汉武帝］诏军吏皆将其民徙处江、淮间。东越地遂虚"（《史记》）。"其民不从徙者复生聚"，"隐于山林中"（《龙岩州记》），"［孙权］分部诸将，镇抚山越"（《三国志》）。这就是说，山越人就是不服从朝廷诏令外迁而留下来的部分闽越人。

三 六朝隋唐至宋，武平的居民主要为汉族，还有部分为畲族（畲民）

吕振羽《中国民族简史》指出：两晋之际，中原避役流人进入福建，形成"汉蛮杂居"的状态，使民族大同化发生，先进的华夏族即汉族逐渐同化了较落后的民族如越族。《隋书》："南蛮杂类，与华人错居……古先所谓百越是也。"其中一支人数不多的山越人，游耕在福建的建宁府属、汀州府属和浙江括苍山脉南部，演变为畲族，有雷、蓝、钟、槃氏（吕振羽《中国民族简史》）。

四　宋末元初迄今，武平的居民为汉族客家民系，称为"客家人"

唐时有大量中原汉人迁徙汀州，时与唐初在闽多地的屯戍汉军一起。在武平形成人口主体（参考李兴盛《中国流人史》），与当地居民及畲民长期融合汉化，形成客家民系。"客家民系的形成不会早于宋元之交"，"客、畲融合，让客家人在闽、粤、赣山区站稳了脚跟"（张新斌《固始与客家寻根》），长期交融汉化的结果，使武平的居民一致认可了汉族客家民系的身份。

第四节　生产演进

旧石器时期

武平岩前镇丰贵村赖屋自然村西侧东瓜釜附近有一个山洞叫猪仔笼洞，是一个复式洞，分上下两层。在考古发掘中，下洞称为一号洞，上洞称为二号洞。上洞（二号洞）发现两颗人类牙齿化石，分别为左上犬齿和左上第二臼齿，分属于两个人，根据牙齿磨损程度判定一个是成年人个体的，一个是青年人个体的，距今年代为 7 万～6 万年。下洞（一号洞）也发现两颗人类牙齿化石，分别为右上二内侧门齿和右上第一臼齿，分别属于两个老年人，距今约 3 万年。福建省博物院范雪春研究员和中国科学院尤玉柱、蔡保全教授认为，上下洞发掘出土的人类牙齿化石虽属不同时代，但恒齿的基本性状与近代中国人恒齿的测量数据相类似，因而同属晚期智人范畴。由此说明，早在六七万年前的更新世时期武平就有人类繁衍生活。

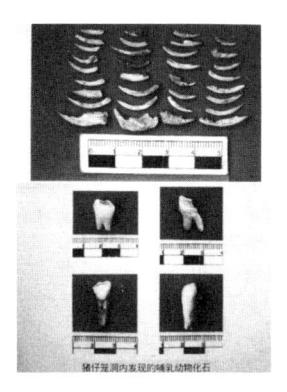

武平猪仔笼洞 人类牙齿和动物骨化石

其时，武平处在晚更新世第二个亚暖期偏凉时期，森林、灌木、草地茂密。作为晚期智人，武平猪仔笼洞人已经能打制较精致的石器、骨器和长矛、标枪等劳动生产工具。武平猪仔笼洞人的生产手段是用原始的劳动工具、有限的劳动经验、简单的劳动协作向自然界索取食物维持生存和繁衍后代。生产领域为狩猎、捕鱼、采拾野生植物果实。

【延伸阅读】

猪仔笼洞旧石器时期文化积层概况

武平猪仔笼洞人（现在还未进行学术命名，我们只从武平地方史角度来这样称呼）化石的发现，有着重要的考古学上的意义。

从2007年4月开始，国家开展了长达五年的第三次全国文物普查。其间，由龙岩市洞穴专题组在武平岩前镇丰贵村赖屋自然村西侧东瓜峑附近的山洞猪仔笼洞发现了一颗新人牙齿化石。随后，经国家文物局批准，由福建省博物院、龙岩市文物普查队和漳平市博物馆组成发掘队，于 2010 年 11 月 16 日起对猪仔笼洞穴进行了为期近一个月的抢救性发掘，发现了另外三颗人类牙齿化石。

1.文溪岭 2.徐屋对面山 3.黄土岭头上 4.寨子顶 5.牛轭塘口山 6.村后崠 7.隘寨下 8.下瑶前后山 9.小迳背一号 10.小迳背三号 11.月子壁山 12.卵子岭二山 13.洋岗子对门山 14.洋岗子背头山 15.丘割山尾 16.路屋角背头山 17.占洋对面山一号 18.占洋对面山二号 19.象洞中学后背山 20.猪仔祭上崠 21.赖屋后背山 22.象洞乡政府所在地 23.寨背坑 24.陈岗上 25.寨来顶 26.仔着豹虎头 27.早岗头 28.坎子岗 29.新采崠 30.高天数冒 31.洋子岗 32.大窝里崠二号 33.小迳背二号 34.狗颈里山

武平原始社会（新石器时期）遗址图

下洞（一号洞）的文化积层距今年代为 3 万年前，在出土两颗人类牙齿化石的同时出土了哺乳类动物骨骼化石 17 种，其中，绝灭种类占 5.5%。在动物群中，中小型动物占多数，为 44%，尤其是啮齿类动物比例很高，占 33%。上洞（二号洞）的文化积层距今年代为 7 万~6 万年，出土两颗人类牙齿化石的同时出土了 15 种哺乳类动物化石，其中有大型动物，如剑齿象、犀牛、大熊猫等。上、下两洞一共发现 4 颗人类牙齿化石和 27 种哺乳类动物骨骼化石。这是福建省首次发现 7 万~6 万年前的人类化石（见《南方文物》2012 年第 1 期）。

我国晚期智人化石材料比较丰富，分布很广。根据考古发现，华北、华南、西南、东北、内蒙古、台湾等地区，在当时都有人类生活着。武平人类化石的发现，说明在华东地区也存在有晚期智人的生活轨迹。在更新纪的冰河期，福建与台湾有陆地相通。台湾左镇文化积层与武平猪仔笼文化积层年代相近，或许，武平猪仔笼洞人与台湾左镇人处在相关联的同一文化文明史发展层面。直到距今6000年前后的新石器时期，武平和台湾仍同属东南—华南—台湾文化系类型。

在人类100多万年漫长的旧石器时代，目前已知武平的旧石器文化遗存不足10万年。

新石器时期

1937年，人类学家、厦门大学教授林惠祥来武平考察，在县城南小迳背村、岩子对面山、画眉坑、大洋坪、甘露亭对面山、西山等6处发现了远古人类磨制的石器和烧制的陶器。此后，全县多地又陆续发现了48处新石器时代遗址（其中20处为新石器至夏商或周或秦汉的多层次文化遗存遗址），出土的石器有石锛、石犁头、石斧、石镰、石铲、石耜、石镞、石矛等，陶器有罐、鬲、甑、盏、豆、壶、瓮及陶纺轮、陶网坠等生产工具和生活用具。其时，武平的人类已进入氏族公社时期。

武平出土新石器时代石戈　武平出土新石器时代石铲

以考古发现的文物来分析，武平当时的生产活动有如下几个特点：一是原始的耜耕农业比较发达，以种植粟为主，也种植麦、菽、稷，人们已经过着定居的刀耕火种的农业生活（有生产工具石耜、石镰、石铲、石犁头、石斧等）；二是渔猎仍然是耕种农业的重要组成部分（有生产工具石镞、石矛、陶网坠等）；三是已经掌握用野生麻类纤维纺织粗布的技术（有生产工具陶纺轮等）；四是采拾仍是弥补食物不足的主要手段（出土的陶器和陶片上的篮纹、编篮纹、编藤纹说明藤、竹、草编的采拾用具的存在）；五是陶器生产较为发展，从出土的陶罐、陶瓮、陶盆等器物看，已从泥条盘筑法演进至慢轮制法，而且器形增多至十几种。

原始社会陶器制法的演进

【延伸阅读】

武平新石器时代文化遗迹的发掘经过

1937年4月26日，武平县立初级中学（武平一中前身）师生郊游至县城南郊的小径背村，历史教师梁惠溥发现几片古陶片，感觉是远古的文化遗存。于是，带领学生进一步搜寻，又采集到石镞、石斧、石锛及一批陶片。梁惠溥把这些文物寄给厦门大学教授林惠祥，并函邀其来武平实地考察。6月11日，林惠祥带其助手雷泽光经广东抵武平，偕同武平县立初级中学校长姜献祥、教师梁惠溥、刘益霖等，前后七天发掘采集并进行拍照。发掘主要地点为：小径背山（县城东南甘露亭对面山，当时山顶上有一座古塔）、古山（县城东北约1.5公里）、风口紫（县城南边约3公里，古楼岗对面）、亭子岗后山（现武平一中后山及其附近）、天马山（在县城东约15公里）等处，掘坑21条（坑长3米、宽1米、深0.5米）。发现的文物有石锛、石斧、石凿、石铲、石杵、石环、石箭镞、石砺、石瑗等石器共84件，有326种不同花纹的印纹陶片共949件。并认定小迳背、岩子对面山、画眉坑、大洋坪、甘露亭对面山和西山等六处为新石器时代文化遗址。林惠祥的这次考古是福建省第一次，也是民国时福建省唯一的一次田野考古活动。林惠祥选择了一批文物装箱运往厦门大学，剩余的存放在县立初级中学。后因校舍要驻扎民国政府青年军，学校暂迁到南通民房上课，这些文物无人管理。1944年，青年军撤走后，学校迁回时，所有文物荡然无存。

1938年12月，林惠祥撰写的《福建武平县新石器时代遗址》论文在新加坡召开的远东史前学家第三届国际学术会议上宣读。1956年，此论文刊载于《厦门大学学报》第四期上。

新中国成立后，县政府文化主管部门分别于1958年和1988年进行了两次古文化遗址和遗物的普查与复查。第一次是1958年5月，配合闽西文物普查队，在九个乡镇进行考察，发现古文化遗址138处，并采集了一批遗物。第二次是1988年1月，由省、地区、县联合组成48人的文物普查队，在省考古专家张其海教授的带领下，进行一个月的古文物普查，跑遍了全县17个乡镇148个行政村，考查了近千座山头，行程24400余公里。通过实地考查，在全县13个乡镇（平川、城厢、万安、象洞、十方、武东、中堡、永平、桃溪、岩前、湘店、中山、大禾）认定现存古文化遗址174处，其中新石器时代遗址54处（其中20处为新石器至夏商或周或秦汉的多层次文化遗存的遗址），发掘采集石器132件，陶器291件，印纹陶片2556片。石器有石箭镞、石锛、石矛、有段石锛、石戈、石环、石玦、砺石、刮削器等；陶器有罐、壶、豆、碗、盒、盂、钵、釜、尊、盘、盖、瓮、盆、杯、盏、鼎足、器錾等；印纹陶片有曲折纹、长短格纹、圆圈纹、席纹、刻划纹、米字纹、绳纹、网纹、双线网纹、三线网纹、小网格纹、篮纹、粗篮纹、编篮纹、回纹、叶脉纹、弦纹、方格纹、双线方格纹、夔纹、三角形组合纹、粗方格夔纹组合、笼点纹、弦文网纹组合、粗刻划纹、锯齿纹、水波纹、鱼鳞纹、网格纹等30多种。

林惠祥教授认为，武平的文化遗存有两个特征：一是石锛之中的隆脊石锛为武平所特有；二是印刻纹陶片自成一个体系。遗憾的是，当时没有进行遗迹地层确定及文化类型分类，没有进行文化遗迹命名的论证。

夏、商、周时期

此时，武平的原始居民为古越族人。到目前为止，武平已发现114处商周文化遗址，出土了大量的青铜器和陶器、陶片及石器。从出土文物的考据及史籍记载来看，武平已经进入了更为发达的原始农业锄农业生产阶段。

首先是生产工具较为先进。出土的商周时代的段石锛是可以嵌上木柄使用的，较之新石器时期的石锛更方便使用，使用更省力。出土了石犁（翻土农具）、石镰（收获农具）、石铙（中耕除草的农具）等耕具，说明农耕方式上出现垄作、条播，农业从粗放向精作上发展。

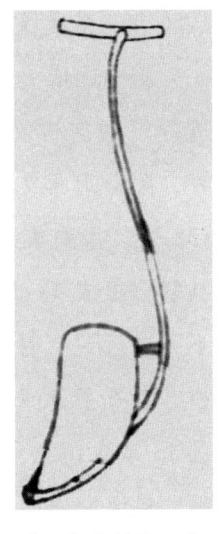

原始农业耕作工具

据姜越《青铜时代》，其时农耕的大体生产过程如下。一是选择耕地，称之为"省田"，目的是根据田地的旱、湿之分考虑适宜的作物品种。然后清除田地表面的草木。这一步骤也包含着"衰田"，即垦荒，垦殖撂荒地（也就是休耕地）。二是翻土，称为"脅田"。使用的农业生产工具是耒、锄、耙、犁（人力拉动）。其时的耒，已由新石器时期的单齿耒发展成为双齿耒。三是整垄，称之为"墫田"。四是施底肥，称之为"粪田"，其时饲养牛、羊、猪已用圈养，知道其粪便可以肥土，始有厩肥的应用。五是播种，从原始社会的撒播演进至当时普遍使用的点播和条播。六是中耕除草，使用的工具是"镈"。七是收获，收获的方法有两种：摘穗和割杆。割杆的工具是石镰。八是脱粒。方法是用木棒打击稻、粟等。九是脱壳，用石棒碾压或用杵臼。

其次有大量的围埂浇田，已进入火耕水耨的原始农业时代，部分摆脱了纯受自然气候束缚的"刀耕火种"的生产方式。《尚书》记载，扬州一带（武平属扬州之域）"厥田惟下下"，即谓土地贫瘠，是第九等的田。但是毕竟有水耨而开成田，说明了原始耕种生产的成熟。

再次是武平在周朝时开始对山地小平原进行垦殖，开始种植水稻。

最后是在东周时期武平已普及畜牧业，主要饲养鸡、鸭、猪，作为家庭副业。其时也有山坡圈养鸡的方式（见《越绝书》）。现在武平农村仍盛行山地散放养鸡。另用麻纤维织布的纺织业更为发展。因为在城厢苟坑坡（园丁）、马凹里等多处文化遗址中都出土有陶纺轮，说明其时纺织业在武平分布广泛。

【延伸阅读】

武平的原始山地农业

在古代，武平基本上是由森林、灌木覆盖的。间接依据是：一、武平溪流分别归属汀江、赣江、梅江三大水系，古时均能轻舟通航与扎放竹木排，良好的植被是溪流水源涵养供给的保证；二、1958年之前，武平域内到处森林茂密，原始森林随处可见。1958年掀起全民大炼钢铁的高潮，大肆伐木烧炭，全盘土法炼钢。因不讲科学，铁矿砂投入柴炭火炉炼出的是一堆堆废渣，不是铁。为了炼出钢，后来收集民间的铁锅、铁锁等铁制品投入炭火炉中炼，掏出的是渣，连原来的铁都没有了。最直接的后果是，森林大面积消失。

农学专家认为，我国最初的原始农业起源于山地。从武平出土的新石器时期的石斧、石锛、石铲等农耕工具看，武平在新石器时期就出现了原始农业。而从新石器时期文化遗迹分布看，武平虽然有多处山地小平原，但原始农业首先出现于山地。

既然是山地农业，最早种植的物种应该是粟。至今，武平各乡镇一直有种粟的习惯，并且有"粟子粄"的多种做法。

原始农业的最初阶段是刀耕火种农业。那时没有田地，只有烧荒后点穴播种，然后坐等收成。《国语》说："昔烈山氏之有天下也，其子曰柱，能殖百谷百蔬。"这是把刀耕火种拟人化的渲染：先烧山林（"烈山"），后掘穴点种（"柱"）。这也反映了刀耕火种农业的两件工具（火与掘穴的木棒）和两道工序（先烧后种）。武平出土的新石器时期的石斧、石杵等即是刀耕火种农业的重要工具。

秦、汉时代

秦汉时期，"闽越人农业有所发展"（翦伯赞《中国史纲要》）。原因是多方面的。比如，古越族地区其时以渔猎、金属冶炼而著称，一直追求生产工具的革新；那时，也陆续有中原汉族中避役流人进入闽中，中原地区先进的生产技术也随之传入武平；秦朝廷推行重农政策，"徙民实边，兴修水利"（邱树森、陈振江《新编中国通史》），武平地处"徙民实边"的区域。这都推动武平的生产走向新的阶段。

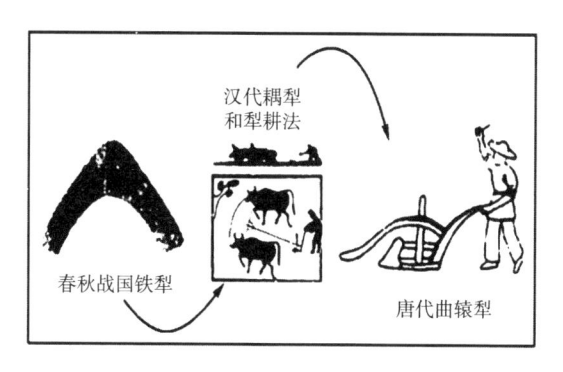

犁的演变

一是冶铁业开始发展。县城亭子岗遗址出土了秦汉时代的铁甾和铁刁斗。铁甾为锻造，有一定硬度，推测经过多次淬火和锤打；铁刁斗为范铸，其生产工艺较为复杂，有焊接或铆接的痕迹，其形制为商周青铜器饪食器鬲演进而来。这些出土铁器具标志着武平已进入铁器时代。铁器时代是人类发展史中一个极为重要的时代，它标志着人类生产活动有了一个突飞猛进的发展。从清康熙《武平县志》的描述中，武平的铁矿至少分布在今平川、城厢、万安、东留、中山、岩前、十方、武东、永平等九镇范围，冶铁业在武平的分布应该是较广泛的。这时，铁主要应用在农具上。铁制农具大致有：犁，用于翻土，已开始使用畜力拉动（牛耕）；锄，用于挖土；甾，用于开沟和作垄；铲，用于中耕除草；镰，用于收割稻、黍。铁制农具开始广泛使用。铁农具极大地提高了劳动生产效率，也"增强了开荒能力，使耕种面积不断扩大"（翦伯赞《中国史纲要》）。

二是较广泛地兴修农田水利。"武邑处万山中，无巨川为之贯注，故山田多苦旱。然涧溪交错，一遇淫雨，山水暴至，又易为民害，先民所以有陂堤之制。"（民国《武平县志》）堤为遏水，陂为灌田，"浚畎浍"（即深挖田间排水沟。见《尚书》），最宜武平山地之田。武平是闽越王国西南边陲要地，兴修水利以促进农业生产是必然的。那时，武平兴修的农田水利设施应当有陂、圳、塘、沟等，所以说，武平先民有陂堤之制。

稻谷吹扬：人力扬谷工具——风车 　　　　电动扬谷机

三是养殖业技术进一步发展（见闫万英、尹英华《中国农业发展史》），已懂得鱼塘养鱼进行合理混养充分利用水体提高产出；总结出鸡鸭选种繁殖的经验技术，以提高种群质量，出现"象洞鸡"种群特征；牲畜阉割（古代曰"去势"）技术进一步提高，由火法发展到水法。

四是麻纺织业发展快、布点广泛。武平秦汉文化遗址目前仅发现6处，文化遗址上发现的陶纺轮不多，但在这一时期发现的陶片方格纹、水波纹、米字纹等衣服用纹饰很多，纹饰的应用说明纺织业有很大发展，应该说是较为广泛地应用木纺轮。

稻子脱粒工具：人力脱粒机 　　　　稻子脱粒工具：电动脱粒机

五是制陶手工业有了新的发展。从目前武平境内发现的土敬壁下、世下寨、刘屋后背山、大坪岗下背岽、寨顶等五处秦汉文化遗址中出土的鼎、三足炉、罐、瓮等陶器看，修胎、刻纹（印纹）技术有所提高，有的已表现出中原器形的特征。这一时期武平的手工业主要有三类：冶铁、纺织业、制陶业。

六是手工业产品已进入贸易领域，使得流通交换产品不仅仅限于种植物养植物，也包括手工生产品，如铁农具、铁器具、陶制品、麻布、竹篾编织品、木制品等。

稻谷脱壳：以前用砻　　　　　现在用碾米机

七是随手工业专门技艺要求而产生的是匠人社会群体的出现。那时武平大体上有铁匠、木匠、篾匠等，他们是上门为人制作器具用品的，他们还是属于农业生产者，只是农余作匠人而已。其技艺，先世积累流传加以蹈常习故中偶有进取而已（吕思勉《中国文化史》）。秦汉时期手工业在中原地区进步是较快的。尤其是汉代，出现了一些于民生无甚用处的手工业物品及奢侈品，而闽越山区的手工业只围绕生产生活必需而发展，加之道路不畅通，物品邑内外流通交换不多，所以，手工业的发展较缓慢，制作也较简单，而简单的制作人人能做，因而就较不易产生大作坊生产。比如铁锄头就不是作坊生产的，《考工记》说得很明白："越之无镈，非无镈也，夫

人而能为镈也。"（意为"越人无专门制造铁锄的人，并非越人无铁锄，而是越人人人能够制作铁锄）

【延伸阅读】

武平的原始大田种植

进入夏、商、周以后，南方火耕水耨的农业生产方式逐步取代了刀耕火种的农业生产方式。围埂浇田使得武平的山地小平原开发为水田，俗称"塅田"。武平每个乡镇都有山地小平原，开发成塅田后，人们的衣食所需，就基本上依赖塅田也即大田种植。此时，粮食种植的主作物为水稻。因此，武平水稻种植的历史是很悠久的。

武平原始大田种植进步于原始山地农业主要是体现在"耦耕"和田间管理这两个方面。

一、耦耕。翻土是一项劳动强度大的工序，一个人难以进行或一个人干效率太低，于是就有了二人协作进行的做法，叫耦耕。大体上就是一人拉犁一人扶犁推犁。犁地用的农具一般是石犁头，还可以是石耙。

二、田间管理。刀耕火种的农业是没有田间管理的，种子点播之后就坐等收成。因而刀耕火种农业收成极为有限，渔猎采集往往同种植一样是获取食物的主要手段。当田间管理出现后，种植收获就成为一种稳定的主要采食来源。那时的田间管理主要体现三个方面。一是人工灌溉。武平为山区，溪涧网布，人工引水灌溉相对便利，修筑塘、坝、沟、渠早有为之。二是中耕除草。《诗经》说："今适南亩，或耘或耔。"耘，即田间除草；耔，即给苗根培土。三是田间施肥。那时已广泛使用厩肥和草木灰改良土壤，使得田地可年年耕种，不必抛荒轮耕。"地可使肥，又可使棘。人肥必以泽，使苗坚而地隙；人耨必以旱，使地肥而土缓"（《吕氏春秋》），所以，夏商时，武平的田是"厥田唯下下"，到战国时，武平的塅田（大田）就应该是上等的田了。因为"百亩之粪，上农夫食九人"，（见《孟子》，意为百亩田都上了粪肥，收获的粮食，上等田可养活九个人）。

魏晋南北朝时期

这一时期整个福建的经济都处于快速发展阶段（《当代福建简史》）。原因是北方战乱频繁，生产发展屡遭重创；而南方相对平静，尤其是包括武平在内的居住在福建、浙江、江西一带山区的山越人（越人后裔）更是偏安一隅。政治上的安定使生产有所发展。《三国志》认为，山越人主要种植谷物，有铁矿的地方也自然冶铁。武平多地有铁矿，以永平出产的最为精良（武平在南唐时立为场，当与此有关）。翦伯赞也说，当时"福建山区一带仍以种植谷物和绩麻为主要经济"（《中国史纲要》）。据此可以认为，武平其时的经济发展表现在两个方面。

首先是农业经济。

一是农业生产技术的提高。武平仍以水稻种植为主，但已实施了三项耕作技术的提高：土地深翻、育秧移植和集中用肥。深翻使土地肥力得到充分利用；水稻集中育苗，然后移苗插栽，缩短了水稻生长期，使水稻能一年两熟；集中用肥（俗话也叫"塞粪"，此种方法直到今天武北等地的传统农耕中仍在使用），使得厩肥和草木灰的肥力得到最大效用，这是传统农业精细耕作的标志。因而使谷物产量大为提高。

二是增加了土地开垦。武平是山区，在新石器时期至夏商时期，主要开发坡地，形成山地农业。那时，土地开垦首先就是山地平原，开垦出来的田地叫塅田。其次是两山之间的开阔地，这一类土地的垦殖，规模较大的就在这一时期，称为山垄田。那时，由于精细耕作技术的出现，塅田可以一年两熟，而山垄田只能一熟。但耕地面积的增加，仍是增加收成的重要手段。

传统工具——踏碓　　　　现代机具——磨粉机

三是水利兴修方面有了新发展，在陂、圳、塘、沟的设施项目上，又有了竹或木制的渡槽出现，解决了一些山垄田无法直接利用陂、圳、塘、沟实施灌溉的问题。

其次是手工业。

一是绩麻业。绩麻业在经济中占比加大。因战乱北方的棉布难以畅通进入福建山区，山越人只能加快绩麻业的发展。那时，麻织品的品种增加，有越布、葛布、南布等，质量品质也大幅度提升，有粗布、细布之分。

二是冶铁业有所发展，铁器具的应用达到了一个新的水平。铁除制造生产农具与兵器外，已大量应用于生活用具，如锅、斗、勺、斧、钩等。

三是制陶业进一步发展，大件陶器较多出现，但未出现瓷。

【延伸阅读】

魏晋南北朝时期的武平商业贸易

魏晋南北朝时期，南方地区政局和社会秩序相对稳定，农业得到很大的发展，也刺激着商业贸易的发展（石雨祺《中国古代贸易》)。三国时武平隶属吴地，吴主孙权重商，以农为本，以商攫利。而吴会市（交易场所）"四达"，"百货新集"（《隋书》），商品贸易呈现出"混品物而同廛，并都鄙而为之"（左思《吴都赋》）的繁荣景象。因此，从魏晋时期起，武平地区的商业贸易开始兴起，以陆路连接邑内汀、赣、梅三江水路，"通夷越之货贿"（《隋书》）。武平输出的商品有谷、粟、果、茶、铁、木等，输入的商品有盐、布、油等。商业贸易的发展也促进了手工业的进一步发展。作坊手工业产品有了市场，就有了手工业生产的扩张。那时，扩张较快的手工业门类是：冶铁业、纸业、砖瓦业、绩麻业、木作业、陶业。其时武平的贸易主要向南发展，武平越人与潮汕的商业往来较多。其原因一是通往广东的水陆交通较为发展，二是织治南海国时，武平与梅、潮同为一郡国，武平山越人多有往南迁徙的（郭启熹《闽西族群发展史》），民间交往甚是密切。这一点也可以从一些谱牒中看出。

隋唐五代时期

隋唐时期，"南方福建地区开发迅速"（《隋唐五代社会生活史》）。五代时，王审知治闽，采取了"保境息民""兴修水利、发展农业、奖励工商"的政策（《当代福建简史》），使生产水平有了空前的提高。

那时，武平的农业生产发展出现了以下几个特点。一是铁制农具种类增加，铁制犁铧、锄、耙等农业工具在闽西普遍使用，并且出现了曲辕犁和广泛使用了牛耕方式，农业生产力有了一个飞跃发展（《客家与中原文化学术论文集》）。二是建造了一些灌排面积较大（千亩上下）的坝、堰、渠、塘等水利设施，一定程度上提高了人们调洪抗旱保灌的能力，形成了一批种植收成较稳定的塅田，完善了基础型的大田农业生产。三是溶田、追肥、水稻育秧的农业技术得到普及，并总结出一套择地、选种、育种、施肥、灌溉的经验技术，提高了单位作物产量。由此，"长期存在于南方地区的火耕水耨的古老农耕方式已被灌溉农业所替代"（邱树森、陈振江《新编中国通史》）。

传统工具——石磨

现代机具——电动磨浆机

手工业方面。一是作坊、匠铺开始普遍出现。作坊主要包括酿酒、制茶叶、米粉加工、竹木器制作等。匠铺主要就是打铁铺，以打造农具、生活工具为主。这一门类覆盖之广，分布及乡村；存在之长久，一直延绵至20世纪80年代中期，当时县城南操场还有铁匠铺，还在打造传统农业生产工具，如耙、锄、砍刀等。二是草纸生产有大的发展，自此形成特色手工纸，延续至今。三是冶铸业有较大的进步，采铁矿业普及范围较广，最少分布于现今的17个乡镇中的9个乡镇。冶铁及铸造技术有一定的提高。这可能超过了手工业的范围，也许可以说唐时设立武平场，武平矿工业从此发端。

【知识链接】

隋唐时期武平的轮作复种制

隋唐时期，江南一带耕作制度发生最大变化的是稻麦轮作复种的发展（阎万英、尹英华《中国农业发展史》）。武平在新石器时期的山地农业时，种植的粮食作物主要为粟、黍。进入三代时的大田农业时，开始主要种植水稻，但收成并不高。所以晋朝时朝廷就想在江南一带推行复种："投秋下种，至夏而熟，继新故之交，于以周济，所益甚大。"(《晋书》)但未解决施肥和田间管理技术时，复种谈何容易。至隋唐时，随着施肥技术、田间管理技术的提高，轮作复种制得以在南方全面推广。那时，武平的稻与麦、稻与麻轮作和水稻复种形成"年再熟"的耕作制是很普及的。对轮作复种耕作制，唐代樊绰说："水田每年一熟，从八月获稻，至十一月、十二月之交，便于稻田种大麦，三、四月即熟。收大麦后，还种粳稻。"(《蛮书》)武平还开始种植再生稻。武平的大田轮作复种耕作制从隋唐时期一直延续至现在。

宋代时期

宋代时，南方农业迅速发展，福建水利工程大兴，闽江流域有圩田水利工程，沿海一带有海涂水利工程，闽西武平一带多塘坎水利工程，水田数量大增。《宋史》说："大抵南渡之后，水田之利，富于中原，故水利大兴。"

其时武平的农业生产有如下特点。

一是肇兴良种普及，种植物的品质有所提高。其时，武平引进了"抗旱力强，成熟较快"的越南水稻品种"占城稻"，塅田种植可一年两熟，产量增加。

二是种植物种类增加，且已开始大面积种植更新良种粟、麦、黍、豆等多种农作物，武平的种子来自淮北（翦伯赞《中国史纲要》：福建各地的种子由淮北郡供给）。

三是武平开始种植棉花（邱树森、陈振江《新编中国通史》："福建诸县皆有棉花"），催生了武平的棉织手工业。

传统农业耕作：翻土（犁田） 　　　　现代农业耕作：翻土（耕地）

四是修陂拦水，修渠引水，使得大量山垄开辟为田，种植水稻（范文澜《中国通史》），武平出现了著名的水利工程黄田陂（宋《临汀志》）。这时武平开始开辟梯田。唐代之前大量存在的坡垄地（山越人称之为"畲田"）由于耕种而水土流失严重，辟为梯田后，能够保水、保土、保肥，适宜种植水稻，增加了粮食收成。

传统农业耕作：松土（耙田） 　　　　现代农业耕作：松土

五是农业生产工具发展得更加成熟，作用门类得到细分。比如，翻土用牛拉铁犁、锄、山锄等；平整水田用牛拉铁耙、耘耙、辘轴等；中耕用耙、耧锄、铲等；收获用镰、刀等；脱粒用伏斗；稻谷脱壳用砻、碾、杵臼；制粉用磨、碓、臼、水轮连磨、水轮连碓。至20世纪70年代，永平一带还有水轮连碓。在手工业方面，武平开始有了棉纺织业，但绩麻业仍然占主要地位。其分布应该是：武东南一带麻织业和棉织业并举，武西、武北一带仍然是麻织业为主。20世纪50年代，武平还有集体化体制的麻纺织业生产作坊，由县商

业局办厂组织生产。

【知识链接】

宋代武平的土地开垦与整治

　　我国传统农业的一个主要特点是，种植业在广义农业中一直占有绝对大的比重。因此，历朝都把天然状态的土地改造成农田，当作农业耕作中一直占有重要位置的组成部分。武平自从新石器时代产生了原始农业以来，随着人口的发展和居住地的扩展，一直在进行着土地开垦。至宋时，土地开垦与整治形成的农田，大致有以下几种利用类型。一是水田，这是主要的最大量的农田，是利用山地小平原开垦而成，俗称塅田。因这种农田处于低处，容易利用山涧水流自流灌溉，或筑塘修坝引用溪水灌溉，武平在夏商时就有开垦这种农田，此后此种农田便成为主要粮食种植地，直至现在。二是畲田。畲田即山坡农地，由放火烧山而畲种开田。在原始社会的山地农业时期，种植的都是畲田。进入大田农业后，武平就较少有大的畲田开垦了，即便有畲种也多是少量粮食旱作物和经济作物。但畲田种植延续至今也没有间断，现在一般种植的是粟、玉米、蔬菜、果、薯类等。三是梯田。梯田是顺应山坡逐层开垦成水平田面。山上如有水源可自流灌溉，则成为水田，可种植水稻；如缺水源，则种粟、麦或其他经济作物。梯田名称的文字记载始见于南宋范成大的《骖鸾录》。

| 山坡耕地，古称畲田 | 平原耕地，叫大田，俗称塅田 | 山垄耕地，叫梯田 |

元代时期

元代时，朝廷采取重农政策："国以民为本，民以衣食为本，衣食以农桑为本。"(《元史》) 闽西各县社会经济有所发展。

一是武平的农业生产有了新的发展，并总结了冬治水田的经验技术：对塅田（低地平旷的田），晚稻收后，可采取两种耕治方式：其一是"旱冬"，即排水翻土，经一冬曝，晒松土壤；其二是"浸冬"，即灌水浸田，经一冬浸泡，杂草不生。对山坑田（山凹的田，日照时间较短），秋收后，排水让其干涸，深翻，曝一冬，使土壤疏松。对山垄田（坡地田、梯田），排水，耕治后施粪，种植麦、豆、蔬菜，以倒茬，可熟肥土壤。

二是养殖技术有进一步发展。饲养禽畜的催肥方法出现：养鸭，鸭长大后用填塞饲料方法催肥。养猪的饲料经过发酵，青饲料煮熟后喂食，更易催肥。

三是产生了农业劳动力协约组织耕作的方式，即协同互耕，形似共和国初期的互助组。《元史》记载，为了提高劳动效率和不误农时，北方农民普遍组织"锄社"：几十户联合组织"社"，农忙时，社内劳动力集中在一起，对社内各户田地顺次耕锄。元朝廷随后对这种自发形成的"村社"组织进行制度上行政上的规范：大体上以五十家为一社，以"年高通晓农事有兼丁者"为社长，组织社内农户垦荒耕作、修治河渠、经营副业。并以行政命令的方式向全国推广。翦伯赞认为，这种劳动力组织方式当时已遍行全国（《中国史纲要》），也因此，"南方粮食生产在南宋基础上继续提高"（邱树森、陈振江《新编中国通史》）。武平也不例外。

手工业方面也得到较大发展。一是纺织业。那时纺织业在武平不仅分布广，而且纺织品质地精致，有良好的印染水平。二是草纸制造业，纸槽数量大增，生产的草纸纸质优良。武平水路连接汀、赣、梅三江，其时手工业产品畅销邑内外，乃至于元世祖忽必烈女儿囊家真要分封武平作为其采食之邑。

传统农业耕作：平整（打辘轴）　　现代农业耕作：平整

【延伸阅读】

元代武平的积肥、施肥技术

对种植所需肥料的认知，起始于原始社会的山地农业。新石器时期的刀耕火种，是把草木烧成灰后就地掘穴点种，那时人们就知道草木灰可增加土地肥力。夏至唐以前武平一直存在的火耕水耨农业，就是用火烧去地面草木，然后放水浸灌，使草木烂在田里作为肥料。然而积肥、施肥技术的逐渐发展，是从商周开始而成熟于元代。元代王祯说："田有良薄，土有肥硗，耕农之事，粪壤为急。粪壤者，所以变薄田为良田，化硗土为肥土地也。""所有之田，岁岁种之，土敝气衰，生物不遂，为农者必储粪朽以粪之，则地力常新壮而收获不减。"（《农书》）

武平传统农业的积肥，有下列五种。一是厩肥。圈养猪、牛、羊，将收储的稻秆，日布一层于圈中，牲畜溺粪累积而沤，便收集至粪寮堆积再沤，到稻秆烂溶于粪，施于坪地晒干而备用。二是草木灰。一般是劈田坎、山陇所得草木或割弃的秸秆烧成灰用作肥料。三是灰土。即归拢田地里的作物茬头堆成堆，上面培上一层土，引燃作物根茬，使其隐燃，烧成的灰土作肥料。四是绿肥。土地冬闲时种上苜蓿，春耕前翻土压在田里作肥料。可用作绿肥的也可以是浮萍、绿豆苗、小豆苗、胡麻等（见《齐民要术》）。五是溷肥，即人粪尿。直至20世纪80年代，这几种积肥方式都一直在用，并作为改良农田土壤的较好方式。现在因较多施用化肥，这些积肥方式就较少用了。

武平元代传统农业的施肥方法主要有三种。一是基肥，在作物播种前将肥料施于土壤中，以满足作物前期生长对养料的需要，为培养壮苗创造营养条件。二是种肥，即用肥料拌种或浸种，播种时随同种子一起施于土壤中。种肥的恰当施用，可促使作物根系发达，促进壮苗。三是追肥，即在作物生长期间施肥，以供应作物生长中、后期对养分的需要。稻田追肥武北、武南有不同的做法，武南地区用撒，叫撒粪，武北地区则将晒干的厩肥捏团塞在水稻根旁，叫塞粪。塞粪的好处是肥料不易随水田的水流失，肥料能高效利用。

明代时期

农业生产方面，除了保持水稻为主要种植品种、推广稻麦复种普及外，主要有如下特点。

一是发展了经济作物的种植。明初从中原地区引进花生种植，明万历年间从菲律宾引进甘薯种植，有效地利用了旱田、山田，增加了种植业的收成。

二是继续垦田，增加了耕地面积。明洪武时期，武平每年的垦田数应该不少于千亩（参考《明太祖洪武实录》）。

三是实施了军屯（在今中山镇），不但推动了地方垦植，也因此带来了中原农业精耕细作的技术，把田间管理技术推向成熟的阶段。所以说，明清两代在农具上基本上没有发展，种植增产更多的是靠人力的投入。

传统农业耕作：插秧（莳田）　　现代农业耕作：插秧机插秧

手工业方面

一是竹木制作业呈现较大规模发展，产品主要是生活用具和家具，居民家庭使用的餐饮、宴席用的方桌及配套长条凳（俗称"八仙桌"）成为定制且广泛普及，还有箱、柜、竹榻等也形成稳定制式流行至20世纪60年代。

二是烧石灰业在岩前、十方广泛兴起。石灰除用于制草纸业外（用于纸槽里沤麻竹），主要还是用于建筑（粉刷墙面等），尤其是用于混合黄土进行墙体版筑，成为武平东南一带特有的建筑材料——三合土（由石灰、沙、黄土按比例反复十来次搅拌、晾晒而成）。版筑后，其质地的坚硬程度不亚于砖体。

三是冶铁业进一步发展，并带动了铸锅业、铁匠铺的发展，邑内的农具、工具、生活用品的铁制造产品更多地进入了交易领域，推动了社会商业贸易的发展。

四是武平的社会工匠群体比宋元时期有大的发展，从业人员增加，分工门类增加，有铁匠、石匠、木匠、瓦匠、竹匠、裁缝匠、土工匠、熟皮匠、钉砻匠、陶工匠、索匠、窑匠等20多种，手工业产品更加丰富，增加了产品的商品量。

五是手工业作坊在一些产品生产领域中有规模扩大的趋势，如冶铸、木作等行业，雇工增多，工资雇佣关系有所发展。

传统农业耕作：脱粒（打谷，用于打谷的工具叫"伏斗"）　　现代农业耕作：脱粒脚踏打谷机

六是明末武平开始有采煤业，但采掘量不多，只用于冶铁、叶坑头、猪子洞下烧石灰，未用于其他民用。

【知识链接】

明代武平手工业的社会特点

明代是手工业发展最为迅速的时期。闽、浙、粤一带当时农业高度发达，生产品丰富，带动了商业的发展，也推动手工业的工艺提升和产业扩张。其时，手工业不再是一般农民的副业，而是独立成为一类生产门类，手工业主及其雇工成为专门从业者。（见童书业《中国手工业商业发展史》）

明代武平手工业，成为相对于农业的独立生产领域，其从业者，是专司于手工业的业主和雇工。吕思勉指出，古代手工业，简单的人人会做，因而手工业往往是农余之作，农业种植业的附属（《中国文化史》）。但手工业发展到明代，技艺更益提高，质量殊胜类似副业，这就必须有擅长此技的专司之人了。明代武平最主要的手工业冶铁业、木制作业和烧石灰业，因其技艺的要求和产量的扩张，就造就了一批专门从业者，形成了手工业生产部门和手工业者社会群体。

清代时期

清代时，武平的生产有新的发展。

传统农业耕作：收割（割禾）　　现代农业耕作：收割、脱粒

一是农业方面。（1）加快了土地垦殖，垦荒面积比前朝增加562亩2分3厘，官民田地山塘的田赋总面积达126956亩7分3厘；（2）进一步推广精耕细作的种植技术，并普及了间套作和轮作复种，使种植业之间、种植业和养殖业之间形成一种多物种多层次的立体布局，出现了间套作、林下种植和稻基鱼塘，有了立体农业的雏形；（3）加强了水利设施建设，兴修或整修灌溉面积达千亩以上的较大型陂堤有4处：黄田陂、官陂、黄竹径陂、行弓堤；（4）发展了种植经营，在充分发展多种粮食作物（如水稻、小麦、荞麦、粟、玉米、豆等）的种植外，进一步扩大了各类经济作物的种植，如棉花、芝麻、茶及桃、柑、橘、蕉等。

二是手工业方面。（1）织布业技术有所提高，产品种类增加，有粗棉布、夏布、葛布、蕉布、苎布等。（2）油类加工业发展，产量增加，其种类有茶油、菜油、桐油等。（3）茶种植分布广泛，制茶业发展快，产品主要为绿茶。(4）竹资源丰富，纸业有更大发展。草纸作坊点小面广，社会出产量大。（5）陶业集中在县城周边，作坊规模较前朝扩大，但技术没有发展，基本上是粗陶产品。

三是采矿业方面。(1) 铁矿采掘布点有所减少，但规模有所扩张，章金地铁矿冶炼业规模最大，清中期以前盛极一时，出产产品为生铁；(2) 石灰石采掘一直有所扩张，石灰烧造业在岩前一带成集群发展；(3) 采煤业有发展，在岩前、十方有三个矿洞，手工采掘，产量不高，产出的煤炭只用于铁冶炼和烧石灰。

民国时期

生产有进一步的发展。

一是农业。(1) 耕地面积进一步扩大，到 1949 年时达 375000 亩，农业人口人均占有耕地面积 2.56 亩；(2) 种植作物品种增加，计有谷物（如水稻、大麦、粟、玉米等）18 种，油料（油菜、芝麻、花生）3 种，蔬菜（如冬瓜、芫菁、萝卜、青白菜等）42 种，水果（如梨、柑、枣等）36 种；(3) 农田水利设施进一步完善，全县灌溉面积达数百亩至千亩以上的较大型堤坝陂圳达 71 处；(4) 粮食生产较为稳定，正常年景下全县粮食（专指谷物）总产量在百万石以上，人均年谷物占有量为 7 石，处于自给有余的状态；(5) 渔牧业有较大的发展，但仍为家庭养殖方式，主要种类（如猪、牛、兔、鸡、鸭、草鱼等）14 种，养殖面广，社会总出产量大。

二是林业。生产量有所扩大。主要种类是杉木和竹。杉木一般出品原木，作为建筑材料，编装木排水运销往广东潮、汕地区，年产值为 150 万元左右；竹为加工成品外销，或制成竹器，或制土纸。

三是工矿业。(1) 冶铁业呈规模发展，以永平一带所产质量精良，年产值约 2 万元；(2) 采煤业有所扩张，但均为手工采掘，主要矿洞有岩前李坊、青子数处及十方叶坑头一处；(3) 烧石灰业发展较快，工场主要集中在岩前、十方一带，产量大的烧窑地数岩前峰下、猪子洞下、磨刀径和十方叶坑头、吉湖等处,年产值万元以上。

20世纪50年代武平农机厂制造的座式辘轴　　武平岩前农械厂制造的碾米机

四是手工业。(1) 最大的产业为造纸业,只生产草纸,全县有纸槽数百处,年总产值达70多万元,但在民国后期倒闭近半;(2) 铸造业,全县铸锅厂有7家,其中岩前将军地3家,和平银沙坑1家,万安2家,牛子崀1家;(3) 陶业发展较缓慢,只生产粗料黑釉陶品如罂、瓮、盆、缸之类,窑口主要在城区赖屋凹等处,但砖瓦窑发展很快,各乡镇都有;(4) 油料生产业有大的发展,技术也有进步,榨油厂在窑前骨前有数处,生产菜油、茶油和桐油,压榨机用水力驱动,樟油作坊1个,在城关黄溪谢屋湾;(5) 铁

1959年武平机器厂制造的刨床

工作坊发展快分布广，铁匠铺各乡都有，主要打造农具、工具；（6）粮食制品主要为米线加工，米线（粉干）作坊各乡都有，唯万安、十方鲜水作坊产量较大，但均为季节性生产；（7）纺织业仍为家庭手工方式，但数量下降，产品主要是土棉布和苎布；（8）副食品加工业发展很快，并形成多个武平地方品牌：县城猪胆肝、永平珍珠粉、中山白米糕、岩前馅饼、金桔、民主水豆腐。

中华人民共和国时期

中华人民共和国成立65年来，武平的生产发生了历史性的巨大变革：农业走向集约化、现代化，工业走向集群化、规模化，生产领域不断拓展，产品制造不断升级。

农业生产方面

1. 改革开放前30年（1949年10月至1978年）的生产演变情况

武平仍是以农业生产为主的县份。民国时期及以前，武平农业生产技术落后，全是人工作业，劳动强度大，出产量低。新中国成立之后，农业生产有了长足的进步。改革开放前30年，生产演变情况如下。

（1）土地治理。耕地方面：1946年底，全县有耕地面积375000亩。1950年初经过土地改革后，田地进行了调整分配，充分调动了农民的生产积极性，掀起了开垦荒地、扩大耕地面积的热潮，至1956年全县耕地面积扩大到402133亩，比1949年增加27133亩。由于新开垦的田地多是山坡地和河滩地，土地整理跟不上，在易受旱涝灾害的情况下，又有部分新开垦的土地退耕。至1970年，全县耕地面积330960亩，比1956年减少17.17%。1974年全县统一部署大搞农田基本建设，采取平整土地、开荒造田，河滩垦殖的方法，扩大耕地1508亩。林地方面：武平的山岭、山地占县域面积的85%，历史上绝大部分山地、村边路旁、房前屋后都是林丰竹茂。1950年之后，政府政策上主导森林大规模开发利用，天然林逐渐减少，以针叶林为主的人工林逐渐增多，但采伐速度远远高于育林速度。1953年，山林面积320.5万亩，有林地面积272.47万亩。至1976年，有林地面积不足150万亩。

（2）农业工具。一直使用传统的农业工具进行农业生产。农业工具主要是锄、耘耙、镰刀、曲辕犁、耙、辘轴、伏斗等。田间作业犁地、平整（工具用曲辕犁、耙、辘轴）的动力仍是用畜力（牛拉动），其他田间作业如播种、育秧、移栽（插秧）、中耕除草（耘田）、收割、脱粒等仍然是人工作业。由于农业耕作人工劳动强度大，又要赶农时，所以，其时的春季插秧、夏季收割与插秧是十分紧张、劳累的农忙阶段。

为了减轻劳动强度，加快农业作业进度，人民政府十分注意改良农业生产工具。1959年5月，武平通用机器厂成功试制生产出脚踏式稻谷脱粒机，以代替伏斗。县农业机械厂研制出座式双筒式牛牵引辘轴以替代传统辘轴。岩前农械厂研制出电动碾米机以替代砻。同时，20世纪50年代开始广泛推行运输工具轮式化，全县各地自制人力推车、板车以替代秧苗、稻谷运输过程中传统肩挑、扛、背的高强度人工作业方式。从70年代起，手扶拖拉机开始在全县普及。手扶拖拉机主要用途是：挂上犁铧用于翻土，替代牛拉曲辕犁；挂上车斗，以替代板车等作装载运输工具。农业机械化此时开始起步。

（3）选种育种。起初没有专业育种，只进行田间选种：1950年，县政府组织七坊村农民繁育水稻品种东莞白18号；1951年推广单穗选种，组织农民进行田间评选良种活动。后来进行专业育种：1954年成立县种子工作站进行良种培育；1962年设立县良种繁育场；1963年县良种场建立选种圃、株系圃、原种圃，进行种子提纯、繁育、复壮的育种工作。后来进行良种推广工作：1964年推广矮脚南特等矮杆良种；1976年后推广杂交水稻，建立制种基地，先后建立城关、十方、中堡、桃溪、东留种子站。

（4）田间管理。施肥方面，这个时期主要还是用厩肥和沤肥，1964年开始重视扩广绿肥，20世纪60年代初开始使用化肥。病虫害防治方面，1951年之前对虫害用拔穗摘叶的办法；1952年推行灯火诱捕害虫，但用的是煤油灯和松脂柴火；1954年开始用化学农药除虫病；1970年开始推广黑灯光诱蛾；1972年开始宣传生物除虫害，保护害虫天敌，维持生态平衡。

20世纪50年代武平竹制农具加工厂

（5）水利设施。1950年3月，城厢区修复岩子陂，能灌溉600余亩农田；1952年岩前将军村建成葫芦陂，灌溉面积500亩；同年武溪渠开工建设，灌溉面积千亩以上；1964～1965年，建成灌溉面积300亩至千亩的陂、圳、塘16处；20世纪70年代中、后期以后，强调规划灌溉电力拦洪工程相结合，已基本不再单建灌溉工程。

（6）养殖业。1949年武平全县畜牧业产值275万元，渔业产值

5万元。1957年畜牧业产值510万元,增长82.14%。1958~1961年,由于实行"左"倾错误政策限制农民从事个体渔牧业,养殖业严重倒退。在1966~1976年的十年"文化大革命"期间,又把个体养殖业当作走资本主义道路批判,养殖业已显得凋零。

2. 改革开放后35年(1979~2014年)的生产演变情况

20世纪50年代武平纤维厂:捶打纤维、纤纱

这时农业生产体系完善,技术保障充分,农业生产技术应用和机械化水平有巨大的发展和进步,技术应用普及率高;专业种子供应代替了土法选种;测土配方施肥逐步代替泼粪、塞粪的传统施肥方法;滴灌方式也已进入规范化田园种植;机械化耕作覆盖率全面推进,旋耕机、耕整机、齐垄机、联合收割机等先进农业耕作机械代替了犁耙辘轴等几乎所有传统农业耕作工具。

至2014年,武平农业生产发展的重要进步如下。

一是耕地配套设施的建设趋向完备。全县耕地总面积27.69万亩,绝大多数配套了机耕路、排水沟、排渍沟、水陂、灌溉渠等。全县中小型水库103座,总库容量3311.78万立方米,有效灌溉面积57821.14亩。

二是建立了多种农业科学技术应用服务平台。有分布广泛的种子、化肥、农药供应商店,全天候服务的农业气象测报机构,专业化的农林植物病虫害监测站点,工厂化水稻育秧基地等。2013年,测土配方施肥技术应用35.4万亩,水稻病虫害专业化统防统治10213亩。

三是农业机械化作业全面推进。全县农业机械固定资产总值为12394万元,农业机械总动力149551千瓦。水稻耕、种、收机耕面积分别为37.3万亩、5.91万亩、10.95万亩,耕种收综合机械化水平为41.8%。全县拥有小型施拉机2487台,农用运输机984台(2010年),耕整机5289台,联合收割机92台,拖拉机配套农具(包括圆盘犁、齐垄机等)3239台,旋耕机1534台(2010年),机动脱粒机2912台(2010年)。还有分布量大的农产品加工机械如碾米机、磨面机、淀粉加工机等。

四是农业生产领域扩大。除主要粮食作物水稻种植面积达56.92万亩、总产量22.0041万吨以外,旱粮作物甘薯、马铃薯、大豆、玉米、杂豆种植98565亩,总产量2718吨;油料作物(花生、油菜)种植19987亩,总产量3819吨;水果种植面积86224亩,总产量37937吨;蔬菜瓜果种植19.5万亩,总产量30.3万吨;食用菌栽培4835万袋,总产值2.0119亿元;花卉种植2.3万亩,总产值6.8亿元;茶叶种植5.66万亩;多种中药材种植面积增加,其中仙草54300亩,金线莲林下种植150亩、大棚种植20万平方米,产值1.2亿元。

工艺品制作　　　　　　陶土加工

五是加快发展农副产品加工业，以提高农副产品附加值。全县农产品加工企业203家，产值45.35亿元；茶叶加工企业63家，产值1.2亿元。

六是推动渔牧业的家庭式养殖和产业化养殖共同发展，促进产、销社会协作化经营。生猪存栏40.5万头，出栏76.92万头，其中出栏外销57.69万头；牛存栏2.9万头，出栏5858头；羊存栏7900只，出栏7047只；兔存栏34.6万只，出栏75.17万只；家禽存笼240.05万只，出笼652.3万只；蜜蜂养殖1.1万箱，产蜂蜜181吨；水产品养殖面积2.64万亩。

七是农业生产关系体制向现代农业的集约化规模化方向发展。原始社会后期至夏商时期，农业生产力落后，因而产生耦耕制度（即两人合作耕种）。尔后一直至民国是家族个体耕种。只有其中元代时产生过"村社"的集体耕种制度。共和国初期，为家族分散耕作，1952年2月南兴乡（今城厢镇）出现7户33人的刘翠文生产互助组，拉开了农业生产集体化的序幕，生产互助组在全县很快普及。1953年1月开始在全县建立以村为单位的农业生产合作社，1958年8月，开始在全县推行生产队为基础，生产队、生产大队、人民公社三级所有的大集体化生产。随着生产力水平的提高，这种大锅饭式的生产关系体制束缚了生产的进一步发展。1980年夏收前，全县又全面推行家庭联产承包责任制，以家庭为生产单位个体经营。随着农业机械化水平的全面提高，2006年开始有步骤地推行土地联片承包方式，建立种田大户（即农场制），使机械化程度得以更好地发挥，让多余的农业劳动力走向城市参与其他产业，开启了农业生产集约化规模化的革新。

工业方面

1. 改革开放前30年（1949年10月至1978年）生产演变情况

改革开放前30年，工业缓步发展，全县只有农机厂、制材厂、松香厂、腐殖酸类肥料厂、印刷厂、竹编工艺厂、食品厂、酒厂、猪胆肝厂、发电厂、合成氨厂、油漆化工厂、汽车配件厂、木材制材厂、碾米厂、榨油厂、副食品加工厂、岩前机械厂、纺织厂、自来水公司、粮食复制品厂、轻工综合厂、水泥厂、瓷厂、铁厂、纸厂、煤矿、锰矿等28家工矿企业。产品有机床,畜力铁犁铧、锄、耙等农具,脱谷机,碾米机,饲料粉碎机,纸,多种副食品,饮品,调料等。除此之外,有各类手工业生产合作社,产品涵盖铁竹木农具、家具、制衣、制伞、制革、木杆秤、制鞋、修理等门类。

2. 改革开放后35年(1979~2014年)的生产演变情况

改革开放后35年,大多数个体经济企业和集体经济企业都向规模产业化发展,国有企业、民营规模企业在技术改造革新方面提升迅速,武平工业开始有了做强做大的发展。在生产经营方式上,国有企业从1987年6月开始,实行承包经营责任制,并从1990年起,企业生产开始进入市场化配置,政府计划逐步退出企业生产调节。由此释放了企业的生产活力,提高了生产效益,企业生产也就更适应了市场需求。同时,大力促进个体企业、民营企业的发展,使私营企业在工业中的比重占据了大部分,使改革开放前的政府办企业变成改革开放后的社会办企业。私营企业也从最早的食品、修造、采掘的分散小型门类发展到制造、冶炼等的规模化生产门类。

至1988年(改革开放的第一个十年)

全县个体企业发展到5466个,从业人员15221人;村办企业400个,从业人员5604人;联户办企业79个,从业人员519人;乡镇办企业183个,从业人员3567人。涉及生产门类有:生活用品、中小型农具、机制纸、建筑材料、运输业、餐饮业、服务业、农产品加工业等。

国有工业企业有23家，生产门类有采矿（煤、石灰石、锰矿、板材石料）、冶铸（冶铁、铸钢、有色金属冶铸及压延等）、建筑材料（水泥、砖瓦、铝塑复合管等）、化工（松香类、化肥类、油漆、塑料）、造纸、机械制造（汽车缸套、机床、农产品加工机械、农机具等）。

至1998年（改革开放后的第二个十年）

个体企业10024个，乡镇企业256个，生产门类主要有竹木制品、建筑材料、制茶、纸品、花炮、冶炼、特色养殖业、漆器、运输业、饮食服务业等。

工业企业（包括国有企业和中小型民营企业）有4643家。主要生产门类有采矿业（煤炭、石灰石、金矿、萤石矿、石板材等）、建材业（水泥、白水泥、机制砖、铝塑复合管）、机械制造业（汽车配件、农机具、金钢石锯片与钻头等）、冶金业（炼铁、铸钢、锰铁等）、化工（松脂类、化肥类）。

至2008年（改革开放的第三个十年）

个体私营企业有14216家，主要生产门类有卫生用品、包装材料、竹木制品、建筑材料、制茶、装饰材料、电子产品、成衣、针织内衣、运输、商业、服务业、鞋业、纸品、鞭炮、陶瓷、粮食加

现代农机具：旋耕机和齐垄机

工、采煤、水电等。

工业企业（包括国有企业和规模民营企业）有106家，主要生产门类有电子产品、机械制造、化工产品、针织纺织、工艺品、工程机械、印刷包装、农产品加工、家具生产、塑料制品、制衣、采矿、冶炼、食品保鲜包装、建筑材料、家用电器等。

至2014年

工业生产呈现如下特点。一是工业产业结构调整后，形成了以机械制造、不锈钢产品加工、新型显示产业、矿产品加工、农林产品加工为主的5项重点产业，并强化推进产业规模。全县有规模以上工业企业119家，其中产值亿元以上的企业29家。规模工业实现产值114.21亿元。二是工业门类多、产品种类广泛。机械制造方面的产品有汽车、工程机械、船舶用的内燃机气缸套、活塞、制动毂等配件；冶金方面的产品有金、银、铜及黑色金属的冶炼、延压加工等；化工方面的产品有合成氨、碳氨、松香、聚合松香、中低端重钙等；光伏与电子方面的产品有节能灯、太阳能节能灯、散热器、电风扇、高清液晶电视机等；建筑材料方面的产品有普通硅酸盐水泥、白水泥、彩钢板、不锈钢、石板材、黏土砖等；轻工业方面的产品有服装、鞋、文体用品、生活用纸、厨房设备、木制品、工艺竹制品、医药用生物制剂、真空脱水包装蔬菜、食用菌加工品等；采矿业方面的产品有煤炭、石灰石、白云石、脉石英、萤石、长石、花岗岩荒料、饰面辉长岩等；森林工业方面的产品有家具、园艺制品、胶合板、指接板、心板、刨花板等。其中，机械制造产品和森工产品出口外销至美国、日本、欧洲、南美洲、东南亚、中东等地区和国家。三是建立了3个工业园区。武平（青云山）工业园区，入园企业82家（其中外资企业4家），项目总投资82.56亿元，园区实现工业总产值37.52亿元；十方工业集中区，入园企业31家，完成固定资产投资13.87亿元，园区实现工业总产值 16 亿元；岩前工业集中区，入园企业 43 家，项目总投资 82 亿元，实现工业总产值 35.91 亿元。

第五节　生活变化

旧石器时期

在原始社会的旧石器时期中、晚期，武平森林茂密，野生动、植物繁衍生长。武平猪仔笼洞人所处的自然环境为他们的生活提供了足够的食邑保障。远古时期人口繁衍缓慢，取食人口不算太多，男子渔猎，妇女采拾，人们靠简单的生产劳动即可保障基本生活。所以，《白虎通》中说，此时古人，"饥则求食，饱则弃馀"。《韩非子》也说："古者，丈夫不耕，草木之实足食也；妇人不织，禽兽之皮足衣也。"由此可知道：当时的衣为"禽兽之皮"，也有草编披围（《白虎通》说远古之人"茹毛饮血，而衣皮苇"）。当时的食主要为"草木之实"，及渔猎所获的肉食。草木之实的"实"，不只是植物的果实，也包括可食用的茎、叶、块根之类。当时的居所，主要为洞穴和树栖。《周易》中说："上古穴居而野处。"《庄子》说："古者，禽兽多而人少，于是民皆巢居以避之，昼拾橡栗，暮栖木上。"武平猪仔笼洞人已懂得用火烧烤食物，尤其是烧烤肉食，进入了熟食时期，在饮食史上是属于石烹阶段。旧石器时期，武平猪仔笼洞人的生活当是如此。

【知识链接】

武平猪仔笼洞人所处的气候与环境

距今六七万年前，已经进入大理冰期后，为更新世间冰期中期。

这一时期，岩前地区（包括今十方、象洞一带）气候温热湿润，山地基本上被森林覆盖，丘陵、平地灌木、草丛茂密。有多种大型哺乳动物生存活动。

岩前地貌，为喀斯特地貌，岩性是石灰岩溶岩型，以丘陵地表为主要特征。

这一时期，降水充沛，多有湿地分布。

优越的气候和地理环境，很适合古人类穴居和采集，于是形成了晚更新世含智人化石的大熊猫、剑齿象动物群，使武平在旧时器时代中期末，就进入了晚期智人阶段。

新石器时期

生产能力低下，生存艰难，人的寿命短。

在县城小径背、武东陈岗上、湘店后崶山、桃溪洋子岗等文化遗址出土了石锛、石斧、石铲、石耜等原始农耕工具和石镞、陶网坠等渔猎工具。由此可知，当时武平人类生活的主要方式是靠狩猎、采集和刀耕火种的原始山地农业来维持的。生活状况大致是：衣的方面，主要以草和兽皮为衣服的材料（《白虎通》曰，古人"衣皮苇"），也使用少量的粗麻布（因麻织业并不发达）。食的方面，一日两餐（《孟子》："耕而食，饔、飧而治"。饔、飧即一天中的两顿正餐），主食为糗（即炒熟的粟、麦等谷物。《孟子》曰："舜之饭糗茹草，若将终身焉。"意为舜过的是一般百姓的日子）。住的方面，为干阑式木构矮屋。从武平发掘的48处新石器遗址看，武平猪仔笼洞人早已走出岩洞和森林，脱离了穴居与巢居，来到山陂山垄地进行原始山地农业的开发，在居住问题上，已知道选择近水边或平地上搭建干阑式居所了。那时人们的生产所"收获的产量很低"，"生活条件极端贫乏，要维持生存是很困难的"，"人的平均寿命只有三、四十岁左右，儿童死亡率更高"（陶大镛《社会发展史》）。

【延伸阅读】

武平炊事的发端

在原始社会的旧石器时期，有很长一段时期人们对所获取的食物是生食的。《礼记》说："未有火化，食草木之实，鸟兽之肉，饮其血，茹其毛。"学会了用火之后，才开始有了熟食。在旧石器时期中晚期，熟食的炊事方法，主要是将食物直接放在火上烧、烤，后来懂得放在石板上烧。"中古未有釜甑，释米，捭肉，加于烧石之上而食之耳"（《礼记》），犹如今之铁板烧。从此之后便进入石烹的饮食时代。武平猪仔笼洞人的饮食，是属于石烹阶段。

进入新石器时代，人类发明了陶器，推动人类饮食进入了陶烹阶段。武平新石器文化遗址发掘出有瓮、罐、壶、豆、碗、钵、盂、盒、釜、尊、盘、杯、盏等完整陶器，其中罐、钵、釜是较多出现的食器。这时烧、煮食物就不用石板了，而用釜一类的陶容器。陶碎片可辨认的有鬲和甑。这是十分重要的饮食文化的代表器物，鬲是用于煮食物的，甑是用于隔水蒸食物的。饮食由煮到蒸，是饮食烹调方面的一个巨大发展。这说明武平饮食文化的进步发端于6000多年前的新石器时期。

夏、商时期

已有原始大田农耕，但产量低，人们生活艰苦。

其时武平属扬州之域。据《尚书》记载，朝廷将这一带的田地定为"厥田惟下下，厥赋下上，上错"（即田是第九等最末等，赋税是第七等，杂出第六等）。因武平历来"山峻地僻"（明《汀州府志》），推测当时武平的田应当是第九等的，赋税是第七等的。在这种情况下，承担赋税之后，正常年景生活也是窘困的；如遇灾年，那生活就恐怕难以为继了。生活状况大致是：衣的方面，仍以植物草茎编织为主（《尚书·禹贡》："扬州岛夷卉服"），但已开始有更多用麻布、葛布（从已发现的114处商周文化遗址看，陶纺轮分布颇广，其时麻绩业在武平应有广泛发展）。食的方面，主食有糗、饼（麦粉做）、粢（米粉做）、粥、饘（稠粥）等，仍是一日两餐。第一餐叫朝食，也叫饔。古人按太阳在顶空中的位置标志时间，太阳行至东南角叫隅中，朝食就在隅中之前，依此推测，当为上午九时左右。第二餐铺，又叫飧，在下午四时左右。烹制方法有馈（以羹浇饭）、蒸、焙（微火烘烤）等。此时已有使用筷子。住的方面，已有草顶夯土版筑的矮房，坐、卧家具为席，主要是竹编和草编。行的方面，"陆行乘车、水行乘船、泥行乘橇、山行乘檋"（《史记·夏本纪》）。其实，武平地区多山地，路崎岖，陆行基本上是徒步的。

【延伸阅读】

武平衣着样式的远古由来

武平猪仔笼洞旧石器时期文化遗存未发现有织麻的实物与遗迹，可以说，此时期"未有麻丝，衣其羽皮"（《礼记》）。当然还有草编物，这就是《尚书》所说的"卉服"。

武平多处新石器时期的文化遗存都发现有陶纺轮，由此可知当时绩麻业在武平广有分布，麻布生产一直延续到清代。因此，武平在新时器时代就有衣服。但是，这一时期的衣服应该是贯头式、单披式和披风式的。也就是说布料是不加裁剪的，是用披或围的方式穿在身上的。从商朝开始，服装就有裁剪了。随后形成了传统服装的两种制式：衣裳连体制和上衣下裳制。衣裳连体制式的服装古称"深衣"，产生于春秋时期。其形制是交领、缘边，袖口和下摆宽，下摆不开衩口，长度在足踝间，以不沾地为宜。现在武平还有些老年人穿的长衫、女性穿的旗袍和连衣裙均是从深衣演进而来的。上衣下裳制的服装，上衣称襦，为短上衣；裳即下衣，前后两片，左右两侧各有一条缝隙，以便开合，裳始于新石器时期，终于汉。至汉时，裳分别为裆裤和裙子所代替。裳的前后两片连成一体，为裙。裤，即绔，也作袴。始于春秋，当时只有两只裤管，称胫衣，上端缀带，穿时系结于腰。战国以后开始有开裆裤。魏晋时始有合裆裤，并成为常用服。服装式样从此大体上就固定下来了，较有变化的是领和袖。所以吕思勉说："衣服不论在什么时代，总是大同小异的。"（《中国文化史》）因此，到民国时，武平普通人穿的汉装，也就是襦和裤的承袭而已。在武平，深衣的穿着历史是非常悠久的，一直到20世纪70年代还常见有人冬天穿着。这是自春秋延续以来的服装，武平俗语中称"长衫"，也称"袍"。武平穿长衫者一般是在冬天，是因方便用火笼取暖：把火笼提在袍里既挡风又聚热。武平俗语有喻人着装太正式为"长袍马褂"，这符合古代礼制："袍必有表。"（《礼记》）表，指穿袍后再加罩衣，清代罩衣为对襟短褂，称为马褂。

改革开放前的衣着　　改革开放后的衣着

周朝时期

基本生活可以维持，但生产力水平低，抗灾能力弱，人们生活极不稳定。

其时，武平先属七闽地，后属越国地。据《越绝书》记载，当时域内"少兵戎"，但自然灾害却不断出现，人们几乎无抵御自然灾害的能力，"天暴风雨，五谷不生"，传统的应对各类灾害的唯一办法是"因熟积储，以备四方"。所以朝廷认为平均起来还是"天下家给人足"。但实际情况应该并非如此。既然武平地处"僻壤"（清康熙《武平县志》），原本就是"厥田惟下下"（《尚书》），而且，"下田夫食五人"（语出《吕氏春秋》，意为百亩田只可供养5个人），所以此时的自然农耕要想获得较多收成，必须是广种薄收的，但如果遇上自然灾害，粮食歉收，"贫民糟糠不接于口"（《淮南子》），生息劳作是艰难的。所以"土瘠民劳""衣食维艰"（《中华全国风俗志》），是当时地处古越山区的整个闽西，更是武平人民的真实的生活情形。

改革开放前的一般民居　　改革开放后的一般民居

【延伸阅读】

武平先民居所的演进

原始社会旧石器时期武平猪仔笼洞人是居住在岩洞里的，称为"穴居"。猪仔笼洞旧石器时代文化积层从距今七万年至三万年，也就是说，最起码四万年左右的时间这座岩洞是武平先民栖身之所。所以，人类的栖身居所最初是天然岩洞。《礼记》曰："昔者先王未有宫室，冬则居营窟，夏则居橧巢。"人们在岩洞之中居住了相当长的时间，饱受了洞内不见阳光、温度较低、地面潮湿的困扰。走出岩洞，如像鸟筑巢居住则又是一种选择更有利环境的开始，于是便有了人类的巢居。巢居也因为"上古之世，人民少而禽兽众。人民不胜禽兽虫蛇"，所以，"构木为巢，以避众害"（《韩非子》）。巢居是将木条、藤草搭建在树枝上或几棵树之间的居所，这种巢居直到20世纪70年代在武平还能见到，只是山里人用于看守林木、果园的一种临时休憩场所。在大禾、象洞等山里割松脂、种香菇的人也有在生产季节搭巢居住的。

原始社会：穴居、巢居和干栏式住居

到了新石器时期，人们为方便农耕，又创造了干栏式房屋。干栏式即立桩悬空建造居所，"悉以高栏为舍，号曰'干栏'"（宋·乐史《太平寰宇记》）。因这种建筑能自由选择建筑地，因而到新石器晚期，干栏式建筑已基本取代了穴居和巢居。至今武平一些河、塘水边仍有这种建筑，只是用于方便管理放养鸭群或照看鱼塘。

此后的房屋建筑，由此演进而来。

秦代时期

农耕经济技术有很大提高，有较好的收成。但由于赋役沉重，拉低了人们的生活水准，生活仍然窘迫。

改革开放前的出行　　　　　　改革开放后的出行

其时秦朝廷推行"徙民实边"的政策，武平开始有中原流人的迁入，也因之传入了中原地区先进的农耕技术。尤其是铁制农具的使用，使武平的农耕生产力水平有了极大提高，耕种收获比前朝大为增加，秦朝前期生活是比较富裕的。但随着赋役的逐步加重，特别是秦二世时赋役的严苛而沉重，很大程度上抵消了生产发展给人们带来的生活水平的提高，至秦末，"男子力耕，不足粮饷；女子纺绩，不足衣服"（范文澜《中国通史》）。当时武平的生活状况：衣的方面，麻布广泛应用，衣有单、夹之分。食的方面，一日三餐，主食为饵（米粉制，类似饼）、饭，烹调方式有蒸、炮（裹泥烧）、腌、烤等。住的方面，主要还是木构或版筑房屋。行的方面，依然是水路舟楫，陆路步行，但已有牛车。

【延伸阅读】

从武平的"蒸酒作豆腐"说开去

武平民间对喜悦又繁忙的事情习惯于用"蒸酒作豆腐"来形容，以表示无暇旁顾来推辞不期的应酬。

制酒，不论是酿造还是蒸馏，在武平统称"蒸酒"，是一件需专注虽简单却并不轻松的活儿。武平的酒，多为米酒，是用糯米酿造的，其味甜、醇，酒精度不高，一般不到三十度。如果再加蒸馏，那酒精度可高达五六十度,那就叫米白酒了。在农村居民中,每到冬季,几乎家家户户都有蒸酒,主要为过年(春节)食用作准备。很多居民平常时也蒸酒,以备常时饮用和招待客人之需。饮用时,温酒的壶,多用锡打制的酒壶,饮酒用碗。储存米酒用陶瓮(俗称"酒缸")。在武平,米酒与茶一样是最普遍的传统饮料。

酒的起源,文献记载出于夏朝,并且有两个传说。其一说是仪狄造酒:"昔者帝女令仪狄作酒而美,进之禹。"(见《战国策》,帝即禹,夏朝始君主)其二说是"杜康造酒"(见《世本》,杜康即少康,夏朝第六任君主)。据考古学的证据,酒应起源于原始社会的新石器时期:1983年在陕西眉县马家镇杨家村的仰韶文化遗址中,出土了一组陶制酒器,包括5个小杯、4个大杯和一个葫芦瓶,这是迄今为止我国出土的最早的一组酒器,距今大约6000年。武平制酒历史悠久,最起码在西周时就已有造酒。考古学的证据是,在象洞乡官坑村黄土岗出土了一个西周时期的刻划绳纹灰陶尊。尊是古代酒具。现存武平县博物馆。

制作豆腐,在武平俗称为"做豆腐",其过程是将浸泡过的大豆磨细、滤净、煮浆,然后加入石膏或盐卤作凝结剂,使豆浆中的蛋白质凝结,再除去过剩的水分即成。其中磨豆子和滤渣是蛮累人的。豆腐在武平是一个传统的、普遍的、非常受人青睐的食品。平时餐桌上,豆腐是最常出现的菜肴之一;逢年过节必须有豆腐;婚娶寿宴,必须有豆腐;丧事祭祖,有豆腐;敬神送鬼,有豆腐;砌灶起火第一餐敬灶神,主菜就是豆腐。一提餐饮,豆腐似乎不可或缺。武平几乎每个村都有豆腐作坊。豆腐又有多种烹调方法:煮、煎、炸、酿(即在油炸豆腐中填塞肉菜)、渍等。

豆腐的起源,文字记载的至少有两种说法,其一说是春秋时代就有豆腐。清汪汲《事物会原》云:"腐乃豆之魂,故称鬼食,孔子不食。"其二说是西汉时始有豆腐。明朝李时珍《本草纲目》曰:

"豆腐之法，始于汉淮南王刘安。"根据考古学的证据，汉代就发明了豆腐是确切的：1961年，河南密县打虎亭出土了一块汉代做豆腐的画像石，图中画的磨豆子、滤豆渣、压豆腐等工艺流程，与今天民间的传统做法极为相似。武平唐代就有做豆腐的，但更早在什么时候，还有待考证。

汉代时期

基本的物质生活资料能自给，社会生活相对安稳。

其时，武平属闽越国。"闽越人农业有所发展。"（翦伯赞《中国史纲要》）原因是闽越国与中原地区有着广泛的经济文化交流，"积极吸收中原的生产技术和文化"，"大兴冶铁业，努力推广铁器具，发展生产"，使得"闽越的社会经济得到较大的发展"，"百姓安居乐业"（《闽越文化研究》）。正因为生产发展、收获量的增加，促进了汉时武平北面通汀江、西面通赣江、南面通梅江的水道商贸通航，呈现了闽越国西南边陲富足的生活景象。衣的方面，都服襦（短衣），面料为麻布。食的方面，主粮是稻谷，麦、黍、豆等作杂粮。蒸、煮、煎、炸、烤、焖等烹调方法已成定式，延续至今。居住方面，多有房屋合围版筑瓦顶建筑样式，内有厅、堂、室区分居住功能。卧、坐、用具因有腿而从席演变分为床和凳。行乘方面，水路舟楫，陆路徒步。武平为山区，牛车不便应用，得不到发展。

【延伸阅读】

武平的传统家具漫谈

武平的传统家具，是指20世纪70年代之前的木竹制的制式家具。主要有：床、餐桌、长条凳、椅、躺椅、箱、柜。

床，睡觉之具，是居所内最重要的家具，人一日之中约有三分之一的时间是要使用床的。武平传统的床是木制架子床。床四周有围挡，正面的挡高约8厘米，叫床栏，俗语也叫床挡，另外三面的挡高五六十厘米，有几何纹格或花纹格（既是装饰也便于通气），床四角有柱，柱高一米五左右，柱顶平嵌架面（也便于悬挂蚊帐），床内半柱高之间有横板（约为床宽的三分之一），以堆放被子、卧席等物之用。床腿高40厘米左右，床档床架施漆面。讲究一点的有漆画或刻花。

春秋以前人们睡觉是将席子垫在地上睡的。那时室内也有陈设叫"床"的用具，但与后来专作卧具的床不同，较矮较小，用途也不同，是专供人坐的。战国开始，床就开始坐卧两用了。河南信阳楚墓出土的战国中期彩漆木床是我国目前见到的最早的实物床了。从唐朝开始，床便成为专用卧具，床脚更高，也有了床栏。到明朝，床变得更宽一些，有柱有架，床栏除正面的稍低外，另外三面围挡更高，有的床由半柱上的横板上装嵌有精致的收纳内衣用的小橱，一张床就像一个小卧室。武平传统架子床的样式是承袭明代床的制式的。

桌，是餐饮时或其他活动时置物的重要用具。武平传统的使用较频繁的是方桌，或叫四方桌，雅称"八仙桌"（每边恰好坐两人，四边围坐八人）。桌面下四面有12厘米宽的木围幔，桌腿和桌面是榫卯固定的。桌面髹漆，平整锃亮。与桌子相配套的是四张长条凳。

桌，起源于商代，是用青铜制造的类似几形的案子，称"俎"，当时是用于陈放祭祀用品或放置鼎、豆一类器皿的，但不是像今天这样作为餐桌用，而是属于高贵的礼制陈设。人们用餐，席地而坐，用餐的器皿是放在地面上的。至周时，木几出现，就成为普通的室内陈设，几为长方形，不高，类似现在北方的炕桌或小茶几，但其作用是用来坐时凭倚作稍事休息的，与今天桌子的概念不同，倒像是有椅子的扶手的作用。到魏晋时，几成方形、圆形或更宽的长条形，称为桌或案，便开始普遍用于就餐之用了，作为凭倚的几就日渐式微。而至唐时，桌子开始有了分类：饭桌、书桌、供桌、香桌等，明朝时，桌子制作开始考究起来，武平的"八仙桌"也是承袭明制的。在喜宴（包括婚、寿、乔迁宴等）中，"八仙桌"有重要用途，厅堂内靠近正堂的第一桌叫上桌，桌子靠中堂的一边叫"上横头"，那是主宾席，以"上横头"面对分左、右、下，桌子三边按尊序就坐。坐"上横头"的人未举筷子，宴席是不能开席的。

凳和椅，都是坐具，区别在于椅子是有靠背的，而凳是没有靠背的。武平传统坐具最普遍的是长条凳和独凳。长条凳是双人坐具，独凳是单人坐具。凳受青睐一是方便轻松移动，二是并排一起可作小憩之用。传统椅子靠背垂直，适宜正襟危坐，坐久了就有背累的感觉。但这种靠背椅在武平是很受人重视的。一般是摆放在正厅中堂案前方桌两边，平时少有人坐。但在婚嫁寿诞宴贺时，是长辈接受晚辈和宾客祝贺时的尊座。武平风俗雅称"太师椅"，是传统家居的重要家具。

凳、椅起源于魏晋时期。从原始社会至秦汉，人们都是席地而坐。要盛情招待尊贵客人，也只是在席子上面再垫一块席子招呼客人坐下，这叫"重席"。那时人们的坐，是两膝着地，两脚的脚背朝下，臀部落在脚踵上，叫跪坐（现在韩国、日本还保留着这样的坐法）。如果将臀部抬起，上身挺直，那叫跽，也就是跪。上文说到汉以前的床也是坐具，但在床上坐也不是双脚垂地而坐，也是同席地而坐一样，是跪坐。至魏晋时，正式场合仍是跪坐的方式。两腿平伸而坐叫箕踞，这是轻蔑对方的一种非礼行为。汉高祖刘邦就经常箕踞骂人。魏晋时，西北民族大量进入中原，他们带来的"胡床"启示了汉族，产生了凳和椅，使长期席地而坐的（也就是跪坐的）方式变为垂足而坐了，这种坐式延续至今。胡床是一种交叉斜足筒便的折叠坐具，不是卧具。唐朝时对其作加长拉伸的改造，使其旋转中轴时能斜隆起一半作靠背，坐着就舒服多了，当时称为"逍遥坐"。此后几经改造，演变成今天的折叠躺椅。现在的折叠躺椅，以岩前民间制作的为上乘。

箱、柜是武平传统的衣物收纳用具，也是家具里头最重要的组成部分。武平传统婚嫁礼习中，新娘嫁妆中箱和柜都是最重要的陪嫁品，因为这是收纳用具，所以它寓意着新娘婚后必能纳财集福的美好愿望。居室内置有箱、柜不但为实用，也赋意为富有。在传统民居中如果缺了箱、柜，那真可称之为家徒四壁了。

箱、柜起源于商代。最初是用青铜制造的，是用于陈放食器、酒器的案形置物类家具，名称叫"禁"。东周时漆木家具盛行，仿禁制造的木制收纳用具就叫箱或柜了。到汉时，对箱、柜又有漆画装饰。到了唐代，箱柜有铜包角，柜内设有抽屉、小暗格，增加了收纳珍贵小物件的功能。不过武平传统的箱、柜主要讲坚实，精工巧作的不多见。

魏晋南北朝时

生活仍然比较安稳，人口有较大增长，山区村庄增加。

三国时，闽西一带仍保留火耕水耨的农耕方式，收获不丰裕。至晋时，北方移民开始进闽开发，带来了北方较为先进的铁制农具和耕作施肥技术，使整个福建的社会经济发展较快。在两晋南北朝时，北方连年战乱，福建相对安稳，又进一步促进了福建的人口增长，刺激了生产发展（《当代福建简史》）。尽管当时有几个年份东南部水灾特别严重，但地处西南的武平却是风调雨顺，北方避役流人多找山区开发，山越人村庄在增加。武平虽说是"僻壤"，但却显现出生活的自足与安定。衣的方面，已开始有合裆裤的普及，从此上衣下裤的穿着方式成为定制流传至今。食的方面，以稻米为主食，主要做法是蒸或煮，因此，饭粥是基本食法，与今无异。居住方面，民居宅院格局沿袭汉代，但聚族而居形成大宅院的更为普遍。行乘方面无变化，仍以徒步为主。

【延伸阅读】

传统的生产工具：犁、耙、辘轴

武平传统的农业耕作工具最主要的是犁、耙、辘轴。这里说的耙，专指牛耕耙。犁，用于翻土；耙，用于水田碎土；辘轴，用于水田泥土的平整。这三种农具都是连接牛轭用牛作动力拉动使用的。

犁，在新石器时代就已出现。武平多处新石器时期文化遗址中出土的有刃三角形石器即是石犁，是用人力拉动的。武平的石犁一直使用至战国时期（商周时期的青铜犁和春秋时期的铁犁牛耕在武平有否出现，因无文献依据和考古学的资料难以确定，但可以肯定的是，石器的普遍使用是从新石器时期开始一直伴随三代而终，这是有武平考古学依据的）。秦时，武平的冶铁业发展，铁犁得以普遍应用，也开始有了牛耕。直至南北朝时，犁是直辕犁，到唐时，改进为曲辕犁，效率大幅提高，也由此定型了牛耕犁的基本结构和形态，一直沿用至今。

耙，即畜力耖。出现于南北朝时期。之前，稻田翻土溶水以后，使用耘耙碎土。在耘耙的形态上改进了牛耕耙，大大提高了生产效率。耙定型后，基本上未再有实质性的改变，也是一直沿用至今。

辘轴，也是出现于南北朝时期。用木制作。没有辘轴时，是用耨锄平整水田，也有用刮板平整的。有了辘轴之后，平整水田就显得快而且平整得均匀多了。

当然，伴随犁、耙、辘轴下田耕作的还有两件传统装备：蓑衣和斗笠。现在几乎没有人用蓑衣了。下田用塑料雨衣,轻便很多;传统下田劳动是赤脚,现在下田一般也穿长统靴了。

传统农具:犁、耙、辘轴

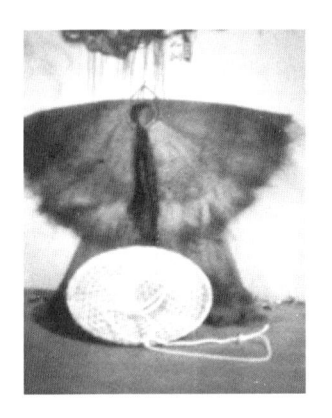

传统农耕装备:蓑衣斗笠

隋唐五代时期

由于生产力的发展和灌溉农业的形成,耕种收成相对稳定,生活较为富足。

其时,整个闽西山高路狭,兵燹不至,社会生活环境是安定的。最主要的是生产工具的改良,出现了新型的铁制农具,使生产水平空前提高。同时,官民兴修水利也促使在闽西保留已久的火耕水耨的农耕方式走向了灌溉农业的生产方式,水旱灾害对种植收成的决

改革开放前的出行

定性影响逐渐降低,出现了丰年富足的社会经济景象。影响武平生活的可能还有两个方面,一是冶铁业较兴旺;二是南安溪水道可通广东潮梅地区,陆路经东留背寨又连通江西赣州地区,水陆连接经县城带动了贸易发展,武平的生活应该是安定与富足的。衣着方面,以窄袖短衣为日常服式。饮食方面,主食是米饭和米粥,但主粮米的制法更多,"粄"的做法已形成多样化。调料有酱、醋、蔗糖和胡椒等,使饮馔风味更丰富。尤其是素菜中已出现"豆腐"制作,菜肴更显丰富。饮料方面,民间盛行酒和茶。烹调方法以蒸、煮、烙、烧、煎、炸、烤为主。衣的方面,男装盛行宽袖对襟上装,上装夏为半臂冬为袍;女子以衫、襦、裙的穿着居多。面料为麻布。鞋盛行草鞋、布履、木屐(刳而为履)。居住方面,盛行围墙小院,以版筑建筑为主,但使用砖瓦的大为增加。唐起普遍用台地构建居室。这种抬高建筑地基的做法沿袭至今。

【延伸阅读】

经典的日常工具:锄头和畚箕

锄头和畚箕,是永远不可能被替代的经典的劳动工具。

在传统农业耕种中,锄头和畚箕是主要的劳动生产工具。开垦土地、翻土整畦、播种除草、挖圳培土等等，都离不开这两件生产工具。20世纪70年代全国掀起农业学大寨开田整地的生产运动，我县到处辟山造田、平整土地、筑路修渠，当时没有机械作业，靠的就是这两件农具。即使是现在，农田作业很多都用现代农业机械，但是，田边地角的整治作业，仍然少不了锄头。居民的小菜园、小花圃作业，是无法用机械的，仍然少不了锄头和畚箕。所以，武平民间对某种作业缺少的必备工具，如搬运、饮事、建造缺了必需工具，甚至写字作文少了纸笔等，都可以喻之："没有锄头畚箕，咋干活呀？"

  锄头是最早的农耕工具之一，出现于原始社会的新石器时期，把石头打制而成，称之为"石锄"。山西省怀仁县鹅毛口遗址就发现有石锄（林耀华《原始社会史》），但到目前为止，武平出土的183件新石器时期的器物中，还没有发现石锄。武平这一时期的原始农耕还处在耒耜农业阶段，农业生产工具用耒和耒耜。到夏代时，锄已广泛应用，使得较大规模的垦荒成为可能，刀耕火种的原始农业有了较大的发展。西周时，出现青铜锄。战国时，出现铁锄。武平应用锄头的时代最早可推及夏代，因为其时扬州之域已是进入较为

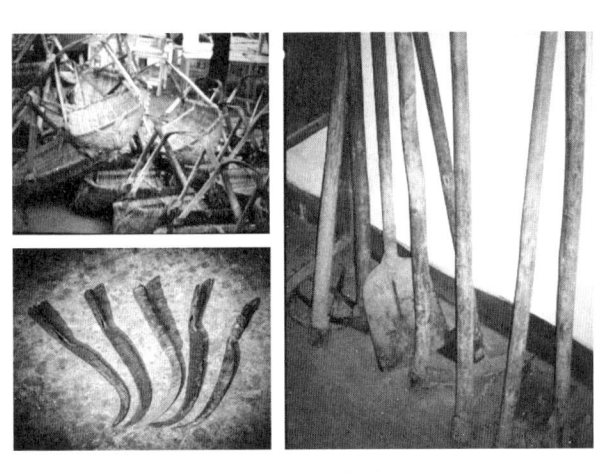

传统农具：锄头、畚箕、镰刀

发达的锄农业时期。

武平的锄头可分为三类：田锄、山锄、薅锄。田锄（也称板锄），长与宽大体为厘米28厘米×15厘米，这是最常用的锄头，挖土、翻土、整畦多用这一类锄头。山锄（也称条锄），锄板细长，长宽比例大致为30厘米×10厘米，厚度比田锄稍厚。山锄主要是用于开垦荒土，挖掘较硬的土地和沙砾地。薅锄按锄板面分大、小两种，小板面的薅锄一般用于田间、畦间除草，大板面的薅锄多用于水田整治田埂（俗称"作田塍"）、平整水田等。

畚箕为竹制，是最常用、使用最便利的人工运土工具，其形制可以说是顺手、便利的极致。即是当前有些工匠图方便用橡胶板制作畚箕，其形制亦不离传统竹制畚箕的样式，因其材料不用传统竹制，也难得到社会认可，人们还是喜欢竹制畚箕。

宋代时期

由于商业贸易的兴盛，使生活显得更为丰富和满足，人们普遍安居乐业。

"宋代福建进入鼎盛时期，成为中国南方开发程度较高的地区。"（《当代福建简史》）农田的人工灌溉、深耕、施肥等耕作技术渐趋成熟，武平的农业时有颇丰的收获，"嘉禾生三十六穗"（清康熙《武平县志》），似有高产的情形出现。纺织棉土布已成为武平重要的手工业。农业、手工业的发展，推动了商业贸易的发展。1983年5月，十方熊新村出土古钱币约50公斤，有汉、唐、宋、元、明、清各历史时期的铜钱，其中大多数为宋代。由此也说明，当时武平的商业贸易已有一定的规模，武平也有了宋代普遍形式化的集市贸易方式"圩日"。也因此，武平的物质生活水平有了较大提升，社会相对繁荣和安定。

解放初期的民居

食的方面。食材与前朝无异，但更注重烹调方法。主食制作，粥就有加杂粮、果菜类的多种配方的熬制方法，饭有加肉、菜、调料的多种搭配的焖制方法。菜肴的制作烹调方法除沿袭前朝方法外，更注重氽、扒、酿、贴等烹调技艺，尤其是出现了"炒"这一烹调方法，饮馔风味大为增加。衣的方面。男子普遍以"短褐"（粗布制作的宽博短衣）与合裆裤为主，女子衣多为襦、衫，裳多为裤、裙。

【延伸阅读】

古典的加工工具：砻、磨、碓臼

砻、磨、碓臼是武平历史悠久的传统的粮食加工工具。

砻，用于稻谷脱壳的工具。

磨，用于黍、粟制粉且更多用于大米、黄豆制浆的工具。

碓臼，用于稻米制粉的工具。

砻，用竹、木、黄土制成。竹篾编制的上下磨圈，中间填满黏黄土，然后在黄土上钉上一排排竹片，磨圈嵌上木把手，用木砻勾推动，靠上下两片磨盘的竹片在磨盘的转动中脱去谷壳。"凡稻去壳用砻。"（明·宋应星《天工开物》）从新石器时期至西周，稻谷脱壳一直使用杵臼，费时费力。春秋时，公输般创制石磨脱壳，省力，但碎粒多。后来民间使用中发现，石磨面刻槽深，可减少脱壳时的碎粒。于是，有人根据磨的原理发明了砻这种加工工具（所以有流传至今的一句话"高手在民间"）。而且，磨盘尤其是上磨盘用竹和泥构成，比石磨形成的齿面小齿槽深，且减轻了压在稻谷上的重量，竹片摩擦脱壳几乎不出碎料。砻，这一稻谷加工工具一直使用至20世纪70年代。后来电动碾米机普及农村，砻便逐渐废弃不用了。现在农村一些角落保存有砻，只是一些人收获了优质糯谷要用于酿米酒时，还会用砻去谷壳（砻去谷壳不损米衣而为糙米），说法是"糙米蒸酒更酽"（酽即酒味醇厚之意）。

改革开放后的民居

磨，古称䃺。即石磨，上下磨盘用石头打制，咬合磨面刻磨沟，磨盘嵌上木柄，用木砻勾推动。是春秋时鲁班（即公输般）发明的。创制磨的最初本意是用于代替杵臼去谷壳。但发现石磨去谷壳碎粒太多，倒是用于磨粉很合适。于是磨，便成为专门的制粉工具。在武平，石磨从东周一直沿用至今。但用于磨粉较少，主要还是用于磨浆。从20世纪90年代起，电动钢磨已普及很多家庭，尤其是搞餐饮业和食品加工业的家庭，基本上用电动钢磨，但还有一些家庭要做簸箕粄、搅粄子、豆腐等，还喜欢用石磨。

碓臼，现在武平所见的就是踏碓。臼用整石凿成，碓头用木头制作，穿横木上，横木作杠杆。从新石器时期至夏商周至秦，人们都普遍使用杵臼。到汉时，才出现踏碓（古称"践碓"）。东汉桓谭《新论》说："宓牺之制舂，万民以济，及后人加巧，因延力借身重以践碓，而利十倍。"汉画像砖有踏碓的图画，1969年河南济源泗涧沟文化遗址出土有践舂陶模型。即使现在普遍用电动钢磨磨粉的情况下，农村也还有很多使用踏碓舂米粉的。水碓是用流水冲动转轮带动碓的。据《三国志》，水碓是由张既发明的。水流大，可带动多个碓和磨，明代宋应星说："有一举而三用者，激水转轮头，一节转磨成面，二节运碓成米，三节引水灌于稻田。"（《天工开物》）武平水碓、水磨的应用起始于魏晋时期。其时中原流人进入山越人之邑，传播了中原农耕技术。因武平涧溪多，水流急，落差大，能很好地应用水碓水磨。所以这一器具一传入武平则很快广泛应用。"制作粉干用碓米粉"，"造纸为工业大宗，槽户用碓竹麻"，"作磨坊者，其用水较大，一端作碓，一端安磨，用磨粟麦等粉"。武平"各乡多有之"（民国《武平县志》）。到20世纪80年代，永平田背村还有水碓。

元代时期

手工业和商业贸易进一步发展，刺激了人们对物质生活有更多方面的需求，生活水平有更多的改善。

其时朝廷颇为重视手工业（翦伯赞《中国史纲要》），使得手工业较之前朝有更大的发展。福建地处沿海，对外贸易自唐宋起就较为发达，泉州已成为实至名归的"海上丝绸之路"的起航站。当时，汀州六县"大率地狭民稠"，尤其武平水田旱地大致各半，丰年粮食自给有余，若遇水、旱、蝗灾年，单靠农业就难免民不聊生了。因此，宋时汀州各县居民就"大半他业"（宋《临汀志》），至元时，曾被鄙为"末业"的商贸就成为补充采食提升生活水平的门迳了，常年从事或农闲时从事商业贸易的人增多，贸易、商铺主要集中在县城、背寨、下坝、岩前、小澜、五里、店下等地。商贸使得武平的生活有了量的丰富和质的提升。

【延伸阅读】

渐变的运输工具：从扁担到车

　　武平境内地势以当风岭为标志线分南北两部分。当风岭以北为中高山地貌；当风岭以南为低山和丘陵地貌。境内田地、村庄座落，只有平川、中山、岩前、十方、象洞有方圆不足5公里的山地平原外，其余皆山垄、坡地、山梁。因此，自古以来陆路的特点是狭窄、崎岖、曲折。虽然境内有汀、赣、梅三江水系覆盖，但均为溪流，水浅且乱石嶙峋，古时候也只通轻舟、小船，况且河道常因山洪冲击而壅塞。至现在，除在中赤、下坝一带放竹排外，已不通舟船。

　　就交通而言，剩下的只有陆路。以前的路就是石铺路（俗称"石砌路"）和黄土路，沿地势而蜿蜒起伏，宽不盈三尺。所以运输物资，自古至1950年代，靠的就是人力肩挑。其时，家家户户都有作为唯一运输工具的竹或木制的扁担，而且远不止两三根。盛物用具则有箩筐、畚箕、布袋、木桶之类。这些工具，沿用至今。民间有歌谣："第一苦，锅头无米煮；第二苦，挑担行长路；第三苦，头痛又拉肚。"可见挑担远行之辛苦。

　　20世纪50年代初，为减轻运输的劳动强度和加大运输效率，政府倡导运输"轮子化",县手工业合作社开始制造单轮手推车(俗称"鸡公车")。轮子为木质,没有滚动轴承,推行起来颇为吃力,但运输量增加。人力肩挑正常状态下一次只能挑 100 斤左右,而独轮手推车装载可达 400 斤左右。装载的运输效率大为提高,但运输速度与步行相当,甚至不如肩挑步行。因为独轮车在走山路时,一般要两辆车结伴而行,上坡时,需两人一推一拉合力才能把车子推上坡。

1958 年,政府大力推行"车子化",以进一步提高运输效率。于是县农机厂开始研制生产双轮手推车(俗称"板车")。此时的车轮,已是铁制的辐、辋、毂,轮有充气橡胶胎,已用滚动轴承,推或拉起来比独轮手推车省力多了,装载量可达 800~1000 斤。相应的,这时道路大都扩展为三米以上的宽幅,路面为土路面或沙土路面。双轮手推车使用方便、灵活,装载量大且使用省力,作为家庭和田间的运输工具,一直沿用至今。

当然,独轮手推车和双轮手推车靠人力推、拉,徒步的方式未变,只是把肩挑的东西放在车子上罢了。路程稍远,徒步的劳累也就显而易见。从 1970 年代开始,人们就较多地用自行车来运输。虽可免除很大部分徒步的劳累,但自行车载重量不大,也就是载重 100~200 斤。于是 1980 年代,出现了三轮自行车。这在整个 1980 年代是流行一时的,其装载重量在 500 斤上下,成为很多家庭必备的运输工具,甚至成为县城短程载客的运输工具,兼具了现在公共汽车的功用。于是,1987~1989 年,县交通管理部门对这种三轮车作出上牌照的规定。但在装载量上,两轮手推车(板车)有它不可替代的突出优点,所以,这一时间,脚踏三轮车和板车并举流行。

1990 年之后,摩托车开始普及城乡。摩托车适宜长途行乘,且速度快、节省时间。于是人们出行、装载开始使用摩托车。人们为方便用摩托车装载货物,便自行设计制造配套摩托车用的筐、箱一类的货柜，用于装载农副产品赶圩场或作长途贩运。2000年以后，农用中三轮摩托车开始盛行。由于自20世纪90年代开始全面建设水泥路面的乡村公路和农田机耕路并使之网络化，道路等级提高，路况良好。农用中三轮摩托车便成为乡村和田间运输的主要工具，使农村大体上摆脱了肩挑手提的繁重劳作。

20世纪50年代的武平县城

2000年以后，小货车、厢式汽车也开始逐步进入农村居民家庭。农副产品运输也逐步由汽车取代了摩托车、拖拉机和农用车。

现在，武平县居民的行乘，除了乘坐公共交通工具外，个人行乘使用的是小轿车（长途）、摩托车（短程），家居运输物品的是小货车、中三轮摩托车等。自行车已成为人们锻炼健身的工具。

明代时期

商业贸易的进一步发展，使物质生活相对富裕；民间音乐与戏剧的广泛兴起，使文化生活相对丰富。

其时，农业的耕种与管理技术已趋成熟，"收获颇丰"。粮食储积使用已有定制，"县署建有常平仓、秋米仓、养济院，遇歉年用于抚恤灾民"（民国《武平县志》），"是时宇内富庶"（《明史》）。同时，市镇发展更上一个台阶，有了专业分化（邱树森、陈振江《新编中国通史》）。下坝、悦洋、河口、小澜、店下等处是较为繁华的商业型市镇，县城、岩前、十方、桃溪、背寨是繁华的专业型市镇。邑内的土布、草纸、木材等，邑外的大米、食盐、布匹、瓷器等，在各市镇流通交易量颇大。可知当时武平的物质生活是相对富足的。宋元时南迁武平的中原及北方流人及明初军屯武平的汉军带来了中原和北方的音乐、戏剧，与武平畲民远古由来的山歌、歌谣、舞歌融合升华，形成了武平独特的民间音乐、歌舞等。同时，民间文艺从自娱自乐的消遣演变成受众广泛的表演，丰富了武平的文化生活。

【延伸阅读】

生活的进步：厨房

在史前茹毛饮血的生食阶段，人类生活中是没有厨房之说的。传说古有燧人氏"教民熟食"，"而民不至腥臊生食也"（明·周游《开辟演义》）。其实是古人在野火中获取熟食后受启发，主动取火用火来烧、烤、炙食物而进入石烹阶段。

到了新石器时期开始，人们在居住的洞内或室内篝火塘，虽然厨、居合一，但在中央的火塘上架上陶容器（陶烹阶段开始），周边散放一些陶盛器，厨房已有雏形。后来厨房独辟一室了，却没有名称。至西周，厨房名庖。战国时，厨房才叫厨。

在武平的传统民居中，厨房的地位比较特殊，因为它在形式上，就是一个附属建筑。

在合围式的民居中，正面中间是厅堂，正面两边是房间（主要是卧室，其次是放储粮仓的房间，俗称"禾仓"）。正面厅堂的朝向，只要地形许可，一般都讲究坐北朝南。在正面房屋前面两边建厢房（禾仓也有在厢房的）。厨房就搭建在靠近院门的厢房边上（或者就用厢房）。在单列横排式（俗称"一字排"）的民居中，中间是厅堂，两边是房间（主要是卧室、禾仓），厨房就在侧旁靠正屋山墙单独搭建。所以，无论是合围式还是单列横排式的民居，厨房都是独立的傍边搭建的平房。因此，在改革开放前，讲建房，建的就是厅堂和房间，这是正房。正房建好后，才考虑在旁边搭个平房作厨房，再考虑在厨房边的空隙上搭建个浴室。正房屋顶有瓦，而厨房（包括浴室）屋顶则可简易，或用杉木皮搭盖。究其原因，还是囿于生活水准而形成如此定制。因为，农村居民生活都不富裕，积累大半生乃至毕生的财力，都用在两件大事上：婚娶和建房。唯建房，对大多数人来说，恐怕是毕其一生财力还有窘迫感的。试想，改革开放前是集体化生产，生产队核算，耕作一天工分值才几角钱，甚至有几分钱的，又不准个人搞副业做买卖什么的，一年到头能有几个钱剩余？因此，好不容易建个房，每一分钱都必须花在刀刃上，那就全力以赴考虑正房了，厨房当附属房，可简易：掘地垒灶是野炊，搭棚起灶不就是家居了吗？所以，厨房用搭建，属于家居就行了。

　　厨房用搭建，可简易。但建灶台，可就随便不得。厨房里最重要的设备就是灶台，而且按风俗说，灶有灶神管束，须恭敬礼祀。据杜佑《通典》，殷商时天下祭五祀，曰户一、灶二、中霤（中室）三、门四、行五。灶神排第二，可见其重要。此后历朝仿效。灶神的形象，夏商时为妪，表明了对老妇人主持庖事的尊重（因青壮男女须从事耕织、采拾等繁重劳动）。周后又变为美女："灶神，著赤衣，状如美女。"反映了当时审美价值的取向。汉后又变成一男人："灶神名禅，字子郭，衣黄衣。"反映出神应有的威仪。但姓名却多变。魏晋时姓苏名吉利，而且已婚娶，其妻姓王名蜡颊。唐时又变成美女，更名为隗。唐末又变为男人，姓张名单，字子郭，夫人字卿忌。以至后人搞不清楚灶神究竟是谁，干脆衍说成炎帝或祝融。明清始，人们觉得，神就是神，不必确认身份，只定礼俗每年腊月二十三日祭祀灶神，灶神为灶王爷和灶王奶奶。所以，筑灶（俗称"作灶头"，材料用砖或土坯）时，要有一系列的规矩：垒灶起工要选好日子，放第一块砖（或动第一下土）时要上香告灶神，灶建成后要先敬灶神，做第一餐是煎豆腐表示养灶和祈福，并宴请亲戚吃豆腐以讨好彩头。

传统厨房里头的设备，主要就是大灶台和大水缸。灶台一般安放两口铁锅，靠近灶门的为大锅，后面为小锅。大锅炊事时，小锅顺带可热水或温食物。大水缸（陶制）储水，缸面上放上切菜板，又作缸盖用。灶门前叫灶堂，堆放柴草。厨房里还放其他物件，如竹箅、饭甑、水勺、碗筷、水桶等生活用具。每日厨房里有两件并不轻松的事是挑水和抱柴草。一般是早晨用水桶去挑井水或河水，来回几趟，注满水缸以备一日之需。抱柴草则是去屋后柴草垛随用随抱。上山砍柴或割草则是田间菜地劳作之余的必作之工。也就是说，除了农忙，农闲就是上山砍柴割草，因而农闲也是农忙。

改革开放前的普通居民厨房　　　改革开放后的普通居民厨房

改革开放后，人们的生活水平提高了，厨房的地位也发生了变化。首先，居民住房的建筑设计更强调美观舒适，尤其是功能上的

宜居化。厨房已作为居住功能而融入住房整体，不论是独栋楼还是套房，厨房都是居住空间的组成部分，包括入独栋楼内或套房内了。厨房的地面墙面都用瓷砖贴面，显得明亮整洁。灶台用石板材或强化不易燃木接板做成，显得干净平整，安放上电磁炉、微波沪、燃气灶、电饭煲等炊具，用电、液化气或天然气作能源。靠墙安装抽油烟机及换气扇。连接灶台的是洗菜洗碗池，使用自来水。厨房冰箱也普及家庭。

厨房的变化，实实在在反映出现在居民生活水准的提高。

清代时期

生活水平全面提高，生活方式已在社会变革中向前发展，生活的文明进步开始凸显。

武平自宋立学，至"清代学校之制，一仍明旧"（民国《武平县志》）。社会的进步，总是得益于教育之风气。清中后期，西学东渐，也影响着福建社会生活的诸多方面，武平也浸染其中。

20世纪70年代的武平县城

第一，物质生活的进步。衣的方面。款式以长衫为主流，但耕作务工者多着短装。虽然样式自唐宋以来几无变化：女性侧襟，并镶边花；男性对襟。但材料已多用机织棉布，麻丝土布已很少用了（吕思勉《中国文化史》）。男女穿的鞋均为纳底布鞋。对于平民百姓，不崇华丽，只讲能蔽体御寒（邱树森、陈振江《新编中国通史》），所以，"衣食不尚奢靡"（清康熙《武平县志》）。

食的方面。就食材而言，清康熙《武平县志》就记载有60多种，均为百姓自种自养的。烹调不太讲究，但制作花样倒是不少。单就主食来讲，以大米为主，但由大米制作的"粄"类就多达十几种，日常生活的菜类以素菜为主，而颇具特色的武平腌菜却可相接一年始终。但凡各类宴席（如婚嫁、祝寿、迁新居、节日等），食物的丰盛却是颇显奢靡的：一是以荤菜为主，鸡鸭鱼肉一样不可少；二是量多，讲究八大碗、十大碗或更多。

住的方面。建筑材料，多用土木。大多数房屋是土墙瓦顶，部分是杉木皮顶的。房屋构造简单低矮，阴暗潮湿，空气污浊。在清中期之后，虽然普通民宅仍为土墙矮屋，但富裕人家的砖木结构瓦顶的房屋开始增多，已足够彰显出当朝的时代进步。

行的方面。本来，"南方舟楫，北方车马"，是中国传统的交通方式。因为南方江河纵横，北方多陆路。武平溪流多，北接汀江水系，南接梅江水系，西接赣江水系，其时都能轻舟通航。但溪流易壅塞，疏浚又难。于是，"除道路，修桥梁"便是交通兴起之要务了（清康熙《武平县志》）。当时，武平的道路四通八达通往外界，虽然只是人们步行的土路或石块铺路（俗称"石砌路"），但与邑外的陆路交通从未被阻塞。至清中后期，武平通往域外的陆路有28条，桥梁有43座。

第二，文化生活的进步。一些民间小调演变成民间说唱、演唱，形成了舞台表演形式。外江戏（即汉剧）、船灯、龙灯、山歌对唱等文艺表演推进了乡村戏台的发展。虽未出现专业戏班，但农闲时、过年（即春节）时的业余演出恰恰彰显出文化生活的群众性介入，极大地丰富了民间文化生活。

20世纪90年代的武平县城

第三,民俗生活的兴盛。分三类:一是节日,元旦、除夕、上元、端午、中秋、重阳等是人们欢愉的节日,做一桌好饭菜,阖家团圆,彰显生活的喜庆和乐趣;二是清明、中元、社日是人们祭典或祈福活动的日子,寄托哀思或期望未来;三是圩日,本来是人们交换劳动产品的集市,后来也演变成兼具休闲的日子,名之曰"赴圩",放下劳作(形同放假),到集市上浏览一番,不做买卖,到小摊点或小食店吃碗米粉或面条,然后回家。其目的是放松一下劳作几日的疲惫心身。

2000年后武平城区夜景

【相关链接】

厨房燃料的变迁

在武平,远古由来至20世纪80年代,居民厨房的燃料就是木柴和柴草。上山砍柴割草,是一年四季停不下来的劳作。冬季农闲,是农民天天上山砍柴割草的时段。俗话说：每日三件事：愁食、愁着、愁烧。意为每日须考虑的是吃、穿、烧柴这三件事。可见柴草在日常生活中的压力。

1980年前后，部分城镇居民和农村居民开始用煤作燃料，但不普遍。煤不受青睐是因其燃烧时产生的二氧化硫气味刺鼻，且腐蚀性强，能很快锈蚀金属器具，产生的灰尘又大。

从20世纪90年代开始，瓶装液化石油气开始进入居民家庭。因其使用时清洁、火力旺而广受欢迎。但因其价格较高，在农村中普及率不高。农村居民用柴草的还是不少。

进入21世纪之后，为保护山林植被，政府在农村居民中推广沼气池，利用猪圈厕所连通沼气池产生的沼气作燃料。

从2005年前后开始，天然气也进入武平。作为燃料，具有清洁和使用方便的特点，备受居民喜爱。但至目前，因其管道输送的限制。仍只在城镇部分普及。随着管道建设的不断完善，天然气有望作为居民家用燃料的主力。

武平居民家用燃料的构成，主要为：液化气、柴草、沼气、天然气。煤，已很少使用了。

今日武平县城

民国时期

营养、卫生等新观念已进入生活领域，生活方式有很大进步。

民国早期，政府倡导新生活运动，营养、运动、卫生等新生活观念荡涤了中国几千年来愚昧、落后的生活习惯。其时，武平始有学校召开学生运动会，卫生院设立卫生防疫职能，政府和学校组织劝导队向民众劝谕文明、卫生生活等。影响虽说不上立竿见影，但却带来了长期的潜移默化效果，生活变化是明显的。

第一，物质生活方面。衣着：女性衣着以侧襟为主，锈花镶边，或绲边，或缝花小边。家境富裕者也有穿旗袍的。男性一般穿对襟衫（汉装），长衫仍常见，但中山装很流行，穿着者多为官吏师生。鞋基本上是纳底布鞋，但皮鞋、靴已有出现。衣服面料基本上是机制棉布了。饮食：仍以大米为主食，地瓜、芋头、玉米、粟、麦子为副粮。日常生活菜肴以素菜为主，把粄、粉干（大米制作）或粉丝（蕉芋或地瓜制作）端上餐桌则有改善生活之意。但节日和宴席菜肴荤多素少，丰盛异常。饮料为自制米酒和茶。为了多享受口福，除常规节日（如过年、元宵、中秋节等）和喜庆日（如婚嫁、祝寿、迁新居、新生儿满月等）外，把一些时令，如立春、冬至也当作节日过了，进而又衍生出农历六月初六为"尝新禾"、七月初七为"乞巧日"等"类节日"。

居住：房屋多为聚族而居合围格局，讲究后靠山而坐北朝南。一般格局是以厅堂为中心，分前、中、后厅（为家族公用），中间以天井相隔，左右建厢房，外侧筑横屋，厅后为后栋屋（一般为楼房）。前厅设大门，门外为院子。环院筑回廊屋，设院墙、门楼。多数门楼前有池塘。但多数人住房仍很简陋，泥墙、平房，山区住宅仍有不少是杉皮顶或茅草顶房。下坝有个别圆形或方形的土楼。

行乘：出门全靠步行。人行道路在县境内四通八达；通往县境外的人行道路（如北通长汀县，东通上杭县，西通江西省，南通广东省）共有 14 条。这 14 条陆路是：①通长汀县：县城至袁畲至芳洋至千家村。②通长汀县：县城至永平至大禾至湘湖至长汀界。③通上杭县：县城至高梧至上杭界。④通上杭县：县城至黄埔至寨背圩至上杭界。⑤通上杭县：县城至中堡至吉湖至上杭官庄。⑥通江西省：县城至万安至昭信至江西会昌县官丰。⑦通江西省：县城至东留至江西筠门岭。⑧通江西省：县城至东留至象湖至江西罗塘。⑨通广东省：县城至中山至焦头坝至广东差干。⑩通广东省：县城至下坝至广东平远。⑪通广东省：县城至岩前至广东蕉岭。⑫通广东省：县城至象洞至广东松源。⑬通广东省：县城至岩前至将军至广东松源。⑭通广东省：县城至鲜水塘至象洞至广东石寨。水路有下坝河、中赤河、桃溪河、小澜河，可通舟楫，为经商者赖以代步载货，不运客。公路有二条：武平至上杭、武平至广东省蕉岭，有货运而无客运。

第二，文化生活方面。首先，民间文艺生活有进一步发展，出现了固定的业余演出团体。中山国乐社曾到县城、岩前、十方等地演出《三娘教子》等汉剧折子戏。多个乡镇都有提线木偶、民间音乐"十番"、船灯、龙灯、舞狮、马灯等业余演出团体走乡串村演出。其次，新文化运动也深入至武平。民国前期学校师生有自编演出文明戏（主要为话剧），如《鸦片之害》《回头是岸》《三斤狗》《虐媳娘》等，以针砭时弊，宣传新文化思想。抗战期间，县城、中山、象洞等地成立了"抗敌剧团"，演出歌剧、话剧宣传抗日救亡思想。抗战后期，武平始有电影放映。武平人民的文化生活大为丰富。

【延伸阅读】

文明的发端：厕所

国内外都有专家学者指出，人类文明的发端应推厕所。

原始社会早期是没有厕所的，人有内急，野外随便找个地方解决。到了新石器时期，人们开始有了为卫生起见集中处理粪便的想法，于是厕所产生了——西安半坡村文化遗址发现了原始社会的厕所，房屋遗址外一个土坑（即厕所）。人类告别了像动物随地拉撒的习惯，人类文明开始了。

早期的厕所坑不深，满后即用土填盖上。《仪礼》说："隶人涅厕"，是说奴隶要经常去填厕坑的。晋时，"下掘坎深六七尺，广如之，而横两板于坎上，履之以溲溺"（清《历代社会风俗事物考》），厕所形制定型。就武平而言，这种旱厕一直沿袭至20世纪90年代。农村居民的厕所，建在路边或山边，很简陋：挖个坑，坑上搭上木板，中间留空位，四周垒上土墙或钉上木板墙，顶上盖瓦或杉树皮，能基本遮羞即可，不在乎是否四面透风或漏雨。这样的厕所，冬天寒风凛冽，夏天蚊蝇扑面臭气熏天。城镇单位、学校、厂矿的厕所稍好一点，还是旱厕，无非是高一点，约两层楼高，蹲位在楼上，楼下是大粪坑，同农村旱厕相比，尽管面对的都是满坑粪便，只是感觉离得远一点而已。上厕所，能憋气便憋气，能快拉便快拉，尽量不在厕所里多待。

改革开放后，厕所发生了历史性的进步——普及了水冲式便盆和抽水马桶，厕所也有了新名称：卫生间。而且，卫生间也成为民居的室内居住功能构成部分，卫生间的内部功能设施也更广泛了，可以集如厕、盥洗、沐浴于一室。卫生间墙面和地板都用瓷砖铺设，接入自来水，设有排水管道。如厕方面，不论是蹲式的还是坐式的便器，都是白瓷制造的水冲式的，显得干净和卫生。盥洗方面，用瓷或钢化玻璃制作的配套进出水的盥洗盆。沐浴方面，安装有沐浴电热水器、沐浴电暖器、电吹风等。卫生间环境给人以干净、整洁、舒适、惬意的感受。

【知识链接】

手纸的变迁

如厕用纸称为手纸。这也是关乎人们身体健康的一个问题。

在汉代纸发明以前，毫无疑问是无所谓手纸的。人们如厕之后，是用细长条的木片、竹片善后的。如此用途的木片或竹片被称为"厕筹"，或称"厕简"。即使汉之后，因纸张的难得和珍贵，也是不用来做手纸的。直到明时，草纸广泛生产，才开始有用草纸作手纸。但毕竟纸张价格不菲，而民间又有敬惜字纸的传统，所以，用纸作手纸一直难以普及。在武平用竹片如厕善后的习惯居然从古沿袭至民国。而武北的一些乡村直到20世纪80年代还有人用"厕筹"，而且这个"厕筹"还不是专门制作的，而是如厕时临时在菜园篱笆上折下的。

改革开放前，也有很多人把废旧报纸、书本作手纸用。改革开放后，专用手纸即卫生纸开始普及。现在，人们如厕时基本上用洁白干净的卫生纸了。这也彰显了时代的进步和人民健康水平的提高。

中华人民共和国时期（65年）

共和国时期，可分两个阶段。一是从1949年10月至1978年，为改革开放前30年；二是从1979年至2014年，为改革开放后35年。

1. 改革开放前30年的生活情况

已基本解决衣食问题，但生产发展受政治制约，物资供应仍有紧缺，生活状况多不宽裕。

物质生活方面。

（1）全面恢复国民经济时期（1949~1952年）的武平生活。

1949年的基本情况是：全县人口151724人，基本上是农业人口。耕地总面积375000千亩，95%以上的耕地种植水稻，总产量为43313.6吨，平均亩产186斤，人均年口粮570.95斤，人均每天口粮1.56斤。只有打铁、烧石灰、制土纸等手工业。全县人均年社会产值78.9元。没有电力、自来水。照明靠煤油灯或火把（用松木或竹制成），饮用水用井水或河水。衣着为粗布汉装或对襟、侧襟装，住房为土木结构平房。全县只有武平至梅县、武平至上杭两条公路，沙土路面，路况极差，且过往车辆极少，只货运不通客运，人们出行完全靠步行。

至1952年，土地改革完成，农民都拥有自己的耕地、山林和房屋，生产积极性有了极大的提高，收成增加。全县工农业总产值2864万元，比1949年增长20%；粮食总产量62582.8吨，比1949年增长33.5%。食的方面，有了基本保障。衣着方面、住房方面没有多少变化。行乘方面，在城关、十方、岩前设立了车站，开始有了客运，远行可以乘坐汽车。但多数人远行、短途仍然靠步行。物资供应方面有了发展：全县有12个农村供销社，个体私营商店增加至647户，从业人员1123人。医疗卫生方面也有较快发展，建立了县人民卫生院，有医护人员28人，病床30张；武北区、象洞区、岩前、东留、上中相继设立了卫生所，并实施新法接生，设立了妇产科；全面开展牛痘接种的疾病防疫工作。

（2）社会主义改造时期（1953～1956年）的武平生活。

衣着方面：青年中流行列宁装，农村大多数人的穿着仍为侧襟衫；后普遍流行中式罩装。男性服饰流行中山装、便装。男女服装颜色均以蓝、灰、黑色为主。布料一般为斜纹棉布。人们的单衣数量有所增加，人均两套外套衣服，可以洗换轮穿。过冬衣物主要是棉袄，但拥有者不足半数，多数人冬季靠火笼抵御严寒。鞋类基本为纳底布鞋，少数人有胶底鞋。

饮食方面：一日三餐，主食是米饭，蔬菜以叶菜类、腌菜为主，肉蛋类很缺乏。以1955年为例，农业人口在留足口粮、种子粮、饲料粮的基础上，余粮由国家全额征收，这时的人均年口粮285公斤，人均日用粮 1.56 斤。对非农业人口实行口粮定额配给，成人平均每月定额 28 斤，日均用粮不足 1 斤。1956 年开始制发粮油供应票证，粮油自由市场关闭。接着衣服布料也要凭票供应，城镇农村居民定额发给布票。

住房方面：基本上无新建自住房，居住条件无变化。

行乘方面：1953 年 1 月，武平至龙岩客运汽车开通。货物运输主要还是靠独轮手推车（俗称"鸡公车"），当时全县有 20 多辆独轮手推车。从 1952 年开始，自行车逐步进入居民家庭，成为当时十分时尚的出行工具。但到 1956 年，自行车全县保有量仍不足百辆。因此出行仍然主要靠步行。

通信方面：1953 年 6 月开始设立十方邮电支局，至 1956 年，先后设立岩前、中山邮电支局和桃溪、东留、下坝、中堡邮电所，设立交换机 10 部，总容量 186 门，电话通到了乡镇机关单位，并开办了民用电报业务，信件的投递延伸到农村行政村。

医疗卫生方面：1956 年，县医院开始设外科，能进行较简单的下腹部手术；1953 年设检验室，可进行简单的病变检查；并设立医防组，开始推行防疫工作；同时设立了妇幼保健站。医疗水平的提高，成为民生幸福指数的一个重要标杆。

教育方面：至 1956 年，全县幼儿园发展到 30 所，当年入园人数为 1467 人；小学增至 186 所，入学人数 15981 人，学龄儿童入学率为 63%；中学 5 所，入学人数 2087 人。从 1950 年 1 月开始，政府主导扫除文盲，参加识字班的农民至 1956 年时达 28411 人，占全县少青壮年文盲人数的 40%。

文化娱乐方面：1954 年 2 月，县政府举办了首届武平县文艺会演，11 个区派演出队参加，观众三万七千余人次。其中的节目船灯《运粮船》、山歌《社会主义好风光》后来获龙岩专区会演奖。1953 年，省文化局派出两个电影放映组进驻武平。从此，农村生产队的晒谷场放电影便成为群众生活中的盛大节日,太阳落山伊始,四面八方的人们便自带板凳前往放映场,甚至远在十几里的人们也步行赶来观看,坪上人声鼎沸,甚是热闹。

(3) 开始全面建设社会主义时期(1956年底至1966年4月)的武平生活。

这一时期,我国对建设、发展事业进行了艰辛、曲折的探索,经历了人民公社、"大跃进"、总路线(1958~1959年)的狂热激情,又进入到三年经济困难时期(1960~1962年),再经历刮骨疗伤般的"调整、巩固、充实、提高"的整治、恢复经济发展的阶段(1963~1966年),终于使人民的生活跃上一个新台阶。

食的方面:从1958年开始,将农村的高级农业生产合作社整合为政社合一的人民公社,生产方面搞不切实际的指令性计划和行政命令,粮食及物资调配搞所谓共产主义的平均调配,严重挫伤农民的生产积极性。接着开始在农村大办集体食堂,用粮无节制且浪费严重。而且当年粮食生产歉收,全县粮食总产量比上年(1957年总产量71273.4吨)减收26.15%,已出现粮荒的端倪。至三年困难时期,生产上的瞎指挥加上自然灾害频发,导致生产歉收粮食奇缺,人们开始寻找树皮、草根甚至"观音土"(一种白色的黏土)充饥,县内出现大规模的人口非正常死亡(其时全国各地都一样,在一些地方比武平县更甚),1959~1961年三年人口递减,其中1960年的人口自然增长率为-55‰。从1962年开始,国民经济调整工作取得良好的效果,至1965武平县粮食丰收,总产量达58120.35吨,人均占有口粮379公斤,粮食问题已达到基本需求。

衣着方面:人们关注的是吃的问题,衣着方面基本无变化。很多人把发给的布票拿到黑市出卖以换取食物。衣服破了就缝补着凑合穿。这一时期,打补丁的破旧衣服人皆有之,流行一句很革命且时尚的话:"新三年,旧三年,缝缝补补又三年。"这是社会的真实写照。

住房方面：县城在20世纪50年代后期有建少量的砖木结构的职工住房。农村住房至1963年基本上无新建无改造，仍为土木结构的破旧房屋。农民无钱修缮房屋，遇下雨漏水时就翻修屋顶（俗称"拣屋拣"）。1964年之后，一些乡村开始有人少量开辟新宅基地，这时更多使用"三合土"（石灰混黄泥、沙搅拌而成，版筑后硬度很高）或砖木、土木结构瓦顶平房或两层楼房。由此，部分农村居民的住房条件开始改善。

行乘方面：汽车客运出县仍然只通龙岩、上杭和梅县，县内只通县城至武东、中堡、十方、岩前，且班次少。1958~1960年推行"车子化"，用双轮手推车（俗称"板车"）替代独轮手推车，载重量由独轮车的100公斤增至双轮车的500公斤左右。同时，自行车已较为普及。但人们出行靠走路的居多。

居民用电与电话方面：1958年"大跃进"时期，人们期待的共产主义生活是"楼上楼下，电灯电话"。于是，1958年县内第一座水电站在象洞建成，电灯开始进入农村居民家庭。至1966年，有水力条件的大队、生产队兴建10千瓦左右的微型电站，县和公社兴建100千瓦以上的小电站（中山水电站为275千瓦），电灯开始大步进入百姓家庭，也逐渐使农村碾米、粉碎饲料用上了机器。1958年要求农村村村通电话，武平县开始增设电话线。到1966年，全县各公社，各生产大队全部通上电话。但此时的电话主要为公务通话用，未实现民用化电话。

20世纪50年代，人们追求的物品是这"三大件"：手表、钢笔、收音机

生活物资供应方面：这一时期是我国计划经济巩固发展时期。1956年开始，很多商品都实行计划供应，凭票证购买。计有粮票（农业人口不发粮票，其粮食由生产队在缴纳完国家规定上交的公粮、余粮后按人口配给）、布票、肥皂票、糖票、油票、火柴票、自行车票等，有12种之多（据《中国生活记忆》一书统计，大中城市的票证多达69种，仅粮票就细分为粗粮票、面粉票、大米票等，连雨伞、闹钟也要凭票供应）。在三年困难时期，最基本的生活物资如大米、面粉、食糖、肥皂、布、毛巾等严重匮乏，经常短缺，有票也购买不到。农民手中配发的票证不多，就布票之类也常因缺钱而无法使用。1963年经济形势好转之后，人们手中的票证才得以正常使用。1965年，武平县部分主要物资的销售情况是：棉布805400米，毛巾486万条，胶鞋4.38万双，肥皂2125箱。

20世纪70年代四大件：手表、自行车、缝纫机、收音机

文化娱乐方面：1957～1959年，人民文化生活主要体现在创作民间山歌、民间诗歌方面，其时，在全县掀起"人人写诗"的热潮中，一哄而起的群众创作诗歌贴满街头巷尾和农村中稍显眼的土墙上，成为蔚为壮观的文化生活。三年困难时期，文化娱乐活动基本

上偃旗息鼓。1963年之后，群众文化娱乐活动开始恢复。成立了县农村文艺演出队，下乡巡回演出；县电影队下乡放映逐渐增多，沉寂多年的农村晒谷场又开始热闹起来。

（4）"文化大革命"期间（1966年5月至1976年10月）的武平生活。

这一时期的生活演变既斑斓又斑驳，既狂热又迷惘，既动荡又充足。尽管政治运动是这一时期的主流（政治运动依次为：破"四旧"、大批判、派别武斗、清理阶级队伍、反右整风等，但抓革命促生产运动贯穿始终），工矿企业、学校和政府机关受到严重干扰，1966~1968年，停产、停课、政府停止工作是常态，但农业生产受影响不大，物质生活方面还是安稳的。

饮食方面：一日三餐，主食为米饭。非农业人口的粮食定量供应已有保证。农业人口粮食由生产队配给，口粮产生短缺（即所谓"缺粮户"，约占生产队户数的25%）时，缺粮户在每年2~3月份由政府供给一定的返销粮补助。其他食品、副食品包括禽蛋肉等均可凭票证购得。农业人口分配有少量自留地以种植蔬菜，饲养少量家禽和猪、兔等以供自给。平时餐桌上的膳食是简朴的，但到逢年过节时，餐桌上便尽力丰盛一番，以饱腹呈喜庆。

衣着方面：布料主要为斜纹棉布，同时流行化学纤维布（俗称"的确良"）。男性主要流行中山装、便装，女性侧襟衫、中式罩装，并同时风行草绿色军装式服装。鞋类流行胶底鞋，如解放鞋、球鞋、力士鞋，夏季鞋多为塑料拖鞋凉鞋。

居住方面：新辟宅基地自建住房开始盛行，民间建房一改民国时的格局，都采用单列横排格式，中间为厅，两边房间。并且两层楼房居多。早期多为泥木结构，后来砖木结构居多。按两边附属房间数称为一厅两间、一厅四间、一厅六间等。厨房靠正屋一边山墙另外搭建。这种格局，通风采光良好，居住舒适。居室设备为实用型，为木质的床、橱、柜、箱、桌、椅之类。这一时期的厅堂布置颇具时代特征：厅正面墙张贴毛泽东画像，其下方桌或条案上平摆《毛泽东选集》一书，书上放置一座毛泽东石膏像。生活富裕一些的家庭，桌案上再放置一台收音机（表示随时可听到党中央的声音），厅堂侧面靠墙放置一辆自行车。人均住房面积，1949年时为5.01平方米，1975年时为10.91平方米，增加一倍。

行乘方面：乡级公路已全部开通，皆开通汽车客运。县、乡公路网已串连五分之一左右的行政村。未被串连的行政村，一般有村级公路，或至少有机耕路以代替村公路。人们出行，除乘坐客运汽车外，也有很多人选择骑自行车，甚至拖拉机亦常作客运工具。人们的出行，已极少有徒步的了。

文化生活方面：这一时期文化生活最显著的特点是群众性自编自导自演的文艺演出普及到每一个乡村。1969年之前，每一个生产大队（甚至一些生产队）都建立了"毛泽东思想文艺宣传队"，自编自演短小的歌舞、话剧、舞蹈、曲艺等节目，内容均为政治宣传方面的。1970年之后，每个大队在农闲时临时组织文艺演出队，每年由各公社选派一个演出队到县里参加全县文艺汇演。其时，各演出队学唱演革命样板戏、折子戏已成为任务和风尚。由此形成的大队、公社、县三级的文艺宣传演出，场面热闹非凡。群众文艺演出和放映电影（主要为八个革命样板戏的舞台片：京剧《智取威虎山》、京剧《红灯记》、京剧《沙家浜》、京剧《海港》、京剧《奇袭白虎团》、舞剧《红色娘子军》、舞剧《白毛女》、交响音乐《沙家浜》，和少数故事片如《地雷战》《地道战》《渡江侦察记》等），是这一时期文化生活的全部。文化阅读已基本没有，因为"文革"前十七年被指为封建主义、资本主义、修正主义专政文化阵地时期，学校图书馆的书籍全部封存，书店除当时的政治读物外就剩下浩然的《艳阳天》《金光大道》两种小说。

20世纪90年代，人们追捧的是这"三大件"：
电视机、摩托车、黄金饰品

时尚生活方面：这一时期也出现了令人难忘的时尚生活。其时间出现在1970年之后。其一的时尚生活是追求"老三件"即自行车、手表和缝纫机。后来又加上收音机，被称为"三转一响"。这也成为青年人婚嫁的标准配备。其二的时尚生活是追求"36条腿"，是指衣橱、五斗橱、高低床之类的木制家具，以算其落地支撑的腿共36只而言。具体家具除上述所说的三大件之外，其余是什么家具，县城和农村所说有所不同，尤其莫衷一是的是有两件腿数为奇数的家具，如果立在墙角的三角架也算，那还有一件三只腿的家具是什么？这是难有准确答案的。

2. 改革开放后35年的生活情况

生活资料供应充足，人民生活逐渐富裕。人们普遍讲究生活的健康、卫生、时尚等方面的质量。

物质生活方面。

（1）衣饰：20世纪90年代之后，几乎无人买布料缝制衣服了，都习惯购买工厂生产的成衣。这也使得人们穿着的衣服款式多样、花色繁杂。女性服装有长裙、短裙、连衣裙、蝙蝠衫、春秋衫、风雪衣、无袖衫、露背装、露脐装、吊带裙、马夹等；男性服装有西装、夹克衫、休闲装、牛仔裤等；儿童服装有十几种款式；甚至还有老年装专供大妈们跳广场舞用。布料有纯棉、混纺、绸缎、麻丝等，质优且精致。鞋类流行皮鞋、旅游鞋、休闲鞋等。其中女性穿着的鞋的种类更多，有高跟鞋、坡跟鞋、皮靴、时尚凉鞋等。佩饰也已盛行，女性普遍佩戴金、铂、玉、翡翠等质地的戒指、耳环、项链、手镯、胸针等；男性也有不少人佩戴手串的。人们的衣饰消费呈如下特点：一是从耐用型向高档、时髦、时装化转变；二是不拘一格，强调个性化和独特性；三是追求美观、舒适、名牌。这些特点也使得城镇和乡村的衣着差别逐渐缩小。

（2）饮食：仍以大米为主食，一日三餐。各类食材种类繁多，市场供应充足。县城居民早餐有自制的米粥，更多的是外购馒头、面包、面条、粉干、簸箕粄、牛奶、豆浆、猪肝粉肠汤、猪排骨汤、鸡汤、鸭汤等。午餐、晚餐一般自家烹制，鸡鸭鱼蛋肉等荤菜总有一两样在每日的餐桌上出现；同时，蔬菜瓜果类品种繁多，经常变换着端上餐桌。农村居民一般三餐都自做饭菜，菜肴也丰富多了，鸡鸭鱼肉蛋及各类瓜果蔬菜在日常餐桌上也常见了。城乡居民饮料主要是茶、各种酒（如米酒、白酒、红酒、啤酒等）和各类饮品（如可乐、汽水、果汁、牛奶、矿泉水等）。

（3）居住：1978年县城开始建自来水厂，1980年自来水在城区入户；1990年开始逐步在乡镇集镇和行政村建设自来水设施，自来水在农村入户。至2010年，县城、集镇自来水入户率达100%，农村自来水入户率达95%以上。从20世纪90年代开始，建筑材料和住宅格式已发生重大变化。砖、碎石、沙、水泥、钢材、玻璃、铝合金、不锈钢已成为主要建筑材料。城镇住宅格式多为平面套式的多层建筑，为钢筋混凝土框架结构，超七层以上的安装电梯。套内客厅、卧室、厨房、卫生间、阳台一应配置，居住功能齐全。室内墙面装饰有瓷砖、石灰、涂料、墙纸等，室内地面装饰有瓷板、木地板、水磨石、大理石等，扶手多为不锈钢，门窗多为铝合金，套房大门均为整形钢门。农村新建住宅多为砖混或框架结构的多层楼房，客厅、卧室、厨房、卫生间、阳台、露台等楼内齐备，有的楼房还有前后院子，颇似别墅，居住功能齐全。城乡的居室设备也从实用型转向享受型：除了一般生活必备的家具床、橱、桌、椅等，电器、电子用品也大批装备家庭，如空调机、电冰箱、洗衣机、电风扇、彩色液晶电视机、影碟机、立体音响、电饭煲、电高压锅、微波炉、电磁炉、沐浴电热水器、电脑等带来生活的享受，电话、宽带、天然气或液化气的入户，则带来了生活的便利。至2014年，城镇居民每百户拥有彩电180台，组合音响12台，电冰箱121台，洗衣机111台，电脑116台，沐浴电热水器123台，空调机109台；农村居民每90户拥有彩电114台，电脑29台，电冰箱83台，洗衣机34台，沐浴电热水器68台。

（4）行乘：县境内公路网络密集，公路已经村村通，路面为水泥路面或沥青路面。20世纪80年代以前，人们出行多骑自行车或乘坐客运汽车。90年代以后，个人购置摩托车以作交通工具的增多。2000年之后，个人购置小轿车作出行工具的也逐渐增多。到2014年，城镇居民每百户拥有摩托车153辆，拥有家用汽车31辆；农村居民每90户拥有摩托车103辆，拥有汽车11辆。

文化生活方面。80年代，文化生活占主导的是电影、专业剧团演出和有线广播。90年代中期之后，居民电视机拥有量快速增加，看电视成为受众面最广的文化生活方式。同时，歌厅、舞厅也开始兴盛起来，除了看电视，人们还热衷于唱歌跳舞，歌厅、舞厅风靡一时。文化娱乐形式的多元化开始凸显出来。80年代末至90年代，录像机备受大众青睐，录像放映室在城乡兴起。90年代中期之后，影碟机迅速普及。到21世纪初，影碟机彻底取代了录像机。同时，电脑也迅速普及。而电视机仍然方兴未艾。2000年之后，网络新闻、网络视频发展迅速，通过台式电脑、尔后是笔记本电脑、再后来是平板电脑观看影视节目和新闻、报纸快捷方便，使之成为受众最大的媒体。尤其是智能手机的出现并迅速普及，电视节目、新闻、报纸便可以随身带随时看了。于是，影碟机也就日渐式微。而电视机依然势头强劲，这得益于电视机的技术与功能不断进步，能连接电脑、连接网络，甚至把纸面媒体通过数据传输搬上电视机。现在，文化生活方面最广泛使用的是电视机、电脑和智能手机。通过电脑或智能手机，人们还可以打电话、文字通信、语音通信、视频通话聊天等。文化生活另一个热点是广场舞。城乡广泛普及。参与者早已不限于中老年人，很多青年女性也乐在其中，稍宽的坪地都可能成为跳广场舞的场地。这是名副其实的自发的群众性文化活动。至2014年，城镇居民每百户拥有手机281部，农村居民每90户拥有手机205部。

2010年后，走进百姓家庭的是这"四大件"：液晶多功能彩色电视机、电脑、智能手机、小轿车

时尚生活方面。美容：从20世纪90年代中期开始，美容化妆品商店迅速增加，各类中高档美容化妆品开始出现在部分居民家庭，女性纹眉、描眉、涂口红、画唇线成为时尚，进而修、描指甲、趾甲成为新潮，去美容美发店进行按摩、除皱成为生活的组成部分。旅游：2000年开始，国内旅游和出国旅游的人数逐年增多。这种集消遣、休闲、观光为一体的玩乐活动被许多人理解为是一种生活的

时尚追求。所以,县内的一些自然景观如云礤瀑布,到节假日时便游人如织,表现出人们对生活的热情和向往。

第六节 革命历史

一 武平在革命战争时期的区域位置

1. 土地革命战争时期,武平属中央革命根据地的组成县份(1929年1月至1934年10月)

1929年10月,在县城召开了第一次武平县工农兵代表大会,宣告成立武平县苏维埃政府,练宝桢为政府主席;1930年6月,召开了第二次全县工农兵代表大会,改组武平县苏维埃政府,练宝桢继任主席。武平县苏维埃政府隶属闽西苏维埃政府和福建省苏维埃政府。

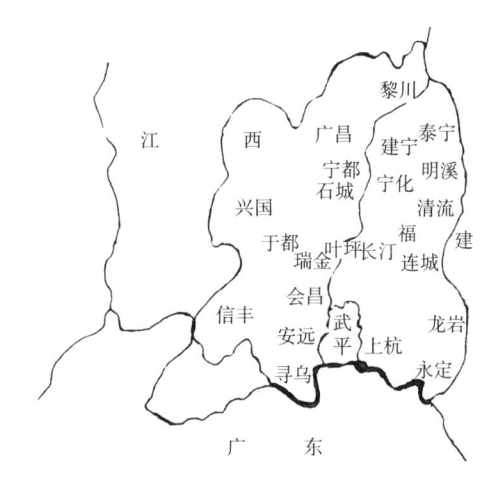

2. 抗日战争时期,武平为抗日敌后游击根据地

1937年10月,中国共产党成立闽粤赣边区省委,武平为边区县份;1938年初,武平划归中共梅县中心县委领导,成为其辖区县份;

1939年11月，中共梅蕉武边委成立，武平为其组成县份之一。

长夜明灯（场景）

3. 解放战争时期，武平为游击作战区

1945年11月，中共梅蕉武埔边县工委成立，武平为组成县份之一；1946年2月，中共杭武梅蕉县委成立，武平为组成县份之一。

二　武平的革命基点村

共有166个革命基点村。其中省定（1953年评定）有27个，县定（2013年定）139个。

省定的革命基点村是：象洞的白石坑、豆子坑、张天堂、上廖屋、曹地、铁打石、绿禾畬、上下官塘，东留的背寨、南洞，中山的中地，岩前的营梓里，武东的上屋，中堡的上下圳、潭溪里、礤下，永平的塔里，桃溪的湖寮下、新澜、新华、泉坑背、陈屋，湘店的罗屋、吴潭、下村、月形下，大禾的礤迳。

县定革命基点村分布在全县所有乡镇。

三　武平的革命军事斗争历程

1. 1926年底，武平籍的共产党员谢秉琼、修焕璜、钟武和李景蟾等人先后从广州、厦门等地回武平组建武平共产党小组（由修焕璜负责）和国民党县党部。并遵照中共第三次全国代表大会的有关决议，共产党员以个人名义参加国民党，改组国民党，在组织上和政治上保持共产党员的独立性。他们以县党部的名义发动、组织农民开展反帝反封建的斗争，破除迷信，进行减租减息运动。其时，汀杭武永政治监察署在上杭成立，以领导长汀、上杭、武平、永定的农民运动（后改为汀属八县政治监察署），由共产党员谢秉琼出任监察使。中共上杭县支部成立后，武平工作受其领导。

2. 1926年底，中共上杭县支部书记林心尧（永定籍）来武平检查指导党务工作和农运工作，并在上杭创办"汀属八县社会运动人员养成所"，谢秉琼（武平万安籍）任所长，武平张玉衡（张涤心）、梁心田（梁世鸣）等20余人参加学习。结束回县后，分别到象洞、武北和武西等地开展革命活动。

3. 1927年9月，朱德、陈毅等率领南昌起义部队由广东进入象洞开展打土豪运动，并在县城青云山、县城西门和万安石径岭等处击退了国民党钱大均部队的追袭和当地民匪的阻击，产生了极大的革命影响。

4. 1927年10月底，武平县第一个党组织中共武平县特别支部在县城宣告成立（钟武为书记），领导农民开展反帝反封建反压迫的武装斗争。

5. 1928年春，在象洞成立中共象洞区委。同年冬，中共武平临时县委在象洞张天堂成立，书记练文澜，委员有陈一、练宝桢、张涤心等5人，全县党员有40多人。在全县多地组建农会，组织农民自卫队，开展"二五"减租、"救荒"、抗租抗税的武装斗争。

6. 1927年冬至1928年春，中共福建省委书记罗明、特委书记邓子恢数次来武平检查指导工作，推动了武平基层党组织和革命活动的迅速发展。其时，仅象洞就建立了洋贝、联坊、太平坑、东寨、岗背和官坑等6个党支部。6月，又建立了中共象洞区委，陈丹林任书记。

武平第一个基层党支部——象洞林贤党支部
（今象洞洋贝村）

7. 1929年2月4日，毛泽东、朱德率领红四军主力2500余人，由江西寻乌的罗福嶂进入武平的黄沙村，故黄沙村称为红军入闽第一村。后又折回江西的吴畬村宿营。翌日，经上增坑再次进入武平的龙溪，抵达东留圩，张贴《中国工农红军第四军布告》，宣传中国共产党的革命主张。

8. 1929年6月，全县共有党的支部8个，党员100多人，因此，根据上级指示，中共武平临时县委改为正式县委（书记为练文澜），以便有力推动象洞、岩前、下坝、中堡、城关等地的武装工作，配合红军主力开辟闽西革命根据地的军事行动。

9. 1929年9月7日，中共武平县委根据7月21日在上杭蛟洋召开的中共闽西第一次代表大会的"坚决地领导群众为实现闽西工农兵政权的割据而奋斗"的总路线和大会主席团决定的关于长汀、上杭、武平3县交界地区的暴动计划及闽西特委8月24日的指示精神，领导象洞农民进行武装暴动，并在洋贝、联坊、岗背等村成立苏维埃政府。不久成立象洞区革命委员会（后改为区苏维埃政府）。

10. 1929年10月，红四军派出一、三纵队进入武平分兵活动。第一步在中堡、六甲、高梧、十方等地宣传发动群众，先后建立3个区党委、5个支部，发展党员53人；帮助建立中堡、高梧、十方区苏维埃政府和六甲区革命委员会及30个乡苏维埃政府；帮助组建农民协会，整顿扩大农民武装组织（3个区赤卫队、15个乡赤卫队，共有队员268人，枪支140多支）。第二步在各赤卫队和上峰、上坑等地农民暴动队的配合下，进军县城，并在县城召开第一次全县工农兵代表大会，成立武平县苏维埃政府，练宝桢任政府主席。同时，中共武平县委也从象洞搬迁到县城办公，领导全县土地革命斗争，并召开中共武平县第一次代表大会。

11. 1929年底，县苏维埃政府主席练宝桢率领象洞暴动骨干（赤卫队）100多人前往上杭古蛟加入红四军第四纵队。

12. 1929年冬，小澜、亭头、浩甲、七里、店下、尧秀、湘湖等地成立了党的支部，并成立了武北区党委；中堡小岭、悦洋建立了党的支部；上坑、永福、桂坑等地成立了4个支部，并成立了武西党工委；陈埔、处明、永平、孔下等地也成立了党支部。同时，参加武北小澜暴动的各地农民武装整编为红军武北第四支队。

13. 1930年春，红四军前委、军部为加强武平的革命武装工作，把年前编入红军主力的练宝桢、练世桢、罗龙才等80多位武平籍干部、战士派回武平进行革命活动，以加强武南、武西和武北三个地区的苏维埃政府和农民武装力量的领导。

14. 1930年6月，毛泽东、朱德、陈毅率领红四军再次由江西寻乌进入武平。1日，进入民主乡并发布《红四军第四纵队回闽敬告闽西工农贫苦群众书》；2日占领中山镇后进入县城。毛泽东随前委驻梁山书院，朱德随军驻考棚，陈毅随政治部驻三官堂。4日，发布《红四军政治部告武平劳苦群众》布告；6日，印发《红军第四军各级政治工作纲领》《中国共产党红军第四军军党部宣言》。红军在县城周围分兵活动8天，做了三件事：一是为农民分配土地，废除债务，取消一切苛捐杂税；二是收缴反动武装，组织赤卫队；三是取缔反动政府强化工农政权。同时，红四军在武平协助召开中共武平县代表大会，健全了中共武平县委，并指导武平开展土地革命运动。

15. 1931年春，根据闽粤赣边省委和闽西苏维埃政府的指示精神，将武平的北区和东部与上杭合并为杭武县，4月在上杭白沙成立杭武县苏维埃政府。而武平的南部、西部地区仍由中共武平县委领导。工农武装在县委的领导下，积极配合红军粉碎了国民党军队的第二、第三次对中央革命根据地的"围剿"，巩固了革命政权。

16. 1932年2月，红军第十二军从长汀进入武北，在县城北门外击溃了国民党钟绍葵部队，又一次占领了武平县城，使武平的土地革命斗争进入一个新阶段。至年底，城区、桃溪、大禾、十方、象洞、中山等18个区苏维埃政府和200多个乡苏维埃政府得以发展和巩固，全县三分之二的区域成为红色区域，武平成为中央苏区县份之一。

17. 1932年3月，武东、中堡游击队组编为中共领导的福建省军区独立二团，团长聂祖唐（聂云虎），10月，独立二团和杭武独立团在武平小澜整编为闽西工农红军独立第十师，师长张荣发，政委张平凯，政治部主任赖玉宏。其后在上杭回龙、官庄和武平武北一带进行革命军事活动。12月间，在东留与红军赣南独立第三师会师，击溃国民党钟绍葵部队和广东国民党两个团部队的进攻。1933年春，第十师又与红军第三师在江西金门岭会合，向寻乌进军，歼灭国民党一个团。3月，红军五十六师独立第三团、红军中央模范师第七团亦进驻武平进行革命军事活动，使武平的革命政权得到巩固和发展。

18. 1934年10月，主力红军退出中央革命根据地，举行二万五千里长征。在土地革命战争期间，武平有6310余人参加红军。除部分武平籍红军战士按照党组织决定继续留在武平进行游击战争外，一部分武平籍红军战士都随主力部队参加长征。

19. 1937年春，武平建立中共领导的"中华抗日义勇军武平小组"，领导人为陈仲平，并重建中共象洞区委，工作上受中共梅县中心县委领导，开展革命斗争。

20. 1937年10月下旬，闽粤赣边省党代会后，陈仲平在武平发展共产党员（有谢毕真、张耀文、张贵图、张阿万等人），并成立中共象洞张坑支部，归梅县中心县委（伍洪祥为书记）领导。

21. 1938年3月，重新成立中共象洞区委，以加强对革命斗争的领导。

22. 1939年3月上旬，在梁坑召开象洞区党代会（有20多名代表出席），改组中共象洞区委，由谢毕真任书记，练添淦为组织委员，薛山为宣传委员。武平党组织一直坚持在闽粤边地区开展革命斗争活动。

23. 1944年11月，闽西抗日支队组建由谢伦瓒、陈文松领导的杭武（上杭武平）挺进大队，开展全面的抗日游击战争。

24. 1945年2月13日，王涛支队一部在刘永生、陈仲平率领下挺进象洞开展革命活动。9月，韩江纵队第一支队与闽西王涛支队第二大队在杭武蕉梅边会合。同时，杭武挺进大队进驻象洞白石顶，进行游击战争。

25. 1946年10月，中共杭武梅蕉县委在象洞组建象洞武装工作队；同时，将县游击队改编为粤东支队独立第七大队，发动群众开展武装斗争。

26. 1948年4月，刘永生率领粤东支队在象洞岗背击败国民党涂思宗部队。

27. 1949年5月，武平县的粤东支队独立第七大队整编为中国人民解放军闽粤赣边纵队第一支队独立第十二营，直接加入解放战争。

四 武平发生过的革命武装斗争

1. 象洞农民武装暴动

1929年9月7日拂晓,在中共象洞区委的领导下,从赖坊背头山顶农民暴动总指挥部发出一声巨响,1000多名戴着红袖章手拿步枪、鸟铳、土炮、矛、刀、木棍的农民武装人员,从洋贝、罗坑、张坑三路直奔文庙。一路由练宝桢、练灿明、练世桢领队,到洋贝捉拿恶霸地主练通茂、练秋雄等;一路由钟耀明、饶德佳领队,攻占沽洋土楼,捉拿劣绅恶霸钟元熙等;一路由练振东领队搜捕在象洞圩上的劣绅恶霸。三路农民武装相互呼应、紧密配合,不到两小时就顺利达到战斗目的,缴获了地主恶霸的4支步枪,摧毁了反动政权机关,没收了地主、恶霸、劣绅的浮财。随即,中共象洞区委在天后宫召开群众大会,宣布成立象洞区革命委员会,由练宝桢任主席。会上将没收到的各种田契、债约当众烧毁,并宣布把没收的地主豪绅财产分给贫苦农民,废除一切田租债务。同时,宣布设立肃反委员会,由钟耀明任主任,当场镇压土霸钟元熙、钟福来。并

象洞暴动遗址

组建区赤卫军，由练奎金任队长。赤卫军有300多名队员，近40支步枪。随后又成立了象洞区少年先锋队，由练振香任队长，接着，沾阳陈屋成立了苏维埃政府，建立了赤卫队，陈德能任政府主席，陈必德任赤卫队长。

2. 小澜农民武装暴动

1929年12月5日，根据中共闽西特委的指示，在中共武平县委的领导下，桃溪小澜农民举行武装暴动。当日，暴动指挥部点燃"九节龙"土炮。一声巨响，来自小澜、亭头、湘洋、店下的180多名农民武装迅速集结，在张涤心、刘克谟、李长明、刘亚楼的带领下，打土豪分田地，烧地契废租捐，镇压了当地的地主恶霸，取缔了反动地方政权，暴动取得了胜利。7日上午，来自武北、汀南及小澜本地的1000多名农民在小澜禾坪岗隆重集会，宣布成立小澜乡革命委员会，由张觉任主席。并成立农民协会和贫农团，由张爱民任农协主席，张在中任贫农团主任。1930年春，小澜乡革命委员会改组为小澜乡苏维埃政府。不久，小澜农民暴动的骨干与武北农民自卫军合编成闽西红军赤色游击队武北四支队，张友澜任支队长，张冠香任副支队长，张涤心任政治委员，李长明任军事指挥。

桃溪小澜暴动遗址

3. 上坑农民武装暴动

1929年10月，中山上坑村（今上峰村）60多名农民手持土炮、大刀、长矛等武器在陈一、梁心田的带领下向武所城（今中山）进行突袭。不到半小时就击溃了反动武装"保商队"钟文才部，攻克了武所城。随后即直奔县城与红军汇合。1930年6月初，为配合红四军在武平的行动，上坑农民再次发起武装暴动，击溃驻武所城的反动武装吴德隆部。1932年2月，在乡苏维埃政府主席温福兆的组织领导下，上坑农民举行第三次武装暴动，随后，农民暴动队与驻上坑的红军队伍一起参加中央革命根据地的第三次、四次、五次反"围剿"战斗。

■中山上坑暴动

红旗插到上坑来
红旗插到上坑来，
上坑人民把头抬；
打倒土豪分田地，
千年锁链尽砸开。
——上坑暴动歌谣

上坑暴动主要领导人 陈道 梁心田

中山上坑暴动遗址

后　记

2016年6月，中共武平县委、县人民政府决定由县国土资源局牵头组织编撰出版"梁野文库"系列文化丛书中的乡土地理读本。经过近一年的努力，终于以《武平风物》读本名称和大家见面。

《武平风物》编写过程中，陈厦生、廖卓文、饶辉、王秀金等同志多次指导。县委宣传部、县委文明办、县国土资源局、县教育局、县科协等单位组织力量共同协作。县政协文史委、县党史办、县图书馆、县博物馆、县林业局、县农业局、县旅游局、县气象局、县环保局及梁野山自然保护区管理局等单位给我们提供大量的图片和资料。

本书武平概况由肖平撰写，自然地理、经济地理方面由蓝伟文组织撰写，人文地理方面以谢观光为主撰写，历史地理方面以温沈文为主撰写，图片资料主要由李国潮及钟德彪《图说元初一》提供。谢观光、温沈文、蓝伟文为本书编辑。全书由谢观光完成统稿编辑工作，林永芳对全书进行了审阅修改。钟日荣、钟庭华、廖占华、林永生、李文豪、林富春、陈富元、刘建辉、李勇昌等为本书提供素材，在此，对他们的辛勤努力表示衷心感谢！

由于编撰时间仓促，编者的学识水平有限，材料收集也不甚全面，本书在反映武平地理、历史等方面难免有挂一漏万或其他不足之处，期待专家、学者和广大读者批评指正。

编　者

图书在版编目(CIP)数据

武平风物／陈厦生主编.--北京：社会科学文献出版社，2018.3
（梁野文库）
ISBN 978-7-5201-1844-6

Ⅰ.①武… Ⅱ.①陈… Ⅲ.①武平县-概况 Ⅳ.①K925.74

中国版本图书馆 CIP 数据核字（2017）第 289631 号

·梁野文库·
武平风物

主　　编／陈厦生

出 版 人／谢寿光
项目统筹／宋月华　张倩郢
责任编辑／张倩郢

出　　版／社会科学文献出版社·人文分社（010）59367215
　　　　　 地址：北京市北三环中路甲 29 号院华龙大厦　邮编：100029
　　　　　 网址：www.ssap.com.cn
发　　行／市场营销中心（010）59367081　59367018
印　　装／三河市尚艺印装有限公司

规　　格／开 本：787mm×1092mm　1/16
　　　　　 印 张：23.5　字 数：297 千字
版　　次／2018 年 3 月第 1 版　2018 年 3 月第 1 次印刷
书　　号／ISBN 978-7-5201-1844-6
定　　价／98.00 元

本书如有印装质量问题，请与读者服务中心（010-59367028）联系

▲ 版权所有 翻印必究